이기동의
영어 형용사 연구

BASIC

ENGLISH ADJECTIVES

의미, 구조, 용례로 해석한

이기동의 영어 형용사 연구

BASIC

이기동 지음

교문사

아내에게
이 책을 바칩니다.

머리말

언어학은 여러 가지 접근법을 가지고 있다. 그중 하나가 인지적 접근법이다. 이 접근법의 중요한 주장은 언어는 우리의 인지능력과 뗄 수 없는 관계에 있다는 것이다. 우리가 가진 주의력, 기억력, 범주화 능력, 추상화 능력과 언어능력은 서로 뗄 수가 없다는 점을 이 접근법은 주장하고 있다. 이 접근법으로 언어를 살펴보면 다른 방법으로 볼 수 없었던 언어의 특성들을 볼 수 있게 된다.

한때 언어학에서는 이상한 광풍이 불었다. 언어를 수학이나 논리체계로 연구할 수 있고, 언어를 의미를 빼고 구조만을 연구할 수 있으며 언어능력은 다른 인지능력과 독립되어 있다고 믿었다. 언어란 의미 전달이 목적이고 인지능력 없이 언어를 사용할 수 없다는 점을 생각하면 이 생각이 잘못되었음을 곧 알 수 있다. 이러한 잘못된 주장을 바로잡아 준 사람들이 Ronald W. Langacker와 Dwight D. Bolinger 교수이다. 이분들은 의미를 빼고 구조만을 연구 대상으로 삼을 수 없고, 언어 지식은 일반 인지능력의 일부임을 주장했으며 이 주장을 종합하여 Langacker 교수는 인지문법을 내어 놓았다.

이 책에 제시된 연구는 인지문법을 바탕으로 삼고 있다. 이 접근법

8

을 통해 나는 영어 전치사와 영어 동사를 연구하여 그 결과를 책으로 펴내 수십 년 동안 많은 독자들이 애용해오고 있다. 이러한 독자들의 관심에 힘을 얻어 영어 형용사도 연구하여 책으로 내어 놓게 되었다. 앞으로 이 책도 독자들의 영어 학습에 많은 도움이 되기를 간절히 바란다.

이 책에서는 미리 도입하여 설명을 해둔 용어 외에는 전문 용어가 쓰이지 않아서, 영어에 관심이 있는 분이라면 누구나 이해하기 어렵지 않을 것이다. 여기서 말하는 영어에 대한 관심은 어느 형용사의 뜻을 단편적으로 이해하는 것이 아니라 그 보다는 좀 더 깊이 있는 이해에 대한 관심이다. 다시 말하면 나무(부분)는 물론 산(전체)을 보여주려고 했다.

이 책을 읽을 때는 반드시 '일러두기'를 읽어두는 것이 좋다. 여기에 필요한 용어가 소개되어 있기 때문이다. 일단 일러두기 부분을 읽고 나면, 이 책의 어느 부분을 펼쳐서 읽어도 좋다. 특정한 형용사에 관심이 있으면 그 부분을 바로 가서 읽어도 좋다.

이 책에서 내어놓은 분석은 완전하지 않을 수도 있다. 내가 최선을 다해 분석했지만 어느 분이 다른 각도에서 들여다보면 좀 더 나은 분석도 나올 수 있을 것이다. 아무튼 이 책이 향후 좀 더 나은 분석을 위한 토대가 될 것으로 믿는다.

이 연구는 10여 년 전에 시작되었다. 자료를 모으고, 분류하며 개략적으로 분석하던 중 병으로 한동안 작업을 계속할 수 없었다. 이 작업을 다시 시작해야겠다고 생각했을 때는 이미 시력이 약해졌다. 일을 하고 싶지만 할 수 없는 상황이 정말 괴로웠고 매일 절망의 상태에서 하루하루를 보냈다. 이때 농담 하나가 생각났다. 어떤 착한 사람이 죽어서 천국에 갔는데 매일 아무 일도 하지 않고 지내야 했다고 한다.

이 지루함을 견디지 못한 그 사람은 지옥이라도 좋으니 일할 수 있는 곳으로 보내달라고 하였단다. 이것이 내가 병상에 있을 때의 심정이었다. 하루하루를 천장만 보고 지내는 일이 몹시도 절망적이었다.

이 절망의 순간을 희망으로 바꾸어준 것은 아내였다. 어느 날 정리되지 않은 원고를 꺼내놓고 아내는 자신이 나의 눈과 손의 역할을 대신 해주겠다고 했다. 그때부터 중단되었던 작업이 다시 시작되었다. 이 작업은 많은 시간과 인내심을 요구했다. 그러나 이 노력은 내가 살아 있음을 스스로에게 깨우쳐 줄 수 있었고, 살아 있는 보람을 느끼게 했다. 아침에 깨어 눈을 떴을 때 오늘도 나에게 할 일이 있다는 그 생각 자체만으로도 하나의 큰 위안이자 행복이었다. 이 책을 맡아서 출판해 주신 류제동 사장님과 편집을 맡아서 좋은 책을 만들 수 있도록 도와주신 김소영 선생님, 여러 담당자 분들에게 감사를 드린다.

2015년 5월
이기동

차례

이기동의 영어 형용사 연구 ADVANCED편

ABUNDANT	DANGEROUS	GENERAL	ODD	ROUND	STIFF
ALIVE	DECENT	GUILTY	OFFENSIVE	RUDE	STRAIGHT
ALTERNATE	DEFINITE	HANDY	OPAQUE	SCARCE	STRICT
AMBITIOUS	DELICATE	HARSH	OPERATIVE	SECURE	STUPID
AMPLE	DESPERATE	HOLLOW	ORIGINAL	SENSIBLE	SUBSTANTIAL
ANXIOUS	DIFFERENT	HOSTILE	OUTRAGEOUS	SENSITIVE	SUBTLE
APPARENT	DIRECT	HUMBLE	OUTSTANDING	SERIOUS	SUSCEPTIBLE
AWAKE	DISTANT	IMMEDIATE	PARALLEL	SEVERE	SUSPICIOUS
AWFUL	DISTINCT	INCIDENTAL	PARTICULAR	SHY	TANGENTIAL
AWKWARD	DIVINE	INDULGENT	PECULIAR	SILLY	TANGIBLE
BARE	DIZZY	INFERIOR	PERSONAL	SIMILAR	TEMPERATE
BITTER	DOUBLE	INSTRUMENTAL	PLAUSIBLE	SIMPLE	TENDER
BOLD	DOUBTFUL	LEAN	POPULAR	SINGLE	TIGHT
BRAVE	DUBIOUS	LEVEL	POSITIVE	SLIGHT	TOPLESS
CAREFUL	DUMB	LIABLE	PROFOUND	SMART	TOUGH
CASUAL	ENTIRE	LIKELY	PROPER	SMOOTH	TRANSPARENT
CERTAIN	EQUAL	LIVELY	QUESTIONABLE	SOBER	UNIQUE
CIRCULAR	EXACT	LOOSE	RAPID	SOCIAL	UPRIGHT
CLUMSY	EXCLUSIVE	LUCID	RARE	SOLID	UPSET
COHERENT	FAINT	MAJOR	RAW	SOPHISTICATED	VAGUE
COMMON	FAIR	MATURE	RECENT	SORE	VITAL
COMPLETE	FATAL	MEAN	REGULAR	SOUND	VOID
CONFIDENT	FINAL	MINOR	REMOTE	SPARE	VOLUNTARY
CONSTANT	FIRM	MODEST	RESPECTABLE	SPECIAL	VULGAR
CROOKED	FOREIGN	NATIVE	RESPONSIBLE	SPECIFIC	VULNERABLE
CROSS	FRANK	NERVOUS	REVERSE	SQUARE	WORTHY
CRUDE	FREQUENT	NUMB	RIGID	STABLE	
CURIOUS	FUNNY	OBSCURE	ROUGH	STEADY	

일러두기

① 일반 개요

다음에는 이 책에서 자주 쓰이는 용어, 형용사와 전치사의 관계, 형용사가 쓰이는 구조, 이 책의 특징, 그리고 잠재적 이용자에 대한 설명이 간단하게 소개되어 있다.

1) 의미의 종류와 배열순서

각 형용사의 의미는 다음과 같은 원칙에 따라서 배열되었다.

(1) 일반 의미

가장 먼저 일반 의미가 제시된다. 이 일반 의미는 글자 그대로 모든 의미 밑에 깔려 있는 일반적인 의미이다.

형용사 sweet의 일반 의미(general meaning)를 추출해 보자. 이 형용사는 다음과 같이 쓰인다.

[a] **The candy is** sweet.
그 사탕은 달다. (맛이 좋은)

[b] **The dish smells** sweet.
그 음식은 맛있는 냄새가 난다. (냄새가 좋은)

[c] **The music is** sweet.
그 음악은 감미롭다. (소리가 좋은)

[d] **The village is** sweet.
그 마을은 아늑하다. (모양이 좋은)

[e] **John is** sweet.
John은 귀엽다. (태도가 좋은)

[f] **She is** sweet.
그녀는 마음이 곱다. (마음이 좋은)

앞의 뜻에 쓰인 공통점은 좋다는 뜻이고, 이 점이 모든 감각 내에서 좋다는 것으로 일반화된다. 즉 sweet의 일반 의미는 모든 '감각에 좋은 느낌을 주는'의 뜻이다. 한 예를 더 살펴보자.

[a] **He is** awake **now.**
그는 지금 깨어 있다.

[b] **He is** awake **to the danger.**
그는 위험에 대해 깨어 있다.

앞의 두 문장에 쓰인 awake의 차이점은 무엇인가? awake가 a에서는 생리적으로 깨어 있는 상태를 나타내고, b에서는 의식적으로 깨어 있는 상태를 나타낸다. awake가 적용되는 영역은 다르지만 깨어 있다는 점이 awake의 일반 의미이다.

(2) 기본 의미

일반 의미 밑에 들어오는 여러 의미 가운데 기본 의미(basic meaning)가 먼저 제시된다. 형용사는 구체적 개체나 추상적 개체를 묘사할 수 있다. 구체적 개체를 묘사하는 형용사의 의미가 추상적 개체를 묘사하는 의미보다 더 기본적이다. 예로서 형용사 true는 한 물체가 다른 물체에 딱 들어맞는 상태를 나타내고 나아가서 이 형용사는 이야기나 묘사 등이 사실에 꼭 들어맞는 상태를 나타낸다.

[a] The door is true to the frame.
그 문은 그 문틀에 꼭 맞다.

[b] The story is true to life.
그 이야기는 현실과 맞다. 즉 사실이다.

이 책에서는 구체적 개체를 묘사하는 의미를 기본적인 것으로 본다. 그래서 a문장에 쓰인 true가 b문장에 쓰인 것보다 더 기본적이다.

다음 예를 살펴보자.

[a] a great building
거대한 건물

[b] a great man
위대한 사람

형용사 great는 a에서는 구체적인 건물의 크기를 묘사하고, b에서는 사람의 몸을 수식하는 것이 아니라 사람의 인격 같은 추상적인 성질을 묘사한다.

많은 예를 살펴보면 구체적인 개체를 묘사하는 뜻이 기본적이고, 추상적인 개체를 묘사하는 뜻이 은유나 다른 과정을 통해서 파생된 것으로 볼 수 있다. 이에 쓰인 은유는 '인품은 개체이다'와 같은 것이다. 거대한 건물이 있을 수 있듯이 위대한 인품도 있을 수 있다. 다음 예도 살펴보자.

[a] a hard rock
단단한 돌

[b] a hard fact
단단한 사실

앞의 설명에 따르면 구체적인 바위를 묘사하는 a에서 hard의 뜻이 더 기본적이고, b에서와 같이 추상적인 사실을 묘사하는 hard가 파생된 것이다. 단단한 돌의 형질을 바꿀 수 없듯이 hard fact는 그 성질을 바꾸기 어려운 확고한 사실이다.

(3) 파생 의미

기본 의미에서 벗어난 의미를 파생 의미(derived meaning)라고 하겠다. 파생의미의 배열순서는 기본 의미에서 가까운 것을 먼저, 그리고 멀리 있는 것을 그 다음으로 배열한다. 앞의 순서와 관련하여 형용사 simple의 뜻을 살펴보자. 이 형용사의 일반 의미는 어떤 개체가 하나의 구성요소로 이루어진 상태를 나타낸다. 이 기본 의미는 다음과 같이 확대되어 쓰인다.

[a] **The tool is** simple.
그 연장은 간단하다. (구조가 간단한)

[b] **The furniture is** simple.
그 가구는 수수하다. (장식이 없는)

[c] **He is** simple.
그는 단순하다. (하나만 생각하는)

[d] **She is** simple.
그녀는 순박하다. (꾸밈이 없는)

[e] **The problem is** simple.
그 문제는 간단하다. (다루기 쉬운)

각 형용사의 의미배열은 기본 의미를 먼저 제시하고 나머지 파생 의미는 기본 의미의 근접성에 따라 차례로 제시된다. 기본 의미는 범주의 원형과 같다. 이것은 한 범주의 구성원이 있을 때 이 범주를 이루는 구성원의 자격은 서로 다르다. 과일 범주의 구성원에는 사과, 감, 바나나, 딸기 등이 있을 때, 문화에 따라서 다르긴 하겠지만 필자의 경우 사과가 가장 원형적이고, 그 다음 것은 앞에서 열거한 순서대로이다.

(4) 사역 의미

파생 의미 가운데 대표적인 것이 사역 의미(causative meaning)이다. 동사 가운데 같은 형태가 타동사와 자동사로 쓰이고, 또 타동사나 사역동사로 쓰인다. 다음을 살펴보자.

[a] He broke his leg.
그는 발을 다쳤다. (타동사)

[b] His leg broke.
그의 발이 부러졌다. (자동사)

[a] He entered the room.
그는 방에 들어갔다. (타동사)

[b] He entered his name in the list.
그는 그의 이름을 명부에 올렸다. (사역동사)

동사에 사역 의미가 있듯이 형용사에도 사역 의미가 있다. 다음 예문을 살펴보자.

[a] He is sad.
그는 슬프다. (비사역 의미)

[b] The movie is sad.
그 영화는 슬프다. / 슬프게 한다. (사역 의미)

앞의 a에서 sad는 어떤 사람의 마음의 상태를 그린다. 그러나 b에서 sad는 영화의 마음 상태를 그리는 것이 아니다. 이 경우 sad는 영화를 보는 사람을 '슬프게 하는'의 뜻이다. 이것이 사역 의미이다.

2) 은유와 환유

(1) 은유

은유(metaphor)는 한 개념을 다른 개념을 통해 이해하는 과정이다. 일반적으로 추상적 개념을 구체적 개념을 통해 이해하는 사고의 과정이다. 다음 표현 '행복은 아이스크림이다'가 은유의 좋은 예이다. 두 개체, 행복과 아이스크림은 실제로 다르다. 그러면 어떻게 이 두 개체를 같다고 볼 수 있는가? 은유의 특징은 두 개체 사이의 다른 점은 감추고 같은 점만 부각시킨다. 앞의 예에서 다른 점은 행복은 보이지 않으나 아이스크림은 보이고, 행복은 만질 수 없으나 아이스크림은 만질 수 있다. 같은 점은 둘 다 달콤하나 오래가지 않는점이다. 이 공통점을 기반으로 은유가 성립한다. 이 은유 과정은 우리가 쓰는 말에 너무나 흔하게 쓰이기 때문에 이것을 의식하는 경우는 드물지만, 은유는 우리가 쓰는 말의 떼려야 뗄 수 없는 일부가 되어 있다.

　흔히 일상생활에 쓰이는 은유에는 '시간은 돈이다'라는 것이 있다. 시간은 추상적이고 돈은 구체적이다. 추상적인 시간의 개념을 구체적인 돈의 개념을 통해서 이해한다. 다음 표현을 살펴보자.

> [a] He has a lot of money / time.
> 그는 많은 돈 / 시간을 갖고 있다.
>
> [b] He wasted a lot of money / time.
> 그는 많은 돈 / 시간을 허비했다.
>
> [c] He saved a lot of money / time.
> 그는 많은 돈 / 시간을 저축했다.

(2) 환유

환유(metonym)는 어느 표현의 지시가 다른 것으로 바뀌어지는 수사법이다. 이 수사법은 크게 두 가지로 나누어진다. 전체가 부분을 가리키는 경우와 부

분이 전체를 가리키는 경우이다. 다음을 살펴보자(전체가 부분을 가리키는
환유).

[a] He weighs 20 kilograms.
그는 몸무게가 20kg 나간다.

[b] He thinks about his lonely friend.
그는 그의 외로운 친구를 생각한다.

앞의 두 문장에는 대명사 he가 쓰였다. 이 대명사의 지시를 잘 살펴보면 이
것이 가리키는 대상은 다르다. a에서 he는 그의 몸을 가리키고, b에서 he는
그의 마음이나 머리를 가리킨다. 이것을 보면 he는 사람 전체를 가리키지만
실제로는 사람의 부분(몸이나 마음)을 가리킨다. 또 다른 한 종류의 환유는
부분이 전체를 가리키는 예이다. 다음을 살펴보자(부분이 전체를 가리키는
환유).

[a] There comes yellow hair.
저기 노랑머리가 온다.

[b] Long hair is not permitted here.
장발은 이 식당에 못 들어간다.

[c] The curly hair is/was absent today.
그 곱슬머리가 오늘 결석했다.

앞의 각 문장에는 머리를 가리키는 명사가 있다. 어떤 특정한 경우에 이 머
리는 이러한 머리를 가진 사람을 가리킬 수 있다. 이와 같이 부분(머리)이 전
체(사람)를 가리키는 것도 환유이다.

3) 중의성

이 책에서는 형용사의 의미를 1, 2, 3 등으로 갈라놓았다. 그러나 이러한 구분은 절대적인 것이 아니다. 이들 뜻 사이의 경계는 높은 벽이 아니어서 쉽게 넘나들 수 있는 낮은 벽이다. 다시 말하면 이들 경계가 fuzzy(불분명한)할 수 있다는 점이다. 이 fuzzy성은 모든 범주 문제에 존재한다. 예를 들어 채소와 과일 범주가 있다면 토마토는 두 범주 가운데 어느 범주에 속할까? 어떤 사람은 이것은 과일 범주에, 또 어떤 사람들은 이것을 채소 범주에 넣는다. 이와 마찬가지로 다음 문장은 두 가지 뜻으로 풀이될 수 있다. 즉 중의성(ambiguity)을 가진다.

> [a] **my** old **friend**
> 나의 나이 든 친구 / 나의 사귄지가 오래된 친구
>
> [b] **my** old **house**
> 나의 오래된 집 / 나의 옛집

　a에서 old의 한 가지 뜻은 '나이가 많다'는 뜻이고 또 한 가지 뜻은 사귄지 '오래된'의 뜻이다. 이 중 어느 뜻이 맞느냐는 맥락에 의해 결정된다.

　b에 쓰인 old의 한 가지 뜻은 지은지 '오래된'의 뜻이고, 다른 한 가지는 새 집과 반대의 의미인 전에 살던 '옛' 집이다.

4) 동음이의어

형용사 가운데는 철자와 발음은 같으나 뜻이 다른 것이 있다. 이러한 낱말을 동음이의어(homonym)라고 한다. 형용사 rare는 크게 다음 두 가지 뜻을 갖는다.

> **[a]** He found a rare book.
> 그는 진기한 책 한 권을 찾았다.
>
> **[b]** His steak is rare.
> 그의 스테이크는 덜 익었다.

a의 rare는 '희귀한', '진귀한'이란 뜻이고 b의 rare는 '덜익은'의 상태를 나타낸다. 그러면 a와 b에 쓰인 rare는 한 낱말인가? 아니면 뜻이 다른 두 개의 낱말인가?

이 두 형용사는 발음은 같으나 뜻이 다른 동음이의어로 취급되어 있다. 이 책에서 동음이의어는 표제어(headword)를 따로 하지 않고 하나의 표제어에 포함시켰다. 예로서 동음이의어 rare는 rare1과 rare2로 구별하지 않고 하나의 표제어(headword) rare에 포함시켰다.

5) 범주, 범주화, 원형

우리 주위에는 헤아릴 수 없이 많은 물건과 물질들이 있다. 우리가 이들 하나하나에 개별적 이름을 붙이고 그 이름을 익히고 살아야 한다면 이것은 우리의 뇌에 감당할 수 없는 부담을 줄 것이다. 이러한 문제를 극복하기 위해서 우리는 사물을 무리지어서 생각한다. 우리 주위에 있는 음식 재료가 되는 배추, 상추, 양배추, 미나리, 셀러리, 호박, 가지, 고추, 감자, 우엉 등을 생각해 보자. 이 낱말들이 나타내는 물질은 서로 다르지만 어떤 공통 속성을 가지고 있다. 이 공통점은 우리가 이들을 음식으로 먹을 수 있다는 점이다. 모든 먹는 식물에 공통점을 포착하여 이들을 채소라는 범주(category) 속에 넣고 있다.

비유적으로 말하면 범주는 그릇이고, 이 그릇 속에는 꼭 같지는 않지만 어떤 공통 속성을 나누는 물체나 물질이 담기는 것으로 볼 수 있다. 한 물체가 어느 범주에 들어간다고 해서 범주화가 거기서 끝나는 것이 아니다. 어느 범주에 속하는 구성 개체는 다시 나름대로의 하위 범주를 형성한다. 배추를 예로 들어 보자. 이것이 하나의 범주가 되어 그 속에 여러 가지의 배추가 포함

될 수 있다(예: 단배추, 고랭지배추, 겨울배추, 통배추, 얼갈이배추 등).

앞에서 우리는 한 범주를 이루는 구성원은 꼭 같지가 않다고 했다. 구성원 가운데, 어떤 것은 다른 것보다 더 원형(prototype)적일 수 있다. 채소라는 범 주에 속하는 구성원 가운데 어느 것이 가장 원형적일까? 채소의 한 예를 들 어보라고 하면 어느 것이 가장 먼저 머리에 떠오를까?

이 질문을 받은 사람의 환경과 문화권에 따라서 꼭 같은 대답을 기대할 수 없지만 필자의 경우 통배추가 떠오른다. 그 이유는 통배추가 주위에서 가장 많이 쓰이고, 또 이것이 채소의 속성을 가장 많이 가지고 있기 때문이다. 그 다음으로 솎음배추, 얼갈이, 봄동, 청경채 등이 있다. 또 채소 가운데는 잎, 줄 기, 열매, 뿌리를 먹는 것이 있다. 잎을 먹는 채소가 뿌리를 먹는 채소보다 더 채소 범주의 원형에 가깝다고 생각된다. 그러므로 범주를 이야기할 때에는 원 형이 언제나 먼저 생각된다. 앞의 내용을 그림으로 정리하면 다음과 같다.

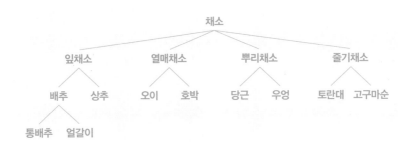

우리가 쓰는 낱말의 뜻도 각각 하나의 범주를 이루는 것으로 볼 수 있다. 한 예로 remote를 생각해 보자. 이 형용사를 사전에서 찾아보면 대략 4개의 뜻이 실려 있다. 4가지의 뜻은 꼭 같지는 않지만 이들은 어떤 공통속성으로 묶여 있다. 이 형용사는 다음과 같이 쓰인다.

[a] **a** remote **village**
멀리 떨어져 있는 외진 마을

[b] **a** remote **past / future**
아득히 먼 과거 / 미래

[c] **a** remote **relative**
아주 먼 친척

[d] **a** remote **connection**
아주 먼 관계

remote는 a에서는 공간상의 두 지점 사이의 거리가, b에서는 시간상의 두 시점 사이의 거리가, c에서는 친족망에서 어느 두 사람의 거리가, 그리고 d에서는 관계 속의 두 개체 사이의 거리가 매우 먼 것을 나타낸다. 관계의 경우 두 개체를 전제하고 두 개체가 멀리 떨어져 있으면 관계를 파악하기 어렵다. 앞에 쓰인 네 가지의 뜻은 조금씩 다르긴 하지만 두 지점 사이의 거리가 먼 상태는 공통이다. 이러한 공통점이 있어서 이들이 한 형용사로 표현될 수 있다. 이 공통의 뜻이 네 가지의 영역(장소, 시간, 친족망, 관계)에 적용되어서 뜻이 조금씩 다르게 보인다. 이렇게 볼 때 한 낱말이 갖는 뜻도 어느 범주(remote)의 구성원으로 볼 수 있다. 구성원이 되는 뜻 가운데 장소의 뜻이 원형적이고 다른 것은 이 원형에서 벗어나는 것으로 볼 수 있다.

이 가운데 장소상의 거리를 나타내는 거리가 이 형용사의 의미의 원형이라고 할 수 있겠다. 이 원형적 의미는 기본 의미와 일치한다.

6) 한정적 용법, 서술적 용법, 피수식체

형용사는 두 가지 방법으로 쓰인다. 하나는 한정적 용법(restrictive)이고, 다른 하나는 서술적 용법(predicative)이다. 한정적이란 한정을 한다는 뜻이다. 여기서 한정되는 것은 지시의 범위이다. 다음의 예를 살펴보자.

> [a] **a boy**
> [b] **a** tall **boy**
> [c] **a** tall skinny **boy**

어느 모임에 10명의 남자아이들이 있다고 가정해 보자. a를 쓰면 10명 가운데 어느 누구라도 가리킬 수 있다. b는 형용사 tall이 쓰여서 10명 가운데 키가 큰 아이만 가리킨다. 키 큰 남자아이가 4명이 있다면 a tall boy는 10명 가운데 4명 중 1명을 가리킨다. c를 쓰면 지시 범위가 더 좁아진다. 4명의 키 큰 아이들 가운데 빼빼 마른 남자아이를 가리킨다. 마른 아이가 2명 있다면 c는 이 2명 중 1명을 가리킨다.

형용사가 한정적으로 쓰일 때는 명사를 직접 수식한다. 한편, 형용사가 어느 개체나 사람의 성질이나 상태들을 기술하는 데 쓰일 때는 형용사의 서술적 용법이다. 이 용법은 통상 존재동사(be, lie, stay, sit), 그리고 이동동사(come, go)와 같은 동사와 쓰인다.

> [a] **She is** happy.
> 그녀는 행복하다.
>
> [b] **He lay** sick **in bed.**
> 그는 아파서 병상에 누워 있었다.
>
> [c] **He stayed** cool.
> 그는 침착하게 있었다.
>
> [d] **The machine sits** idle.
> 그 기계는 움직이지 않고 있다.
>
> [a] **He went** bald.
> 그는 대머리가 되었다.

[b] His dream came true.
그의 꿈은 이루어졌다.

형용사가 한정적으로 쓰이든 서술적으로 쓰이든 형용사와 관계되는 개체가 있다. 이 개체를 피수식체(modified)라고 부르겠다. 다음에서 happy는 a에서는 한정적으로, 그리고 b에서는 서술적으로 쓰였다. 어느 쪽으로 쓰였든지 간에 man은 happy와 관련되기 때문에 이것은 피수식체이다.

[a] He is a happy man.
그는 행복한 사람이다.

[b] The man is happy.
그 사람은 행복하다.

7) 교체현상

형용사의 교체현상(alternation)을 이해하기 위해서 먼저 동사 send를 살펴보자. 이 동사의 개념바탕에는 보내는 이, 받는 이, 그리고 보내지는 물건이 있다. 이 세 요소가 문장에 어떻게 표현되는지를 다음에서 살펴보도록 하자.

[a] She sent me an e-mail.
그녀는 내게 이메일을 보내왔다.

[b] She sent an e-mail to me.
그녀는 이메일을 나에게 보내왔다.

동사 바로 뒤 목적어 자리에 a에서는 받는 이가 오고, b에서는 보내지는 개체가 온다. 즉 목적어 자리의 두 요소가 바뀔 수 있다. 이것을 교체현상이라 부른다. 동사 cover를 한 번 더 살펴보자. 이 동사의 개념바탕에는 덮는 이,

덮이는 개체, 그리고 덮는 데 쓰이는 물건이 있다.

> [a] She covered the table with a table cloth.
> 그녀는 그 식탁을 식탁보로 씌웠다.
>
> [b] She covered a table cloth over the table.
> 그녀는 그 식탁보를 식탁 위에 씌웠다.

목적어 자리에 a에서는 덮이는 개체가, b에서는 덮는데 쓰이는 개체가 쓰였다. 이 교체현상은 형용사에서도 나타난다. 다음을 살펴보자.

> [a] In fall, this river is aboundant with salmon.
> 가을에. 이 강은 연어가 많다.
>
> [b] In fall, salmon are aboundant in this river.
> 가을에는 연어가 이 강에 많다.

주어 자리에 a는 장소이고, 그 속에 들어가는 개체는 전치사 with로 표현되어 있다. b는 주어가 장소에 들어 있는 개체이고, 이들이 들어 있는 장소는 전치사 in으로 표현되어 있다. 이것도 교체현상이다. 이것을 도식화하면 다음과 같다. 장소가 부각된 첫 번째 그림은 문장 a의 도식이고, 개체가 부각된 두 번째 그림은 문장 b의 도식이다.

1. 장소 부각   2. 개체 부각

다음 몇 개의 예를 더 살펴보자.

[a] The garden is swarming with bees.
그 정원에는 벌들이 와글와글 한다.

[b] Bees are swarming in the garden.
벌들이 그 정원에 와글와글 한다.

[a] The deep sea is teeming with small shrimps.
그 심해에는 작은 새우들이 많다.

[b] Small shrimps are teeming in the deep sea.
작은 새우들이 그 심해에 많다.

8) 치수표현

영어 물체의 치수는 다음과 같이 표현된다. 먼저 수치가 쓰이고, 그 다음에 치수를 나타내는 형용사가 쓰인다. 치수표현(measurement)에 쓰이는 형용사는 그 의미에 있어서 일반 형용사와 다르다. 다음을 비교하여 보자.

[a] He is old. (He is not young.)
그는 나이가 많다. (그는 젊지 않다.)

[b] He is one year old.
그는 나이가 한 살이다.

old는 a에서는 나이가 많다는 뜻이고, b에서는 늙고 젊은 것과 관계없이 나이를 나타낸다. 그러므로 치수표현에 쓰이는 old는 몇 시간, 며칠, 몇 개월 등에 다 쓰일 수 있다.

[a] **He is two hours old.**
그는 태어난지 2시간이다.

[b] **He is three months old.**
그는 태어난지 3개월이다.

[c] **He is 100 years old.**
그는 100살이다.

한 예를 더 살펴보자.

[a] **The river is wide.**
그 강은 폭이 넓다.

[b] **The pool is four meters wide.**
그 강의 폭은 4m이다.

wide는 a에서 폭이 넓다는 뜻이고, b에서는 폭의 크기와 관계없이 폭을 나타내는 데 쓰인다.

[a] **The tree is 30m tall.**
그 나무는 높이가 30m이다.

[b] **The river is 200km long.**
그 강의 길이가 200km이다.

[c] **The movie is 2 hours long.**
그 영화는 길이가 2시간이다.

[d] **The pool is 4m deep.**
그 수영장은 깊이가 4m이다.

[e] **The army is 3,000 strong.**
그 군대는 수가 3,000명이다.

[f] **The elephant is two tons** heavy.
그 코끼리는 무게가 2톤이다.

[g] **The office building is 50 stories** high.
그 사무실 건물은 높이가 50층이다.

② 형용사 구조

형용사가 쓰이는 구조는 다음 세 가지로 나누어 볼 수 있다. 첫째, 전치사와 쓰이는 전치사 구조, 둘째, to-부정사와 쓰이는 to-부정사 구조, 셋째, 종속절과 쓰이는 종속절 구조이다. 다음에서 이 세 가지 구조를 차례로 살펴보겠다.

1) 형용사와 전치사 구조

전치사는 두 개체를 전제로 한다. 전치사는 이 두 개체 사이의 관계를 나타내는 낱말이다. 다음 예를 보자.

[a] **the dog behind a tree**
　　선행사　　　　　목적어
나무 뒤에 있는 개

[b] **the sky above us**
　　선행사　　　목적어
우리 위에 있는 하늘

a에서 behind는 개와 나무 사이의 관계, b에서 above는 하늘과 우리 사이의 관계를 나타낸다. 전치사 앞에 쓰인 것을 선행사(antecedent), 그리고 전치사 다음에 오는 것을 목적어(object)라고 한다.

전치사의 선행사는 앞에서 살펴본 바와 같이 전치사 바로 앞에 쓰이기도

하지만 전치사와 떨어져 쓰이는 경우도 많다. 다음에서 선행사는 be동사, 형용사, 목적어와 분리되어 있다.

> [a] **He is sensitive to criticism.**
> 선행사 / 주어　　　　　　　목적어
> 그는 비판에 민감하다.
>
> [b] **He is severe to his children.**
> 선행사 / 주어　　　　　　　목적어
> 그는 자신의 아이들에게 엄하다.

　a와 b에서 선행사와 목적어는 그 사이에 be동사와 형용사로 떨어져 있다. 그러므로 앞의 두 문장에서 볼 수 있는 것과 같이 선행사는 문장 안에서 주어 역할도 한다.

　앞에서 선행사, 전치사, 목적어라는 단어가 사용되었다. 편의상 이들 용어의 영어 첫 글자를 따서 선행사는 A, 전치사는 P, 목적어는 O로 표시하겠다.

(1) ABOUT

<u>전치사 about의 의미</u>　　이 전치사는 A about O에서 A는 O의 위나 주위의 이곳 저곳에 흩어져 있는 관계를 그린다. 이것을 도식화하면 다음과 같다.

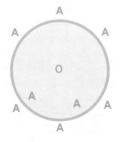

전치사 about의 도식

이 전치사를 세 종류의 형용사로 나누어 살펴보겠다.

<u>감정형용사</u> 다음에서 주어(A)는 전치사 about의 목적어(O)에 대해 어떤 감정을 갖는다.

> [a] He was happy about the result.
> 그는 그 결과에 대해 만족하고 있다.
>
> [b] He is angry about my foolish things.
> 그는 나의 어리석은 짓들에 대해서 화가 나 있다.

<u>주의형용사</u> 다음에 쓰인 형용사는 주의에 대한 것이고 주어(A)는 전치사 about의 목적어(O)의 이것저것에 주의를 기울인다.

> [a] He is very careful about his health.
> 그는 건강에 대해서 매우 조심한다.
>
> [b] He is very thoughtful about his business.
> 그는 그의 일에 대해서 매우 주의 깊다.

<u>확신-불확신형용사</u> 다음 형용사는 확신-불확신성과 관계가 있고, 주어(A)는 전치사 about의 목적어(O)에 대해 확신-불확신성을 갖는다.

> [a] I am suspicious about his motive.
> 나는 그의 동기에 대해서 의심을 한다.
>
> [b] I am doubtful about his success.
> 나는 그의 성공에 대해서 의심을 한다.

(2) AT

<u>전치사 at의 의미</u>　이 전치사는 주어(A) at 목적어(O)에서 A는 척도상의 한 점인 O에 있다. 이것을 도식화하면 다음과 같다.

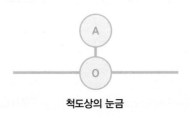

척도상의 눈금

　앞 도식의 A는 척도상의 한 점인 O에 있다. 이 도식은 다음 문장에 반영되어 있다.

[a]　Water boils at 100°C.
　　물은 섭씨 100℃에서 끓는다.

[b]　He lives at 25 Kamoku Street.
　　그는 카모쿠 거리 25번지에 산다.

<u>능력형용사</u>　다음 주어(A)는 전치사 at의 목적어(O)에 어떤 능력이 있거나 없다.

전치사 at의 도식

[a]　They are good at designing.
　　그들은 도안을 잘한다.

[b] He is bad at swimming.
그는 수영을 잘 못한다.

<u>감정형용사</u> 다음 주어(A)는 전치사 at의 목적어(O)에 자극을 받고 감정적 반응을 한다.

자극과 반응관계

[a] We were alarmed at the crash.
우리는 출동사건에 놀랐다.

[b] He was annoyed at the delay.
그는 연착에 짜증이 났다.

앞 문장에 나타난 자극과 반응은 순간적인 것이다. 한편, 다음과 같은 형용사는 at과 같이 쓰일 수 없는데, 그 이유는 이들 형용사가 나타내는 상태는 순간적이 아니고 지속적이기 때문이다. bored의 경우, 이 형용사가 나타내는 상태는 어느 순간 갑자기 나타나는 것이 아니라, 어느 기간에 걸쳐 지속되는 것이다. 그러므로 이것은 순간적으로 나타나는 감정을 표현하는 at과 양립이 안 된다.

[a] He is bored with the tedious work.
그는 지루한 일 때문에 싫증이 나 있다.

[b] She is mourning over the loss.
그녀는 그 죽음에 대해서 애도하고 있다.

(3) FROM

<u>전치사 from의 의미</u>   이 전치사는 주어(A) from 목적어(O)에서 A는 O에서 떨어져 있는 관계를 나타낸다. 이것을 도식화하면 다음과 같다.

전치사 from의 도식

<u>공간상의 거리</u>   다음 주어(A)는 전치사 from의 목적어(O)에서 공간적으로 떨어져 있다.

> [a] The school is 5 miles distant from the station.
>   그 학교는 그 역에서 5마일 떨어져 있다.
>
> [b] I sat aloof from them.
>   나는 그들과 떨어져 앉았다.

<u>해방</u>   다음 주어(A)는 전치사 from의 목적어(O)로부터 풀려 있다.

> [a] He is free from arrogance.
>   그는 오만과는 거리가 멀다.
>
> [b] We are now safe from attack.
>   우리는 공격에서 해방이다. 공격을 받지 않는다.

<u>상태의 원인</u>   다음에서 주어(A)는 전치사 from의 목적어 (O)로부터 병이 나 있다.

[a] He was ill from eating too many oranges.
그는 오렌지를 너무 많이 먹어서 탈이 났다.

[b] They are stupid from fatigue.
그들은 피곤해서 멍청하다.

<u>관점</u> 다음 주어(A)는 전치사 from의 목적어(O)로부터 관측된다.

[a] The building is invisible from here.
그 건물은 여기서 보면 안 보인다.

<u>차이</u> 다음 주어(A)는 전치사 from의 목적어(O)로부터 구별된다.

[a] His method is different from theirs.
그의 방법은 그들의 것과 다르다.

(4) FOR

<u>전치사 for의 의미</u> 이 전치사는 주어(A) for 목적어(O)에서 A와 O가 바뀌는 관계에 있다. 다음 그림에 두 영역이 있다. 영역1에서 A가 영역2로 가고, 영역2의 O는 영역1로 간다.

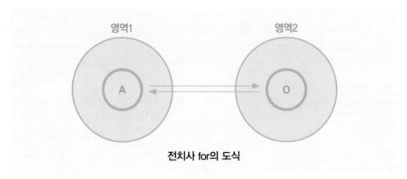

전치사 for의 도식

다음에서는 형용사를 몇 가지로 나누어서 for의 뜻을 구체적으로 살펴보기로 하겠다.

욕구형용사   다음 주어(A)는 전치사 for의 목적어(O)를 얻고자 한다.

[a] He was anxious for news from his son.
그의 아들로부터 오는 소식을 초조하게 기다리고 있다.

[b] They were eager for the award.
그들은 그 상을 타고자 열망한다.

책임형용사   다음 주어(A)는 전치사 for의 목적어(O)를 받아들이는 관계에 있다.

[a] We are responsible for their education.
우리는 그들의 교육에 책임이 있다.

[b] She was not ready for such a job.
그녀는 이러한 일을 감당할 준비가 안 되어 있었다.

감정형용사   다음 주어(A)는 전치사 for의 목적어(O) 때문에 어떤 감정을 갖는다.

[a] The boy was concerned for her mother.
그 소년은 어머니에 대해 걱정을 했다.

[b] She was very grateful for our help.
그녀는 우리가 준 도움에 크게 감사했다.

<u>유명-무명형용사</u>　다음에서 주어(A)는 전치사 for의 목적어(O) 때문에 유명-무명하다.

> [a] The city is famed for its flowers.
> 그 도시는 꽃으로 이름이 나 있다.
>
> [b] The country is famous for its mountains.
> 그 나라는 산으로 유명하다.

<u>적합성</u>　다음 주어(A)는 전치사 for의 목적어(O)에 적합하다.

> [a] The rope is short for what you want to do.
> 그 로프는 네가 하고자 하는 일에는 짧다.
>
> [b] That medicine is good for a headache.
> 저 약은 두통에 좋다.

<u>의미상의 주어</u>　다음에서 전치사 for는 to-부정사의 과정을 받아들이는, 즉 감당하는 의미상의 주어가 된다.

> [a] It is easy for him to solve the problem.
> 그가 그 문제를 푸는 것은 쉽다.
>
> [b] It is hard for us to climb the mountain in an hour.
> 우리가 그 산을 한 시간 안에 오르는 것은 어렵다.

(5) IN

<u>전치사 in의 의미</u>　이 전치사는 주어(A) in 목적어(O)에서 A는 O의 영역 안에 있다. 이것을 도식화하면 다음과 같다.

전치사 in의 도식

공간관계   다음 주어(A)는 전치사 in의 목적어(O) 영역 안에 있다.

[a]   He lives in Korea.
그는 한국에 산다.

[b]   Korea is in Asia.
한국은 아시아에 있다.

적용 범위   주어(A)의 특성은 전치사 in의 목적어(O)의 영역 안에 유효하다. 전치사 in은 형용사가 적용되는 범위를 한정한다.

[a]   The country is rich in oil.
그 나라는 기름이 많다.

[b]   He is strong in body / mind.
그는 몸 / 마음이 튼튼하다.

평가   다음 주어(A)는 전치사 in의 목적어(O)의 영역에서 평가된다.

[a]   He is young in years.
그는 나이가 젊다.

> [b] They are slow in understanding.
>
> 그들은 이해 면에서 느리다.

(6) OF

<u>전치사 of의 의미</u> 이 전치사는 주어(A) of 목적어(O)에서 A는 O의 떼려야 뗄 수 없는 관계에 있다. 이것을 도식화하면 다음과 같다.

전치사 of의 도식

<u>내재적 관계</u> 다음 선행사(A)는 목적어(O)의 뗄 수 없는 부분이다.

> [a] the sleeve of the shirt
>
> 그 셔츠의 소매
>
> [b] the corners of a triangle
>
> 삼각형의 세 모서리
>
> [c] a rod of steel
>
> 쇠막대기

<u>내재적 속성</u> 다음 문장에서 of는 행위자를 도입하는데, 이때 행위자는 내재적 형용사와만 같이 쓰일 수 있다. 내재적 형용사는 어떤 사람이 일시적으로 갖는 성질이 아니라 타고난 속성이다. 이러한 형용사 가운데는 kind, smart,

stupid, clever 등이 있다. 한편 일시적 상태를 나타내는 형용사 angry, excited, mad, wild 등은 of와 같이 쓰일 수 없다(다음 예문에서 ★ 표시한 것 은 문법에 맞지 않는 문장이다).

[a] It was wise of John to go.
John이 가는 것은 현명했다.

[b]★ It was temporary of John to go.
John이 간 것은 일시적이었다.

temporary는 어느 사람의 영구적 속성을 나타내지 않으므로 of가 쓰이는 b의 구조에 쓰일 수 없다. 또한, of의 목적어는 반드시 유정적(animate)인 행위자라야 한다.

[a] It was wise of John to leave early.
John이 일찍 떠난 것은 현명한 일이다.

[b]★ It was wise of the bus to leave early.
버스가 빨리 떠난 것은 현명한 일이다.

[c]★ It was foolish of Bob to be tall.
Bob이 키가 크길 바라는 것은 어리석은 일이다.

형용사에 따라서는 다음과 같이 두 가지로 쓰일 수 있다.

[a] It was nice of Tom to help us.
우리를 도와주다니 Tom은 친절했다.

[b] It was nice for Tom to help us.
Tom이 우리를 도와준 것은 친절한 일이었다.

a에서 nice는 Tom도 수식하고 나아가서 그가 우리를 돕는 행위도 수식한다. 그러나 b에서 nice가 수식하는 것은 Tom이 우리를 돕는 일뿐이다. 다음 문장에서 전치사 of와 내재적 형용사가 쓰인 예가 몇 개 더 제시되어 있다.

[a] It was good of him to help us.
그가 우리를 도와준 것은 좋은 일이었다.

[b] It was kind of him to go with us.
그가 우리와 같이 간 것은 친절한 일이었다.

<u>유무형용사</u>   다음 주어(A)는 전치사 of의 목적어(O)가 있거나 없다.

[a] The room is full of furniture.
그 방은 가구로 가득 차 있다.

[b] The road is clear of snow.
그 길에는 눈이 없다.

<u>상태와 원인</u>   다음 주어(A)는 전치사 of의 목적어(O)의 내재적인 원인 때문에 몸이나 마음이 특정한 상태에 있다.

[a] He is ill of a fever.
그는 열이 있어서 아프다.

[b] I am tired of walking.
나는 걷기에 지쳤다.

[c] I am weary of the same old song.
나는 똑같은 노래에 진력이 나 있다.

<u>의식 상태</u>   다음 주어(A)는 전치사 of의 목적어(O)를 의식한다.

[a] we are aware of the gravity of the situation.
우리는 그 상황의 중대성을 의식하고 있다.

[b] I am conscious of the danger.
나는 그 위험을 의식하고 있다.

<u>마음의 태도</u>   다음 주어(A)는 전치사 of의 목적어(O)에 특정한 마음의 태도를 갖는다.

[a] He is boastful of his new car.
그는 그의 새 차를 자랑한다.

[b] He is certain of success.
그는 성공을 확신한다.

<u>과정과 관련된 형용사</u>   다음 형용사와 같이 쓰인 전치사 of의 목적어는 형용사에 대응하는 타동사의 목적어에 해당한다.

[a] The paragraph describes the scene.
그 단락은 그 장면을 묘사한다.

[b] The paragraph is descriptive of the scene.
그 단락은 그 장면을 묘사한다.

[a] They exclude the federal taxes.
그들은 연방세를 제외했다.

[b] The price is exclusive of the federal taxes.
그 가격에는 연방세가 빠져 있다.

<u>속성과 관련된 형용사</u>   다음에 쓰인 전치사 of의 목적어(O)는 wide나 short의
기준이 된다.

> [a] The arrow was wide of the mark.
> 그 화살은 표적에서 멀리 떨어졌다.
>
> [b] He stopped 10 meters short of the goal.
> 그는 목표 지점에서 10m 떨어진 곳에서 멈추었다.

<u>감각과 관련된 형용사</u>   다음 주어의 속성은 전치사 of의 목적어와 내재적 관계
가 있다.

> [a] He is deaf of an ear
> 그는 한 쪽 귀가 멀다.
>
> [b] He is dull of hearing.
> 그는 잘 듣지를 못한다.

(7) ON

<u>전치사 on의 의미</u>   이 전치사는 주어(A) on 목적어(O)에서 A가 O 위에 닿아 있
는 관계를 나타낸다. 이런 관계가 성립하기 위해서는 A가 밑으로 힘을 가하고
O는 밑에서 떠받친다. 이것을 도식화하면 다음과 같다.

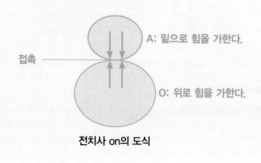

전치사 on의 도식

이 도식 가운데 선행사 A의 밑으로 가하는 힘이 부각되기도 하고 O의 위로의 힘이 부각되기도 하며 접촉이 부각되기도 한다.

<u>의존관계</u>　다음 주어(A)는 전치사 on의 목적어(O)에 의존한다. 즉 O가 A를 떠받치는 관계이다.

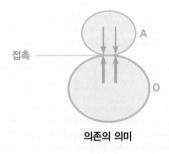

의존의 의미

[a] He is dependent on her.
그는 그녀에게 의존하고 있다.

[b] He is reliant on his parents.
그는 그의 부모에게 기대고 있다.

<u>영향관계</u>　다음 주어(A)는 전치사 on의 목적어(O)에 영향을 준다. 즉 A가 O에 힘을 가하는 관계이다.

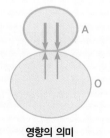

영향의 의미

[a]　I hope you will not be hard on us.
　　　나는 당신이 우리를 힘들게 하지 않기를 바란다.

[b]　The food is heavy on my stomach.
　　　그 음식은 내 위에 부담이 된다.

관련관계　다음 주어(A)는 전치사 on의 목적어(O)에 접촉이 되어 있다. 이 접촉은 관련의 의미로 풀이된다.

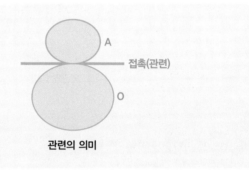

관련의 의미

[a]　He is dumb on the subject.
　　　그는 그 주제에 대해 말하지 않고 있다.

[b]　He is strong on math.
　　　그는 수학에 강하다.

(8) OVER

<u>전치사 over의 의미</u>　이 전치사는 주어(A) over 목적어(O)에서 A가 O의 위에 있고 O보다 큰 관계이다. 이것을 도식화하면 다음과 같다.

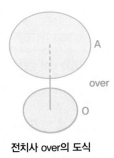

전치사 over의 도식

힘   다음 주어(A)는 전치사 over의 목적어(O)보다 우세하다.

> [a] He is powerful over his men.
> 그는 부하들에게 군림한다.
>
> [b] He was victorious over his opponent.
> 그는 상대를 이겼다.

감정이나 태도   다음 주어(A)는 전치사 over의 목적어(O)에 지속적인 감정을
갖는다.

> [a] He is happy over his success.
> 그는 그의 성공에 지속적으로 기뻐하고 있다.
>
> [b] He feels sad over the mistake.
> 그는 그의 실수에 대해서 지속적으로 슬퍼하고 있다.

(9) TO

전치사 to의 의미   이 전치사는 주어(A) to 목적어(O)에서 A가 O를 바라보는 관
계이다. 이것을 도식화하면 다음과 같다.

전치사 to의 도식

거리관계 다음 주어(A)는 전치사 to의 목적어(O)에 비추어 거리가 정해진다.

[a] The airport is close to town.
그 비행장은 읍내에 가깝다.

[b] The cinema is near to the department store.
그 영화관은 그 백화점에 가깝다.

지각관계 다음 주어(A)는 전치사 to의 목적어(O)를 의식하거나 지각한다.

[a] He is alive to the danger.
그는 위험을 알고 있다.

[b] He is wise to what you are up to.
그는 네가 무슨 짓을 하는지 알고 있다.

태도 다음 주어(A)는 전치사 to의 목적어(O)에 특정한 태도를 취한다.

[a] Don't be cruel to the poor animal.
불쌍한 동물에게 잔인하게 굴지 마라.

[b] He is very kind to us.
그는 우리에게 매우 친절하다.

비교 다음 주어(A)는 전치사 to의 목적어(O)에 비추어 비교된다.

[a] Death is comparable to sleep.
죽음은 잠에 비유된다.

[b] He is similar to his father.
그는 그의 아버지와 비슷하다.

평가자 다음 주어(A)는 전치사 to의 목적어(O)에 비추어 평가된다.

[a] The name is very familiar to me.
그 이름은 내게 매우 친숙하다.

[b] The things were novel to us.
그 일들은 우리에게 새로웠다.

피영향 다음 주어(A)는 전치사 to의 목적어(O)에 영향을 받는다.

[a] I was left naked to injury.
나는 상처를 받게 무방비 상태로 내버려졌다.

[b] His conduct is open to criticism.
그의 행동은 비난을 받을 수 있다.

영향 다음 주어(A)는 전치사 to의 목적어(O)에 영향을 준다.

[a] It is displeasing to him.
그것은 그를 기분이 나쁘게 한다.

[b] The rat is offensive to me.
그 쥐는 나를 기분 나쁘게 한다.

(10) WITH

전치사 with의 의미　　이 전치사는 주어(A) with 목적어(O)에서 with는 어떤 인지영역 안에서 A와 O가 상호작용하는 관계를 나타낸다. 이것을 도식화하면 다음과 같다.

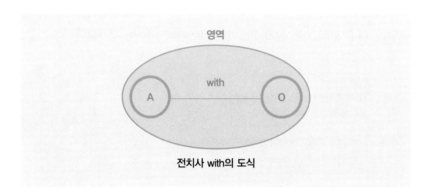

전치사 with의 도식

　　바깥 큰 원은 어떤 활동영역이나 인지영역을 나타내고, 이 안에 든 주어(A)와 목적어(O)는 상호작용하는 개체이다. 이렇게 상호작용하는 관계는 크게 다음과 같이 나누어 볼 수 있다.

대인관계　　주어(A)는 전치사 with의 목적어(O)와 특정한 관계를 갖는다.

[a] He is angry with me.
　　　그는 나에게 화가 나 있다.

[b] Parents nowadays are too easy with their children.
　　　요즈음 부모들은 아이들에게 너무 관대하다.

행동영역　　다음 주어(A)는 전치사 with의 목적어(O)를 사용하거나 관리한다.

> [a] The manager is careful with his work.
> 그 지배인은 자기 일에 주의를 기울인다.
>
> [b] He is busy with all sorts of works.
> 그는 여러 가지 종류의 일로 바쁘다.

<u>감정영역</u> 다음 주어(A)는 전치사 with의 목적어(O)를 가지고 있어서 어떤 감정 상태에 있다.

> [a] She is very happy with the result.
> 그녀는 그 결과로 매우 행복해 한다.
>
> [b] She was delighted with the gift.
> 그녀는 선물을 받고 기뻐했다.

<u>육체영역</u> 다음 주어(A)는 전치사 with의 목적어(O) 때문에 어떤 특정한 신체 상태에 있다.

> [a] She was ill with anxiety.
> 그녀는 걱정으로 병이 났다.
>
> [b] He was tired with a long walk.
> 그는 산책을 오래해서 지쳤다.

<u>비교·대조영역</u> 다음 주어(A)는 전치사 with의 목적어(O)와 비교된다.

> [a] Is science comparable with religion?
> 과학은 종교와 양립이 가능한가?

> [b] This statement is consistent with the ones you made earlier.
> 이 진술은 네가 먼저 한 것과 일치한다.

<u>장소</u>　다음 주어(A)는 전치사 with의 목적어(O)로 차 있다.

> [a] The barn is abounding with rats.
> 그 곳간에는 쥐가 많다.
>
> [b] The expedition is fraught with danger.
> 그 탐험여행은 위험이 많다.

2) 형용사와 to-부정사, 동명사

(1) 형용사와 to-부정사

형용사가 서술적으로 쓰일 때 to-부정사나 동명사와 같이 쓰일 수 있다. 먼저 to-부정사를 형용사의 종류에 따라 살펴보자.

<u>감정형용사</u>　주어는 어떤 감정 상태에 있고, 이 상태는 부정사의 과정으로 생긴다.

> [a] I'm sorry to hear he was wounded.
> 나는 그가 다쳤다는 소식을 듣고 마음이 슬펐다.
>
> [b] I'm very thankful to win the game.
> 나는 그 경기를 이겨서 매우 감사하다.

<u>태도형용사</u>　주어는 과정의 참여자이고, 형용사는 참여자가 과정에 대해서 갖는 태도를 나타낸다.

> [a] He was anxious to leave the place.
> 그는 그곳을 떠나기를 갈망했다.
>
> [b] They are hesitant to go.
> 그들은 가기를 주저한다.

성향·능력형용사 다음 형용사는 주어가 to-부정사의 과정으로 기울어지는 성향을 나타낸다.

> [a] She is apt to be absent.
> 그녀는 쉽게 결석한다.
>
> [b] The lion was not able to escape.
> 그 사자는 도망갈 수 없었다.

이성형용사 다음 형용사는 이성을 나타내는 형용사로서 주어는 이성에 따라서 부정사 과정을 이행하기도 하고, 하지 않기도 한다.

> [a] He was wise not to go alone.
> 그는 현명해서 혼자 가지 않았다.
>
> [b] He is foolish to start to smoking.
> 그는 어리석어서 담배를 피우기 시작했다.

확실성형용사 다음에서 형용사는 사건의 확실성을 그린다. 즉 주어가 to-부정사의 과정이 확실히 일어날 것임을 화자가 판단한다.

> [a] He is certain to win the next election.
> 그는 다음 선거에서 이길 것이 확실하다.

> [b] **He is sure to come.**
> 그는 확실히 온다.

앞에서 he가 주어로 쓰였으나 이것은 참여자가 과정을 대신하는 환유적 표현이다. 그래서 이 문장은 다음과 같이도 표현될 수 있다.

> [a] **It is certain that he will win the next election.**
> 그는 다음 선거에 이길 것이 확실하다.
>
> [b] **It is sure that he will come.**
> 그는 올 것이 확실하다.

<u>난이형용사</u>   다음에 쓰인 형용사는 과정을 이행하는데 난이성을 평가한다. 그리고 다음의 주어는 환유적으로 과정을 가리킨다. 그래서 여기서 주어는 그 자체가 쉬운 것이 아니라 그것을 읽기가 쉽다는 뜻이다.

> [a] **The book is easy to read.**
> 그 책은 읽기가 쉽다.
>
> [b] **The math problem is difficult to solve.**
> 그 수학 문제는 풀기가 어렵다.
>
> [c] **The work is hard to carry on.**
> 그 일은 계속 하기가 힘들다.

앞의 문장은 다음과 같이 대명사 it을 써서 표현할 수 있다. 여기서 it은 to-부정사 과정을 가리킨다.

[a] It is easy to read the book.
그 책을 읽는 것이 쉽다.

[b] It is difficult to solve the math problem.
그 수학 문제를 풀기가 어렵다.

[c] It is hard to carry on the work.
그 일을 계속 하기가 힘들다.

그래서 앞의 문장들은 다음과 같이 it의 자리에 to-부정사 구문이 올 수 있다.

[a] To read the book is easy.
그 책을 읽는 것은 쉽다.

[b] To solve the math problem is difficult.
그 수학 문제를 푸는 것은 어렵다.

[c] To carry on the work is hard.
그 일을 계속 하는 것은 힘들다.

앞에서 살펴본 to-부정사는 의미상의 주어가 표시되어 있지 않다. 이 의미상의 주어는 전치사 for를 써서 표현된다.

[a] It is easy for him to read the book.
그에게 책을 읽는 것은 쉽다.

[b] It is difficult for him to solve the math problem.
그가 그 수학 문제를 푸는 것이 어렵다.

[c] It is hard for her to carry on the work.
그녀에게 그 일을 계속하기가 어렵다.

<u>내재적 형용사</u>   의미상의 주어를 나타내는 또 한 가지 방법은 다음과 같이 전치사 of를 쓰는 것이다. 다음에 쓰인 형용사 kind, wise, stupid 등은 사람의 내재적 성질을 나타내는 형용사이다. 이들 형용사는 행위자와 과정을 동시에 수식할 수 있다. 사람이나 과정만 수식하는 형용사는 이 구조에 쓰일 수 없다.

[a] It is kind of him to help us.
그가 우리를 도와주는 것은 친절하다. (그도 친절하고 도와준 일도 친절하다.)

[b] It is wise of him to stop smoking.
그가 담배를 끊는 것은 현명하다. (그도 현명하고 담배 끊는 일도 현명하다.)

[c] It is stupid of her to drink heavily.
그녀가 술을 많이 마시는 것은 멍청한 짓이다. (그녀는 멍청하고 과음도 멍청하다.)

(2) 형용사와 동명사

난이형용사는 동명사와 다음과 같이 쓰일 수 있다.

[a] Reading the article is not easy.
그 논문을 읽기가 쉽지 않다.

[b] Doing the math is difficult.
그 수학 문제를 풀기는 어렵다.

[c] carrying out the order is hard.
그 명령을 이해하기가 어렵다.

이 문장에서 동명사가 주어로 되어 있는데 이것은 다음과 같이 it으로 대치될 수 있다.

[a] It is not easy reading the article.
그 논문을 읽는 것은 쉽지 않다.

[b] **It is difficult doing the math.**
그 수학 문제를 푸는 것은 어렵다.

[c] **It is hard carrying out the order.**
그 명령을 이해하는 것은 어렵다.

3) 형용사와 종속절

형용사와 같이 쓰이는 종속절에는 that-절과 의문사절이 있다. 먼저 that-절부터 살펴보자.

(1) 형용사와 that-절

<u>주장형용사</u>　다음에 쓰인 형용사는 주장을 나타내고 that-절은 주장의 내용이다.

[a] **I am absolutely positive that this should be done first.**
나는 이것이 먼저 되어야 함을 전적으로 믿는다.

[b] **I am confident that you will get the job.**
나는 당신이 그 일자리를 얻을 것임을 자신한다.

<u>의식형용사</u>　다음에 쓰인 형용사는 의식에 관련된 상태를 나타내고 that-절은 의식의 내용을 전달한다.

[a] **You have to be mindful of your duty.**
너는 너의 의무를 유념해야 한다.

[b] **She is unaware of the danger ahead.**
그녀는 앞에 놓인 위험을 의식하지 못하고 있다.

> [c] My grandfather is forgetful of his appointment with the doctor.
> 나의 할아버지는 의사와 약속을 잊어버리신다.

<u>감정형용사</u>　다음 문장에는 감정형용사가 쓰였고 that-절은 감정의 원인을 나타낸다.

> [a] He was angry that I had not come in time.
> 그는 내가 제 시간에 오지 않아서 화가 났다.
>
> [b] He is glad that his children are safe at home.
> 그는 그의 아이들이 집에서 안전하기 때문에 기쁘다.

<u>평가형용사</u>　다음에 쓰인 형용사는 평가를 나타내고. 이들은 that-절 내용에 평가를 한다.

> [a] It is possible that he misunderstood what I said.
> 그가 내가 말한 것을 오해했음이 가능하다.
>
> [b] Is it true that the professor is going to retire soon?
> 그 교수가 곧 은퇴하려고 하는 것이 사실입니까?

(2) 형용사와 의문사절

다음에 쓰인 형용사는 믿음이나 앎을 나타내고 이들의 내용은 의문사절로 표현된다.

> [a] I'm not certain where this should be put.
> 나는 이것이 어디에 놓아져야 하는지 확실히 모르겠다.

> [b] **I'm not sure why he wants it.**
> 나는 왜 그가 그것을 원하는지 확실히 모른다.

다음 it은 의문사절을 가리키고, 형용사는 이들의 확실성 정도를 나타낸다.

> [a] **It is doubtful whether she can recognize her own father.**
> 그 여자가 자신의 아버지를 인식할 수 있을지 의심스럽다.
>
> [b] **It is not clear what will happen next.**
> 무엇이 다음에 일어날지 분명하지 않다.

4) 형용사와 진행형

형용사는 상태를 나타내므로, 진행형과 쓰이지 않는다고 하지만 실제로 형용사는 진행형에 자유롭게 쓰인다. 다음 문장을 비교하여 보자.

> [a] **He is kind.**
> 그는 친절하다.
>
> [b] **He is being kind.**
> 그는 친절한 척 한다.

> [a] **He is honest.**
> 그는 정직하다.
>
> [b] **He is being honest.**
> 그는 정직한 척 한다.

a에서는 be 동사가 쓰였고, b에서는 be be-ing의 진행형이 쓰였다. 이 두 문장 사이의 차이는 무엇일까? a는 사실을 묘사하고, b는 사실이 아니라 사실인 척 하는 상태를 가리킨다. 또 a는 영구적인 상태를 그리는 반면, b는 일시

적인 상태를 가리킨다. 앞의 세 문장에 쓰인 be-ing은 playing으로 바꾸어
쓸 수 있다(예: He is playing kind/honest/gentle/clever).

5) 형용사와 명령문

형용사 가운데는 명령문에 쓰일 수 있는 것도 있고, 그렇지 않은 것도 있다.
다음 문장에서 a에 쓰이는 형용사는 명령문에 쓰일 수 있고, b에 쓰인 형용사
는 명령문에 쓰일 수 없다. 이 두 종류의 형용사의 차이는 무엇일까? a에 쓰인
형용사가 나타내는 상태는 사람이 마음대로 할 수 있고, b에 쓰인 형용사는
사람들이 그렇게 할 수 없는 상태를 나타낸다.

> [a] Be kind / gentle / nice.
> 친절해라 / 얌전해라 / 예쁘게 행동해라.
>
> [b] *Be tall / sick / sad / angry.
> 키가 커라 / 병이 들어라 / 슬퍼하라 / 화가 나라.

③ 이 책의 특징

다음에서는 이 책에서 말하는 형용사의 정의, 의미와 구조, 의미의 연관성, 예
문의 제시방법과 형용사의 선정에 대해 살펴보겠다.

1) 정의

각 형용사의 뜻은 피수식체의 성질에 따라 조금씩 다른 의미를 나타내기 때
문에 다음과 같은 양식을 써서 의미를 정의했다.
　　'피수식체는 …이고, 형용사는 이들이 …함'을 나타낸다. 다음 full의 예를
살펴보자.

① 피수식체는 입, 눈 같은 입체적인 개체이고, full은 이들이 가득 차 있음을 나타낸다.

> [a] His mouth is full.
> 그의 입은 가득 차 있다.

② 피수식체는 달이고 full은 이들이 가득 찬, 즉 완전히 둥글게 된 상태를 나타낸다.

> [b] Today, the moon is full.
> 오늘, 달이 만월이다.

③ 피수식체는 음량, 속도 등이고 full은 이들이 한계에 다다른 상태를 나타낸다.

> [c] full volum / a full speed
> 최대 음량 / 전속력

④ full과 전치사 of의 관계를 다음과 같이 제시했다.

> [d] His eyes are full of tears.
> 그의 눈은 눈물로 가득 찼다.

앞에서 설명한 것과 같은 풀이 방법을 써서 은유나 환유 같은 전문 용어를 쓰지 않고도 이러한 개념들을 풀이 방법에 포함시켰다. 다음 예를 살펴보자.

> [a] **He seemed calm, but he was seething inside.**
> 그는 마음이 차분해 보였으나, 그 속은 부글부글 끓고 있었다.

이것은 다음과 같이 정의된다. 여기서 피수식체는 사람이고, calm은 이들의 마음이 차분함을 나타낸다(환유).

> [b] **The sentence is empty of meaning.**
> 그 문장은 뜻이 없다.

이 문장은 피수식체는 글이고, empty는 이들의 속이 비어 있음을 나타낸다(은유: 글은 그릇이다).

2) 의미와 구조

형용사의 의미와 구조 사이에는 밀접한 관계가 있다. 이것을 형용사 dubious로 예를 들면 다음과 같다. 이 형용사의 한 가지 뜻은 '반신반의하는'이고, 또한 가지는 이의 사역의미인 '반신반의하게 하는'이라는 뜻이다. 이 둘은 다음 구조로 각각 쓰인다.

> [a] **I am dubious that he will succeed in the venture.**
> 나는 그가 그 사업에 성공할지 반신반의한다. (비사역)
>
> [b] **It is dubious that he will succeed in the venture.**
> 그가 그 사업에 성공할지 의심스럽다. (사역)

비사역형인 a의 문장에는 주어가 사람이고 사역형인 b 문장에는 주어가 사람이 아닌 'it'이 쓰였다. 비사역형으로 쓰이면 전치사 about과 같이 쓰일 수 있으나 사역형으로 쓰이면 이 전치사와 같이 쓰일 수 없다.

> [a] He is dubious about the result.
> 그는 그 결과를 반신반의한다.
>
> [b] The result is dubious(★about …).
> 그 결과는 의심스럽다.

이 책에서는 이러한 의미와 구조 사이의 관계에 초점을 두었다.

3) 의미의 연관성

기존 사전을 보면 한 형용사 밑에 여러 가지 뜻이 실려 있으나 그 뜻들 사이에 연관성이 드러나지 않는다. 이 책에서는 뜻들 사이의 연관성을 보여주는 데 중점을 두고 있다. 형용사 flat을 사전에서 찾아보면 다음과 같이 여러 가지의 뜻이 적혀 있다.

① 평평한   ② 균일한   ③ 정확한
④ 맛이 없는   ⑤ 공기가 빠진   ⑥ 불황상태
⑦ 납작한

flat의 뜻이 크게 7가지로 분류되어 있고 각 분류에는 또 여러 가지의 뜻이 추가로 적혀 있다. 그러나 각 뜻과 뜻 사이의 유사성이나 공통성은 포착되지 않는다. 이렇게 보면 flat이 여러 가지의 뜻을 갖는 것은 오로지 우연에 지나지 않는 것으로 보인다. 이 책에서는 한 형용사가 갖는 여러 뜻 사이에 관련성이 있음을 주장한다. 다음에서 flat의 뜻을 좀 더 자세하게 살펴보자.

> [a] a flat surface
> 평평한 표면(굴곡이 없는)

[b] a flat **tire**
공기가 빠져 납작해진 타이어

[c] a flat **rate**
균일요금(성별, 나이 등에 차이 없는)

[d] a flat **voice**
단조로운 목소리(높낮이가 없는)

[e] a flat **refusal**
단호한 거절(바뀌지 않는)

[f] a flat **beer**
김이 빠져 맛이 없는

[g] **ten minutes** flat
정확히 10분(몇 초, 몇 분 등이 붙지 않는)

앞에서 flat은 '평평한, 납작해진, 균일한, 단조로운, 단호한, 맛이 없는, 정확한' 등의 뜻으로 풀이되어 있다. 주어진 뜻만 보면 이들 사이에는 공통점이 드러나지 않아서 이들을 한 낱말로 묶을 수 없어 보인다. 그러나 이 뜻을 자세히 살펴보면 공통점이 보인다. 즉 앞의 모든 뜻은 '평평하여 굴곡이 없는'의 상태를 나타낸다. 이것이 flat의 일반 의미이고, 이 뜻에서 여러 가지의 뜻이 피수식체의 성질에 따라서 조금씩 차이난다. 이것은 ( ) 속에 든 풀이를 보면 알 수 있다.

다른 현상과 마찬가지로 언어현상도 분석에 따라 규칙성이 드러날 수도 있고 그렇지 않을 수도 있다. 앞에서 살펴본 flat의 뜻은 예외적인 현상이 아니고, 이 현상은 다른 형용사에서도 찾아볼 수 있다. 이 책에 실린 형용사는 이러한 시각에서 분석되었다.

4) 뜻에 따른 예문 제시
형용사는 동사만큼 쓰임은 복잡하지 않으나, 문장에 쓰일 때에는 규칙이 있다. 그러므로 영한사전에 실리는 뜻만으로 어느 주어진 형용사가 어떻게 쓰이는지 알 수가 없다. 한 예로 형용사 mad를 들어보자. 이 형용사는 여러 가지 뜻을 갖는데, 이와 함께 쓰이는 전치사의 종류에 따라서 뜻이 차이나게 나타난다. 다음을 살펴보자.

[a] He is mad at his son.
그는 아들 때문에 화가 났다.

[b] Kerry is mad with Bill.
Kerry는 Bill에게 화가 났다.

[c] He is mad about computer game.
그는 컴퓨터 게임에 열광하고 있다.

[d] He is mad for ice-cream.
그는 아이스크림을 미칠 듯이 먹고 싶어 한다.

앞의 예문에서 알 수 있듯이 mad의 뜻은 전치사에 따라서 차이나게 나타난다. 이 책에서는 이와 같은 형용사와 전치사의 관계에도 초점을 두었다.

5) 형용사의 선정

이 책에서는 영어 형용사 가운데 일부만을 다루고 있다. 영어 형용사는 그 수가 많기 때문에 다음과 같은 원칙을 가지고 선정을 했다. 첫째, 영어 형용사 가운데는 다른 품사에서 파생된 형용사와 그렇지 않은 형용사가 있다. 이 2가지의 형용사 가운데 파생 형용사는 가능한 한 넣지 않았다. 둘째, 비파생 형용사 가운데는 뜻이 많은 것도 있고 그렇지 않은 것이 있다. 이 책에는 가능한 한 뜻이 많은 형용사를 선정했다. 이 기준에 따라서 이 책에서는 133개의 형용사가 풀이되어 있다.

ABLE

이 형용사는 능력이 있는 상태를 나타낸다.

① 피수식체는 생명체이고, able은 이들이 능력이 있음을 나타낸다.

[a] Most cats are able hunters.
대부분의 고양이들은 사냥할 능력이 있다.

[b] She is a more able teacher than he is.
그녀는 그보다 더 능력 있는 교사이다.

[c] The abler children are encouraged to help the less able ones.
더 유능한 아이들은 능력이 덜한 아이들을 돕도록 장려된다.

[d] We aim to lead the less able in society to lead an independent life.
우리는 사회에서 능력이 덜한 사람을 독립적인 삶을 살도록 인도하는 것을 목적으로 한다.

② able은 서술적으로 쓰였다.

[a] You can rely on him - he is able.
너는 그에게 의존할 수 있다 – 그는 능력이 있다.

[b] She is amazingly able.
그녀는 놀랄 만큼 능력이 있다.

③ 피수식체는 to-부정사가 가리키는 일을 할 수 있다.

[a] He is able to work part-time after school.
그는 방과 후에 시간제 일을 할 수 있다.

[b] He was able to walk again after a week.
그는 한 주 후에 다시 걸을 수 있었다.

[c] A monkey is able to hang by its tail.
원숭이는 꼬리로 매달릴 수 있다.

[d] He is able to retire at the age of 50.
그는 50세에 퇴직할 수 있다.

④ 피수식체는 과정이고, able은 과정의 참여자가 능력이 있음을 암시한다.

[a] It was an able performance.
우수한 연주였다.

[b] He made a very able speech.
그는 매우 뛰어난 연설을 했다.

ANGRY

1 피수식체는 사람이고, angry는 화가 나 있음을 나타낸다.

[a] I was very angry when I saw what had happened.
나는 이미 일어난 일을 보았을 때 매우 화가 났다.

[b] She made me very angry.
그녀는 나를 매우 화나게 했다.

2 피수식체는 전치사 about의 목적어에 대해서 화가 나 있다.

[a] She was angry about the decision to close the factory.
그녀는 그 공장을 닫는 결정에 대해 화가 났다.

[b] She was angry about the insult.
그녀는 그 모욕에 대해 화가 났다.

[c] Henry was angry about himself for letting others see his true feelings.
Henry는 다른 사람들이 그의 진정한 감정을 보게 했기 때문에 자신에게 화가 났다.

3 피수식체는 전치사 at의 목적어 때문에 화가 나 있다.

[a] They were angry at the way they were treated.
그들은 자신들이 대접받는 방식 때문에 화가 났다.

[b] We are angry at the dean.
우리는 그 학장 때문에 화가 나 있다.

(4) 피수식체는 that-절이 이끄는 사실에 의해서 화가 난다.

[a] They were angry that the Government had done nothing about the situation.
그들은 정부가 그 사태에 대해 아무것도 하지 않았다는 사실에 화가 났다.

[b] He was angry that the flight had been canceled.
그는 그 비행편이 취소되었다는 점 때문에 화가 났다.

(5) 피수식체는 전치사 with의 목적어와 화난 관계에 있다.

[a] I was angry with the woman.
나는 그 여자에게 화가 났다.

[b] I was angry with myself for making such a stupid mistake.
나는 그런 어리석은 실수를 한 나 자신에게 화가 났다.

[c] Please don't be angry with me.
저에게 화 내지 마세요.

(6) 피수식체는 성난 상태를 표출한다.

[a] There was angry scenes when the police broke the demonstration.
경찰이 그 시위를 해산시킬 때 분노에 찬 장면이 있었다.

[b] He darted an angry look.
그는 성난 표정으로 쏘아봤다.

[c] I overheard an exchange of angry words.
나는 성난 말들을 주고받는 것을 엿들었다.

[d] She plodded on in an angry silence.
그녀는 성난 침묵 속에 계속 터벅터벅 걸어갔다.

7 피수식체는 자연현상이고, angry는 이들이 맹렬함을 나타낸다.

[a] There were black angry clouds and it looked it was going to rain.
시커멓고 험악한 구름이 있어 곧 비가 올 것 같이 보였다.

[b] The moon was shining over an angry sea.
달은 성난 바다를 비추고 있었다.

8 피수식체는 상처이고, angry는 이들이 성이 난 상태를 가리킨다.

[a] Don't irritate the angry wounds.
그 벌건 상처들을 자극하지 마라.

[b] The angry sore is now healing.
그 성난 종기는 이제 아물고 있다.

ANY

이 형용사는 여러 개의 개체 가운데 임의로 어느 하나를 선택하는 뜻이다.

1 피수식체는 단수 개체이고, any는 이들이 어떤 무리에서 임의로 뽑힌 것이다.

[a] Any problem will be dealt with by my agent.
어떤 문제든 내 대리인을 통해 처리될 것이다.

[b] Any student can tell you that.
어떤 학생이든 너에게 그것을 말할 수 있다.

[c] Any book on this subject would be useful.
이 주제에 대한 어떤 책이든 유용할 것이다.

[d] Ask any doctor - they'll all tell you that alcohol is a poison.
어떤 의사에게든지 물어 봐라 – 그들 모두가 알코올이 독이라는 것을 너에게 말할 것이다.

2 피수식체는 단수이고, any는 이들이 어느 무리 가운데 임의로 뽑힌 것이다.

[a] You can choose any color you like.
너는 네가 좋아하는 어떤 색이든지 고를 수 있다.

[b] Play any music. I don't mind what you play.
어떤 음악이든 연주해라. 나는 네가 무엇을 연주하던 개의치 않는다.

[c] The delegation will be here any minutes.
그 대표단은 언제라도 여기에 도착할 것이다.

[d] When shall I come? Any time.
언제 올까요? 언제든지.

③ 피수식체는 복수이고, any는 이들도 임의로 선택된 것임을 나타낸다.

[a] I didn't go to any lectures last term.
나는 지난 학기에 어떤 강의도 듣지 않았다.

[b] I don't think any employees want to work tomorrow.
나는 어떤 직원도 내일 일하기를 원치 않는다고 생각한다.

[c] If you find any strawberries, keep some for me.
네가 만일 얼마간의 딸기라도 찾는다면, 내 것 좀 남겨놔라.

[d] Perhaps you could correct any mistakes I've made.
아마 너는 내가 만든 어떤 실수도 수정할 수 있을 것이다.

④ 피수식체는 셀 수 없는 물질 명사이고, any는 물질 명사의 임의의 양을 가리킨다.

[a] Have you got any wine?
와인 조금 있니?

[b] There's hardly any tea left.
차가 거의 남지 않았다.

[c] I forgot to get any bread.
나는 어떤 빵을 사는 것도 잊어버렸다.

⑤ 피수식체는 추상 명사나 구체적인 개체이고, any는 이들의 양이 임의적임을 나타낸다.

[a] We didn't have any trouble going through the customs.
우리는 그 세관을 통과하는 데 어떤 어려움도 없었다.

[b] The noise of the party stopped me from getting any sleep.
파티의 소음은 내가 잠을 조금도 못 자게 했다.

[c] Do you have any idea what she wants?

너는 그녀가 무엇을 원하는지에 대해 어떤 생각이라도 있니?

[d] You never give me any help.

너는 나에게 조금의 도움도 주지 않았다.

6 any는 비교급과 쓰이고, 비교급은 차이를 전제한다. any는 임의의 차이를 나타낸다.

[a] Is there any more food?

좀 더 많은 음식이 있니?

[b] It's not cheap any more.

그것은 더 이상 싸지 않다.

[c] Can you speak any louder?

좀 더 크게 말씀해 주시겠어요?

[d] We're none of us getting any younger.

우리들 중 아무도 조금이라도 더 젊어지지 않는다.

7 피수식체가 any와 쓰이면 양의 정도를 묻고, any가 안 쓰이면 유무를 나타낸다.

[a] Is there any water in the fridge?

냉장고에 물이 조금이라도 있니?

[b] Is there water on the moon?

달에 물이 있니?

[c] The engine uses hardly any gas.

그 엔진은 거의 조금의 가스도 사용하지 않는다.

[d] The engine doesn't use gas.

그 엔진은 가스를 사용하지 않는다.

APT

이 형용사는 적절하거나 적합한 상태를 나타낸다.

1 피수식체는 묘사, 피실험자, 유추, 노래 등이고, apt는 이들이 어떤 목적에 적절함을 나타낸다.

[a] 'Social club' might be a more apt description.
'친목 모임'이 더 적절한 묘사일 것 같다.

[b] He would be an apt subject for the test because he is clever.
그는 영리하니까 그 테스트에 적절한 피실험자가 될 것이다.

[c] The professor made an apt analogy to make his point.
그 교수는 그 논지를 충분히 입증하기 위해 적절한 유추를 만들어냈다.

[d] The song would have been more apt for a bass voice.
그 노래는 베이스 목소리에 좀 더 적합했을 것이다.

2 피수식체는 to-부정사가 가리키는 일을 쉽게 하는 경향이 있다.

[a] Babies are apt to put objects into their mouths.
아기들은 그들의 입에 아무 물건이나 넣는 경향이 있다.

[b] She is apt to be forgetful.
그녀는 잘 잊어버리는 경향이 있다.

[c] She is apt to forget half her groceries if she doesn't make a list.
그녀는 목록을 만들지 않으면 사야 할 식료품의 절반은 잊어버리는 경향이 있다.

[d] She is apt to make mistakes if you pressure her too much.

당신이 그녀에게 너무나 많이 압력을 가하면, 그녀는 실수하기 쉽다.

3 피수식체는 사람이고, apt는 이들이 똑똑함을 나타낸다.

[a] He is a very apt pupil.

그는 아주 총명한 학동이다.

[b] An apt student with high grades learns quickly.

높은 점수를 갖는 똑똑한 학생은 빨리 배운다.

4 피수식체는 전치사 at의 목적어에 능하다.

[a] She's apt at devising computer programs.

그녀는 컴퓨터 프로그램들을 고안하는 재주가 있다.

[b] He is apt at finding solutions to any problems.

그는 어떤 문제라도 해결책을 찾을 능력이 있다.

5 피수식체는 전치사 with의 목적어를 잘 다룬다.

[a] The child is apt with the violin.

그 아이는 바이올린을 잘 다룬다.

[b] The girl is apt with the cello.

그 소녀는 첼로를 잘 다룬다.

BAD

1 피수식체는 음식이고, bad는 음식이 상한 상태에 있음을 나타낸다.

[a] The fish smells bad.
그 생선에서 상한 냄새가 난다.

[b] The milk turned bad overnight.
그 우유가 밤새 상해 버렸다.

[c] You have to eat these peaches before they go bad.
너는 복숭아가 상하기 전에 이것들을 먹어야 한다.

2 피수식체는 신체부위이고, bad는 이들이 정상이 아닌 아픈 상태에 있음을 나타낸다.

[a] A childhood illness left him with a bad heart.
어린 시절의 병이 그에게 병든 심장을 남겨주었다.

[b] He has some bad teeth.
그는 몇 개의 나쁜 이를 갖고 있다.

[c] She had a bad sore throat.
그녀는 심한 인후통이 있다.

3 피수식체는 몸을 가리키고, bad는 몸이 좋지 않음을 나타낸다.

[a] He was so bad yesterday that he stayed in bed.
그는 어제 몸이 너무 좋지 않아서 침대에 누워 있었다.

[b] She is so bad today that she is resting at home.
그녀는 오늘 몸이 많이 아파서 집에서 쉬고 있다.

4 피수식체는 마음을 가리키고, bad는 마음이 좋지 않음을 나타낸다.

[a] I feel bad that you are sick.
당신이 아파서 나는 마음이 좋지 않다.

[b] Don't feel bad about what happened. It wasn't your fault.
일어난 일에 대해 기분 나빠하지 마시오. 당신의 잘못이 아니오.

5 피수식체는 병이고, bad는 이들이 몹시 나쁜 상태임을 나타낸다.

[a] He has a bad cold.
그는 심한 감기에 걸려 있다.

[b] He suffered from a bad case of food poisoning.
그는 식중독의 심한 사례로 고통을 받았다.

6 피수식체는 날씨이고, bad는 날씨가 나쁨을 나타낸다.

[a] The bad weather caused huge traffic problems.
좋지 않은 날씨는 심한 교통 문제를 야기시켰다.

[b] We've been having such bad weather.
우리는 정말 나쁜 날씨를 겪어 왔다.

7 피수식체는 냄새, 소식, 비평 등이고, bad는 이들이 해를 끼친다.

[a] There's a bad smell in here.
여기에서 악취가 난다.

[b] It is bad news.
좋지 않은 소식이다.

[c] The show got a bad review in a Sunday paper.
그 쇼는 일요일 신문에서 좋지 않은 비평을 받았다.

8 피수식체는 전치사 at의 목적어를 잘하지 못한다.

[a] He is bad at drawing.
그는 그림을 못 그린다.

[b] I am bad at remembering people's names.
나는 사람들의 이름을 잘 기억하지 못한다.

[c] She's bad at cooking.
그녀는 요리를 못한다.

9 피수식체는 사람, 거짓말하기 등이고, bad는 이들이 나쁨을 나타낸다.

[a] He's got his faults, but he's not a bad person.
그는 결점들을 가지고 있지만 나쁜 사람은 아니다.

[b] It is bad to tell lies.
거짓말하는 것은 나쁘다.

[c] You mustn't set a bad example to the children.
당신은 아이들에게 나쁜 본을 보여서는 안 된다.

10 피수식체는 전치사 for의 목적에 적합하지 않다.

[a] **Fatty foods are** bad **for your health.**
기름진 음식은 당신의 건강에 좋지 않다.

[b] **Smoking is** bad **for your lungs.**
담배는 당신의 폐에 좋지 않다.

11 피수식체는 시간이고, bad는 이들 속에 나쁜 일이 있었음을 나타낸다.

[a] **Did you have a** bad **day at work?**
직장에서 나쁜 일이 있었습니까?

[b] **For people living alone, christmas is the** worst **time of the year.**
혼자 사는 사람들에게 크리스마스는 한 해의 최악의 시기이다.

[c] **I had a** bad **night last night.**
나는 어젯밤이 아주 안 좋았다.

12 피수식체는 시간이고, bad는 이들이 어떤 목적에 적합하지 않음을 나타낸다.

[a] **I can come back later if it is a** bad **time for you.**
네가 불편한 시간이면 나는 나중에 올 수 있다.

[b] **Is this a** bad **moment to call?**
전화하기에 안 좋은 시간인가요?

[c] **This is rather a** bad **time for you to talk to me.**
당신이 나에게 말하기에는 다소 나쁜 시간이다.

BIG

이 형용사는 큰 상태를 나타낸다.

1 피수식체는 평면이고, big은 이들이 큼을 나타낸다.

[a] Germany is much bigger than Britain.
독일은 영국보다 훨씬 크다.

[b] The nearest big town is 20 miles away.
가장 가까운 대도시는 20마일 떨어져 있다.

[c] We have a big park near our school.
우리는 큰 공원을 우리 학교 근처에 갖고 있다.

2 피수식체는 입체적이고, big은 이들이 큼을 나타낸다.

[a] He lives in a big house in New York.
그는 뉴욕의 큰 집에서 산다.

[b] The waves grew bigger and bigger.
파도가 점점 커졌다.

[c] There was this big spider in the sink.
싱크대 안에 이만큼 큰 거미가 있었다.

[d] Which is your bike? The big one near the wall.
어느 것이 당신의 자전거입니까? 벽 가까이에 있는 큰 것입니다.

3 피수식체는 사람이고, big은 이들의 행위가 큼을 나타낸다.

[a] He is a big admirer.
그는 대단한 찬미자이다.

[b] John is a big eater.
John은 대식가이다.

[c] I never said that. You are a big liar.
나는 그것을 결코 말하지 않았어. 너는 큰 거짓말쟁이야.

[d] Other stores struggle to compete with the big four supermarkets.
다른 가게들은 4개의 큰 슈퍼마켓과 경쟁하고 있다.

4 피수식체는 결정, 착각, 개선, 변화 등이고, big는 이들이 크거나 중요함을 나타낸다.

[a] He has a big decision to make.
그는 내려야 할 중대한 결정을 가지고 있다.

[b] If you think I'm coming with you, you're making a big mistake.
내가 너와 함께 갈 것이라고 생각한다면, 큰 착각을 하고 있다.

[c] It's a big improvement.
그것은 큰 개선이다.

[d] The council has a big change of policy.
그 위원회는 정책의 큰 변화를 갖고 있다.

5 피수식체는 사람이고, big는 이들이 어떤 분야에서 거물임을 나타낸다.

[a] Frank Sinatra was very big in Los Angeles.
Frank Sinatra는 로스앤젤레스에서 유명했다.

[b] She's very big in music business.
그녀는 음악 사업에 거장이다.

[c] He's big in publishing.
그는 출판업에서 거물이다.

⑥ 피수식체는 마음을 가리키고, big은 이들이 넓음을 나타낸다. big은 행위자와 과정을 동시에 수식한다.

[a] It's big of you to drive me home so late at night.
밤늦게 나를 집까지 태워주다니 너는 마음이 너그럽다.

[b] It was big of him to help out like that.
그같이 구출해주다니 그는 마음이 너그러웠다.

[c] It was very big of him to lend you his car.
너에게 그의 차를 빌려주다니 그는 정말 너그럽다.

[d] That's very big of you to spend the time with me.
나와 시간을 보내주다니 너는 참 너그럽다.

⑦ 피수식체는 전치사 on의 목적어에 큰 관심을 갖는다.

[a] He is big on baseball, and goes to a game twice a week.
그는 야구에 관심이 커서, 일주일에 2번 경기를 보러 간다.

[b] I am not very big on classical music.
나는 고전 음악에 그렇게 관심이 크지 않다.

[c] Her mother is big on daytime television.
그녀의 어머니는 낮 시간 텔레비전 방송에 관심이 크다.

BLACK

이 형용사는 검은색을 나타낸다.

1 피수식체는 검은색이다.

[a] Electricity failed, and we had a black night.
전기가 나가서 우리는 캄캄한 밤을 보냈다.

[b] Black cats are sometimes thought to be unlucky.
검은 고양이들은 가끔씩 불운을 가져오는 것으로 생각된다.

[c] Black storm clouds approached us rapidly.
검은 폭풍 구름이 빠르게 우리에게 다가왔다.

[d] He has black boots to match his coat.
그는 코트에 어울리는 검은 부츠를 갖고 있다.

2 black은 흑인을 나타낸다.

[a] Black Americans have their own version of English.
미국의 흑인들은 자기들 고유의 영어 사투리를 갖고 있다.

[b] Dr. King was a leader in a black community.
King박사는 흑인 공동체에서 지도자였다.

[c] She was the first black woman to become a judge.
그녀는 판사가 된 최초의 흑인 여성이었다.

[d] Over half of the students are black.
절반 이상의 학생들이 흑인이다.

3 black은 크림이나 우유를 타지 않은 커피의 검은색을 가리킨다.

[a] Do you take your coffee black?
블랙으로 커피를 드십니까?

[b] Two black coffees, please.
블랙커피 2잔 주세요.

4 더러움은 검은색으로 개념화된다.

[a] My hands are black from working on the car.
내 손들은 차량 작업을 해서 시커멓다.

[b] Go and wash your hands. They are absolutely black.
가서 손을 씻어라. 손이 정말 시커멓다.

[c] Your feet are black.
네 발이 새카맣다.

5 black은 암담한 상태를 그린다.

[a] She fell victim to a black despair.
그녀는 암담한 절망의 희생자가 되었다.

[b] One of the blackest moment in Korean history has just passed.
한국사에서 가장 암담한 시기의 하나가 막 지나갔다.

[c] The future for the industry looks blacker.
그 산업의 미래는 더 암담해 보인다.

[d] Things looked black for the men still trapped down the mine.
갱도 아래 아직도 갇혀 있는 사람들에게 상황은 암담해 보였다.

6 black은 나쁜 기분을 불러일으키는 뜻으로 확대된다.

[a] Good place to bury the bodies, she joked with black humor.

"몸을 묻기 좋은 장소지," 그녀는 기분 나쁜 익살로 농담했다.

[b] The play is a black comedy.

그 연극은 기분 나쁜 희극이다.

[c] Dan gave me a black look.

Dan은 나에게 기분 나쁜 표정을 지었다.

7 피수식체는 마음이나 계획 등이고, black은 이들이 몹시 나쁨을 나타낸다.

[a] He is in a black mood after losing an afternoon's work on the computer.

그는 오후에 컴퓨터로 작업한 일을 날려버린 뒤 몹시 화가 나 있다.

[b] It was hard not to think black thoughts after being fired.

해고당한 뒤에 좋지 않은 생각을 하지 않는 것은 어렵다.

[c] The black plan unfolded as the evil spirit had planned.

그 나쁜 계획은 그 악령이 계획한 데로 펼쳐졌다.

[d] The villain gloated over his black deed.

그 악한은 자기가 한 나쁜 행위를 고소해 했다.

BLIND

이 형용사는 볼 수 없는 상태를 나타낸다.

1 피수식체는 사람이고, blind는 이들이 볼 수 없음을 나타낸다.

[a] She started to go blind in her sixties.
그녀는 60대에 눈이 멀기 시작했다.

[b] She was blind in one eye.
그녀는 한 쪽 눈이 안 보였다.

[c] He was blind from birth.
그는 태어날 때부터 보지 못했다.

2 피수식체는 길이고, blind는 이들의 앞이 안 보이거나 막힌 상태를 나타낸다.

[a] There were numerous accidents at the blind alley.
앞이 잘 보이지 않는 그 골목에서 사고가 많았다.

[b] The blind crossroad is very dangerous.
시야를 가리는 그 교차로는 매우 위험하다.

[c] The driver parked on the blind bend.
그 운전사는 시야를 가리는 굽은 길가에 주차했다.

[d] She passed another car on a blind curve.
그녀는 앞이 잘 안 보이는 굽이 길에서 또 다른 차를 추월했다.

3 피수식체는 의식을 가리키고, blind는 이들이 전치사 to의 목적어를 인식하지 못함을 나타낸다.

[a] She was blind to her son's faults.
그녀는 아들의 결점에는 무지했다.

[b] She was blind to the consequences of the decision.
그녀는 그 결정에 따르는 결과는 알지 못했다.

4 피수식체는 활동이고, blind는 이들이 맹목적으로 일어남을 나타낸다.

[a] Their opposition to the project seems to be driven by blind prejudice.
그 계획에 대한 그들의 반대는 맹목적인 선입견에서 비롯된 것 같았다.

[b] The leader expects blind obedience.
그 지도자는 맹목적인 복종을 요구한다.

[c] He made a blind purchase.
그는 맹목적인 구매를 했다.

[d] He is working blind on the experiments.
그는 맹목적으로 그 실험을 하고 있다.

5 피수식체는 공포, 분노 등이고, blind는 이들이 이성을 잃은 상태를 나타낸다.

[a] In a moment of a blind panic, she had pulled the trigger.
순간의 격한 공포에 그녀는 방아쇠를 당겼다.

[b] He flew out of the house in a blind fury.
그는 맹렬한 분노 속에 그 집을 뛰쳐나왔다.

[c] He was in such a blind hurry that he left his books behind.
그는 몹시 서두른 상태에서 책을 뒤에 두고 왔다.

BLUE

이 형용사는 푸른색을 가리킨다.

1 피수식체는 스웨터, 양복, 눈, 물 등이고, blue는 이들이 푸른색임을 나타낸다.

[a] He likes the dark blue sweater.
그는 검푸른 스웨터를 좋아한다.

[b] The blue suit looks better on you than the brown one.
그 푸른 양복이 갈색보다 네게 더 잘 어울린다.

[c] He looked at me with his blue eyes.
그는 푸른 눈으로 나를 쳐다보았다.

[d] The blue waters of the lake fascinated the visitors.
그 호수의 푸른 물은 방문객들을 매혹시켰다.

2 피수식체는 마음을 가리키고, blue는 이것이 우울함을 나타낸다.

[a] She calls her mother when she feels blue.
그녀는 우울할 때 어머니에게 전화한다.

[b] The boy far from home felt lonely and blue.
집에서 멀리 떨어져 있는 그 소년은 외롭고 우울했다.

[c] That song always makes me blue.
그 노래는 언제나 나를 우울하게 한다.

[d] The children were blue when their vacation is cancelled.
그 아이들은 휴가가 취소되자 우울해했다.

3 피수식체는 법이고, blue는 청교도의 금지법을 가리킨다.

[a] The blue laws kept the stores closed on Sundays.
엄격한 청교도법은 일요일마다 가게가 문을 닫게 하였다.

[b] The blue law prohibits working on Sundays.
엄격한 청교도법이 일요일마다 일하는 것을 금지했다.

4 피수식체는 농담이나 영화이고, blue는 이들이 외설적임을 나타낸다.

[a] Some of his jokes are a bit blue.
그의 농담 중 몇 개는 조금 외설적이다.

[b] The movie was quite blue.
그 영화는 꽤 음란했다.

[c] Try to avoid blue movies.
외설적인 영화는 피하려고 노력하라.

BRIGHT

1 피수식체는 빛을 내는 개체이고, bright는 이들이 환함을 나타낸다.

[a] A bright star is shining in the east.
그 환한 별이 동쪽에서 반짝이고 있다.

[b] I could see a bright light in the sky.
나는 하늘에서 밝은 빛을 볼 수 있었다.

[c] The lights are too bright in here.
그 빛은 여기에 너무 환하다.

2 피수식체는 색깔이고, bright는 밝은 색도를 나타낸다.

[a] He gave her a bright red flower.
그는 그녀에게 선홍색 꽃을 주었다.

[b] I felt my face turn bright red.
나는 내 얼굴이 새빨갛게 변하는 것을 느꼈다.

[c] She always wears bright colors.
그녀는 언제나 밝은 색 옷을 입는다.

[d] The bright yellow flowers are in full bloom.
샛노란 꽃들이 활짝 피어 있다.

3 피수식체는 사정, 상황 등이고, bright는 이들이 좋아짐을 나타낸다.

[a] Everything seemed bright and gay.
모든 것이 좋고 즐거워 보였다.

[b] The future is bright.
미래가 밝다.

[c] Things are starting to look brighter for the Korean economy.
한국의 경제에 대한 사정이 더 좋아 보이기 시작하고 있다.

4 피수식체는 마음이나 머리를 가리키고, bright는 이들이 총명함을 나타낸다.

[a] My son is not bright at economics.
내 아들은 경제학에는 뛰어나지 못하다.

[b] She is one of the brightest students in the class.
그녀는 학급에서 가장 총명한 학생들 중의 하나이다.

[c] Lea is a bright child and she should do well in life.
Lea는 총명한 아이여서 삶을 잘 살아 갈 것이다.

5 피수식체는 마음을 나타내고, bright는 기분이 밝음을 나타낸다.

[a] Why are you so bright and cheerful?
왜 너는 그렇게 밝고 명랑하니?

[b] You look bright.
너는 기분이 좋아 보인다.

BROAD

이 형용사는 면적이 넓음을 나타낸다.

1 피수식체는 면적이고, broad는 이들이 넓음을 나타낸다.

[a] The road passed through a broad expanse of green fields.
그 길은 넓게 퍼진 푸른 들판을 지나갔다.

[b] A broad street ran along the green lawns.
넓은 거리는 푸른 잔디밭을 따라 뻗어 있다.

[c] His shoulders are broad.
그의 어깨는 넓다.

[d] The plains are broad and flat.
그 평원은 광활하고 평평했다.

2 broad는 너비를 나타낸다.

[a] The cargo is two meters broad and one meter high.
그 화물은 너비가 2m에 높이가 1m이다.

[b] The river is 100 meters broad here.
그 강은 여기서부터 100m 너비이다.

3 피수식체는 영역이고, broad는 이들이 넓음을 나타낸다.

[a] The food store carries a broad range of products.
그 식품 가게는 넓은 영역의 생산품을 갖고 있다.

[b] The magazine covers a broad spectrum of interests.
그 잡지는 다양한 분야의 흥밋거리를 다룬다.

4 피수식체는 시각, 경험, 지식 등이고, broad는 이들이 넓음을 나타낸다.

[a] He took a broad view of the duties of being a teacher.
그는 교사가 되는 의무에 대해 넓은 시각으로 보았다.

[b] She has broad experience of teaching English to foreign students.
그녀는 외국 학생들에게 영어를 가르치는 것에 대해 넓은 경험을 갖고 있다.

[c] Successful business strategies fall into three broad categories.
성공적인 사업 전략은 3개의 넓은 범주로 분류된다.

[d] The professor has a broad knowledge of history.
그 교수는 역사에 대한 넓은 지식을 갖고 있다.

5 피수식체는 지지, 호응, 동의 등이고, broad는 이들에 많은 참가자가 있음을 나타낸다.

[a] The agreement won broad support in the US congress.
그 협정은 미국 의회에서 많은 사람들의 지지를 얻었다.

[b] The new TV show has broad appeal.
그 새로운 텔레비전 쇼는 많은 시청자들의 호응을 받고 있다.

[c] There is now a broad consensus that the president was right.
이제는 대통령이 옳았다는 많은 사람들의 동의가 있다.

6 피수식체는 암시, 설명, 묘사 등이고, broad는 이들이 세세하지 않고 개
략적임을 나타낸다.

[a] He gave me a broad hint that I should resign before I
get sacked.
그는 나에게 해고당하기 전에 그만두라는 개략적인 암시를 주었다.

[b] He gave us a broad explanation.
그는 우리에게 개략적인 설명을 해 주었다.

[c] Give me a broad description of the place.
그 장소에 대한 명백한 설명을 해 주십시오.

7 피수식체는 말씨이고, broad는 이들이 투박함을 나타낸다.

[a] He spoke with a broad Australian accent.
그는 투박한 오스트리아의 발음으로 말했다.

[b] His parents speak with a broad German accent.
그의 부모님은 투박한 독일식 발음으로 말한다.

BUSY

이 형용사는 활동이 많은 상태를 그린다.

1 피수식체는 사람이고, busy는 이들이 바쁨을 나타낸다.

[a] He's a busy man.
그는 바쁜 사람이다.

[b] The boss is a busy woman.
그 상관은 바쁜 여자이다.

[c] He will be busy all day.
그는 하루 종일 바쁠 것이다.

[d] I'm too busy to help you now.
나는 너무 바빠서 당신을 지금 도울 수 없다.

2 피수식체는 분사구문(V-ing)이 가리키는 일을 하느라 바쁘다.

[a] He was busy repairing his bike.
그는 그의 자전거를 고치느라 바빴다.

[b] I am busy making plans for the party.
나는 파티를 위해 계획을 짜느라 바쁘다.

[c] I tried to tell you, but you were always too busy to listen.
나는 너에게 말하려고 했지만 너는 항상 말하느라 너무 바빠서 들을 수 없었다.

[d] We are busy buying presents for Christmas.
우리는 크리스마스 선물을 사느라 바쁘다.

3 피수식체는 전치사 with의 목적어로 바쁘다.

[a] Kate is busy with her homework.
Kate는 그녀의 숙제 때문에 바쁘다.

[b] Most people are busy with their own trouble.
대부분의 사람들은 자기만의 문제로 마음의 여유가 없다.

[c] The kids are busy with their games.
그 아이들은 그들의 게임으로 인해 바쁘다.

[d] They were busy with preparations for their wedding.
그들은 결혼 준비로 바빴다.

4 피수식체는 장소이고, busy는 이들에 많은 활동이 있음을 나타낸다.

[a] Do not park your car near busy intersections.
분주한 교차로 근처에 차를 주차하지 마십시오.

[b] Stores are always busier on weekends.
가게들은 주말마다 언제나 더 분주하다.

[c] The busiest part in Seoul is Myoungdong.
서울에서 가장 분주한 곳이 명동이다.

[d] The office is usually busiest in the afternoon.
그 사무실은 보통 오후에 가장 분주하다.

5 피수식체는 시간이고, busy는 시간 속에 많은 활동이 있음을 나타낸다.

[a] Even with her busy schedule, she finds time to watch TV.
심지어 바쁜 일정에도 그녀는 TV 시청할 시간을 찾는다.

[b] Have you had a busy day?
바쁜 하루를 보냈습니까?

[c] I got a busy week ahead of me.
나에게 다음 한 주는 바쁜 주가 될 것이다.

[d] This week is one of the busiest times of the year.
이 주는 연중 가장 바쁜 시기 중 하나이다.

6 피수식체는 전화나 전화선이고, busy는 이들이 사용되고 있음을 나타
낸다.

[a] The phone is busy.
통화 중이다.

[b] When we phoned, the line was busy.
우리가 전화했을 때 통화 중이었다.

7 피수식체는 천이나 벽지이고, busy는 이들에 많은 무늬가 있어서 어지
러운 상태를 나타낸다.

[a] The jacket is a bit busy for my taste - I'd prefer
something much plainer.
이 재킷은 내 취향에는 좀 난하다 - 나는 더 수수한 것을 좋아한다.

[b] The flowered wallpaper is too busy.
꽃무늬가 있는 그 벽지는 너무 어지럽다.

[c] Take some of the books off the mantel - it is too busy.
몇 권의 책들을 벽난로 선반에서 치워라 - 너무 번잡스럽다.

CALM

이 형용사는 고요한 상태를 그린다.

1 피수식체는 수면이고, calm은 이 수면이 잔잔함을 나타낸다.

[a] The canoe glided across the calm water.
그 카누는 잔잔한 물을 가로질러 미끄러져 갔다.

[b] We could see our reflections on the calm surface of the lake.
우리는 우리의 그림자를 그 호수의 잔잔한 수면 위에서 볼 수 있었다.

[c] We slided into the calm waters of the harbor.
우리는 그 항구의 잔잔한 물속으로 미끄러져 들어갔다.

[d] The ocean is calm today. It looks like a mirror.
그 바다는 오늘 잠잠하다. 거울처럼 보인다.

2 피수식체는 시간이고, calm은 주어진 시간에 바람이 없는 고요한 상태를 가리킨다.

[a] Tuesday was a clear and calm day.
화요일은 맑고 고요한 날이었다.

[b] We're going to see a period of calmer weather starting this weekend.
우리는 이번 주말부터 시작해서 한동안 더 고요한 날씨를 보게 될 것이다.

[c] We will have a calm day after yesterday's storm.
우리는 어제의 폭풍 후에 더 고요한 날을 가질 것이다.

3 피수식체는 마음을 가리키고, calm은 마음이 안정된 상태를 나타내며 서술적으로 쓰였다.

[a] She is a calm woman.
그녀는 조용한 여자이다.

[b] Bill seemed calm, but he was seething inside.
Bill은 조용해 보였지만 속은 끓어오르고 있었다.

[c] I feel calm now that the exams are over.
시험이 끝나니 나는 이제 마음이 안정된다.

[d] It is important to keep calm in an emergency.
위급한 상황에서 침착한 상태를 유지하는 것이 중요하다.

4 calm은 한정적으로 쓰였다.

[a] His voice is surprisingly calm.
그의 목소리는 놀랍게도 차분하다.

[b] He has a very calm manner.
그는 매우 침착한 태도를 가지고 있다.

[c] He spoke with calm authority.
그는 차분하고 권위 있는 어조로 말했다.

5 피수식체는 상황이나 분위기이고, calm은 이들이 평온함을 나타낸다.

[a] After the fighting yesterday, the situation is now fairly calm.
어제 그 전투 후에 그 상황은 이제 꽤 평온하다.

[b] After a night of fighting, the streets are now calm.
싸움이 일어났던 밤 이후에 그 거리들은 이제 평온하다.

[c] The city appears relatively calm.
그 도시는 비교적 고요해 보인다.

6 calm은 사람과 사건을 동시에 수식한다.

[a] It was calm of him not to run away from the bear.
곰을 보고 도망치지 않았으니 그는 침착하다.

[b] It was very calm of her not to panic in that emergency.
그런 위급 상황에서 공포에 빠지지 않는다니 그녀는 참 침착했다.

[a] It was calm of him not to be frightened by the big snake.
그 큰 뱀에 놀라지 않다니 그는 침착하다.

[b] It is calm of them to remain cool under the pressure.
그 압력 하에 태연하게 있다니 그들은 침착하다.

CHEAP

이 형용사는 돈이 적게 드는 상태를 나타낸다.

(1) 피수식체는 물건이나 사람이고, cheap은 이들을 구하거나 쓰는 데 돈이 적게 듦을 나타낸다.

[a] Everyday he drinks a cheap bottle of wine.
매일 그는 값싼 포도주 한 병을 마신다.

[b] Children and the elderly are entitled to cheap tickets.
아이들과 어른들은 가격이 싼 표를 받을 자격이 주어졌다.

[c] Cycling is a cheap way to get around.
자전거 타기는 돈을 적게 들이고 돌아다니는 수단이다.

[d] Immigrant workers were a source of cheap labor.
이주 노동자들은 값싼 노동의 근원이었다.

(2) 피수식체는 전기난로, 기계, 계획, 인쇄기 등이고, cheap은 이들을 만들거나 사용하는 데 비용이 적게 듦을 나타낸다.

[a] Electric heaters are not cheap to run.
전기난로는 사용하는 데 싼 것이 아니다.

[b] The machine is cheap to build, but expensive to maintain.
그 기계는 설치비는 싸지만 유지하는 데는 돈이 많이 든다.

[c] The scheme is simple and cheap to operate.
그 계획은 간단하고 실행하는 데 돈이 적게 든다.

[d] This printer isn't cheap to run.
이 인쇄기는 사용하는 데 돈이 적게 드는 것이 아니다.

3 피수식체는 사람이고, cheap은 이들이 돈을 쓰지 않는 상태를 나타낸다.

[a] Don't be so cheap.
너무 인색하게 굴지 마라.

[b] He's so cheap he didn't even buy me a birthday present.
그는 너무 인색해서 나에게 생일 선물조차도 사주지 않았다.

4 cheap은 행위자와 과정을 동시에 수식한다.

[a] That was cheap of her not to share any of her candy.
그녀가 자신의 사탕을 조금도 나누지 않는 것은 인색한 것이었다.

[b] It was cheap of him not to allow me to use his computer.
그의 컴퓨터를 쓰도록 내게 허락하지 않은 것은 인색한 것이었다.

[c] It is cheap of John not to buy any lunch for us.
John이 우리에게 점심을 전혀 사지 않는 것은 인색한 짓이다.

5 피수식체는 장소이고, cheap은 이 장소를 이용하는데 돈이 적게 드는 상태를 나타낸다.

[a] We ate at a cheap restaurant.
우리는 싼 식당에서 먹었다.

[b] We stayed at a cheap hotel.
우리는 싼 호텔에 머물렀다.

6 피수식체는 생명이고, cheap은 이들이 제대로 대접받지 못하는 상태를 나타낸다.

[a] In a war, human life becomes cheap.
전쟁 중에는 인간의 생명은 중요하지 않게 된다.

[b] Life was cheap in that frontier town.
그 국경 지역에서는 인간 생명은 귀중하지 않았다.

[c] War makes human life seem cheap.
전쟁은 인간 생명을 싸구려로 보이게 만든다.

7 피수식체는 사람이나 속임수, 농담 등이고, cheap은 이들이 천박함을 나타낸다.

[a] All her makeup made her look cheap.
그녀의 화장이 그녀를 천박하게 보이게 했다.

[b] He's just a cheap crook.
그는 단지 천박한 사기꾼이다.

[c] He realized it had been a cheap trick.
그는 그것이 천박한 속임수였다는 것을 깨달았다.

[d] I was tired of his cheap joke at my expense.
나는 나를 놀리는 그의 천박한 농담이 지겨웠다.

CLEAN

이 형용사는 더러움이 없이 깨끗한 상태를 나타낸다.

① 피수식체는 옷, 시트, 테이블, 공기 등이고, clean은 이들에 더러움이 없는 상태를 나타낸다.

[a] She put on a clean dress.
그녀는 깨끗한 옷을 입었다.

[b] Put some clean sheets on the bed.
깨끗한 시트 몇 장을 침대 위에 놓아라.

[c] Use the clean table.
깨끗한 테이블을 사용해라.

[d] We need clean air and clean water for our health.
우리는 건강을 위해서 깨끗한 공기와 물이 필요하다.

② 피수식체는 고양이, 습관이고, clean은 이들이 깨끗이 하는 상태를 나타낸다.

[a] Cats are clean animals.
고양이들은 깨끗이 하는 동물이다.

[b] It is important to teach children clean habits.
아이들에게 깨끗이 하는 습관을 가르치는 것이 중요하다.

(3) 피수식체는 단절이나 골절이고, clean은 이들에 더덕더덕함이 없는 깨끗한 상태를 나타낸다.

[a] A sharp knife makes a clean cut.
잘 드는 칼은 깔끔하게 자른다.

[b] It was a clean cut with a scalpel.
그것은 외과용 칼을 사용한 깔끔한 절단면이었다.

[c] He made a clean cut in the cake.
그는 그 케이크를 깔끔하게 잘랐다.

[d] It was a clean break with a tradition.
그것은 전통과의 깨끗한 단절이었다.

(4) 피수식체는 종이, 녹음테이프이고, clean은 이 위에 아무것도 적히거나 기록되지 않은 상태를 나타낸다.

[a] Give me a clean sheet of paper.
백지 한 장만 다오.

[b] The tape is clean - there's no trace of the interview.
그 테이프는 비어 있다 – 회견의 기록이 전혀 없다.

(5) 피수식체는 사람, 기록, 면허 등이고, clean은 이들에 전과가 없음을 나타낸다.

[a] He leads a clean life.
그는 깨끗한 삶을 산다.

[b] He has a clean record.
그는 전과 기록이 없다.

[c] The police busted Jake last night, but he was clean.
그 경찰이 어젯밤 Jake를 체포했지만 그는 결백했다.

[d] Applicants must have a clean driving license.
지원자들은 반드시 전과가 없는 운전면허를 가지고 있어야 한다.

6 피수식체는 싸움, 퇴장 등이고, clean은 이들에 말썽이 없는 상태를 나타낸다.

[a] It was a clean fight.
그것은 정정당당한 싸움이었다.

[b] It was just a nice clean exit.
그것은 정말 깨끗한 퇴장이었다.

7 피수식체는 유머나 농담이고, clean은 이들에 성적 내용이 없는 상태를 가리킨다.

[a] His humor is usually clean.
그의 유머는 대개 상스럽지 않다.

[b] He prefers clean jokes.
그는 품위 있는 농담을 더 좋아한다.

CLEAR

이 형용사는 이물질이 없는 상태를 나타낸다.

1 피수식체는 표면이고, clear는 이들에 이물질이 없는 상태를 나타낸다.

[a] The road was clear and in good condition.
그 도로는 차도 없고 상태도 좋았다.

[b] The line of approach for the troops was still clear.
그 부대가 접근하는 길은 여전히 장애물이 없었다.

[c] Make sure the desk is clear after work.
일한 후에 그 책상이 정돈되도록 하여라.

[d] Her skin was clear.
그녀의 피부는 맑았다.

2 피수식체는 표면이고, clear는 이들에 전치사 of의 목적어가 없는 상태를 나타낸다.

[a] The exit must be kept clear of luggage.
그 출구는 수하물이 없도록 유지되어야 한다.

[b] It is not easy to keep the road clear of snow.
도로에 눈이 쌓이지 않도록 유지하는 일은 쉽지 않다.

[c] Is the sea clear of ice?
바다에 얼음이 없어졌니?

③ 피수식체는 사람이고, clear는 이들에 빚이나 의심이 없는 상태를 나타
낸다.

[a] I am now clear of debt.
나는 이제 빚이 없다.

[b] You are now clear of suspicion.
당신은 이제 혐의를 벗어나 있다.

④ 피수식체는 배, 사람, 바퀴, 비행기 등이고, clear는 이들이 전치사 of의
목적어에서 떨어져 있는 상태를 나타낸다.

[a] The ship is now clear of the reef.
그 배는 지금 암초에서 벗어나 있다.

[b] We are now clear of the danger.
우리는 이제 위험에서 벗어나 있다.

[c] The wheel is now clear of the ground.
바퀴가 지금 지면에서 떠 있다.

[d] The plane is now clear of clouds.
그 비행기가 이제 구름을 빠져나와 있다.

⑤ 피수식체는 벌어들이는 돈이고, clear는 이들이 세금을 뺀 액수임을 나
타낸다.

[a] He got a clear one hundred dollars.
그는 실수입 100달러를 벌었다.

[b] The company makes a clear one million per year.
그 회사는 일 년에 순수익 100만 달러를 번다.

[c] The school fair made a clear profit of 200 dollars.
그 학교 바자회는 순수익 200달러를 벌었다.

6 피수식체는 시간이고, clear는 이들에 계획된 일이 없음을 나타낸다.

[a] This gives me a clear week to finish the work.
이것은 내가 그 일을 마칠 수 있도록 다른 일이 없는 1주일을 준다.

[b] Leave the weekend clear.
주말을 비워 둬라.

[c] The whole of next Monday is clear.
다음 월요일 전체에 일정이 없다.

7 피수식체는 기체, 액체, 날씨 등이고, clear는 이들에 이물질이 없는 상태를 나타내며, 이물질이 없으면 맑다.

[a] For a few days the weather was clear.
며칠 동안 날씨가 맑았다.

[b] On a clear day you can see the tower from here.
맑은 날에 당신은 여기서 그 탑을 볼 수 있다.

[c] She spread some clear honey on his bread.
그녀는 약간의 맑은 벌꿀을 그의 빵에 발랐다.

[d] The water is so clear that you can see fish in it.
그 물은 아주 맑아서 물속의 물고기도 볼 수 있다.

8 clear는 한정적으로 쓰였다.

[a] The object gives off a clear light.
그 물체는 맑은 빛을 내었다.

[b] I saw a clear reflection of the mountains on the water.
나는 물 위에 비친 그 산의 선명한 그림자를 보았다.

[c] Pour the medicine in a clear glass.
약을 투명한 유리잔에 부어라.

[d] All colors were clearer.
모든 색이 더 선명했다.

9 피수식체는 보는 것과 관계가 있고, clear는 이것이 뚜렷함을 나타낸다.

[a] We had a clear look at the president.
우리는 그 대통령을 똑똑히 보았다.

[b] You can have a clear view of the mountain.
당신은 그 산을 선명히 볼 수 있습니다.

10 피수식체는 소리이고, clear는 이들에 잡음이 없는 상태를 나타내며,
잡음이 없으면 맑다.

[a] He spoke in a clear voice.
그는 맑은 목소리로 말했다.

[b] The singer's voice remained clear and pure.
그 가수의 목소리는 여전히 맑고 깨끗했다.

[c] I like the clear note of the bell.
나는 그 종의 맑은 음색을 좋아한다.

[d] Her words are clear.
그녀의 말은 분명하다.

11 피수식체는 지시, 설명, 생각 등이고, clear는 이들에 헷갈림이 없는 상
태를 나타낸다.

[a] He gave us clear directions.
그는 우리에게 명확한 지시를 주었다.

[b] The discussion enabled him to have a clearer idea of the nature of the problem.

그 토론은 그가 그 문제의 본질에 대해 더 분명한 생각을 가질 수 있게 했다.

[c] They are faced with clear alternatives.

그들은 분명한 대안들에 직면해 있다.

[d] Let me get this clear.

이것을 분명하게 하자.

12 it은 that−절이나 의문사절의 명제를 가리키고, clear는 이들이 분명함을 나타낸다.

[a] It is clear from his letter that he is not interested in the project.

그의 편지로 보건대 그는 그 계획에 관심이 없는 것이 분명하다.

[b] It is clear to me that the war would last longer than expected.

그 전쟁이 예상보다 더 오래 지속될 것임이 나에게는 분명하다.

[c] It is far from clear that they will benefit from the situation.

그들이 그 상황으로부터 이득을 볼 것임은 전혀 확실하지 않다.

[d] It is not clear what they want to do.

그들이 하고자 하는 바가 무엇인지 분명하지 않다.

CLOSE

이 형용사는 가까움을 나타낸다.

1 피수식체는 기준점, 즉 전치사 to의 목적어에 가깝다.

[a] Our apartment is close to the bus stop.
우리 아파트는 버스 정류장에 가깝다.

[b] We stood close to her.
우리는 그녀 가까이에 섰다.

[c] They chose a spot close to the river.
그들은 강에 가까운 장소를 골랐다.

[d] The hotel is close to the historical district.
그 호텔은 역사 지구에 가까이 있다.

2 피수식체는 시간이고, 이들이 전치사 to의 목적어나 암시된 기준점에 가깝다.

[a] Winter must be close. It is getting cold.
겨울이 가까이 온 것이 틀림없다. 점점 추워지고 있다.

[b] You can't go on a trip. It's too close to your exam.
너는 여행을 가면 안 된다. 시험이 코앞이다.

[c] It's close to 12:00.
거의 12시 가까이 되었다.

[d] Your birthday is close to mine.
네 생일은 내 생일에 가깝다.

3 피수식체는 친척이나 친구이고, close는 이들 사이가 가까움을 나타낸다.

[a] He was a close relative.
그는 가까운 친척이었다.

[b] She and I have been close friends.
그녀와 나는 쭉 가까운 친구 사이이다.

[c] Mom and I are closer now than we were when I was young.
엄마와 나는 내가 어렸을 때보다 지금이 훨씬 친하다.

[d] She has been close to both parents.
그녀는 부모님 모두와 가깝다.

4 피수식체는 살핌과 관련되고, close는 이들이 세심함을 나타낸다.

[a] Take a closer look at the picture.
그 그림을 더 면밀한 관찰을 해라.

[b] close investigation revealed the man's error.
철저한 조사로 그 남자의 잘못이 밝혀졌다.

[c] Embroidery is very close work.
자수는 매우 섬세한 작업이다.

[d] The local police kept a close eye on his activities.
그 지역 경찰은 그의 행동에 계속 세심한 주시를 하였다.

5 피수식체는 닮음과 관련되고, close는 닮음의 정도가 많음을 나타낸다.

[a] The sensation is close to the feeling of floating.
그 기분은 부유의 느낌에 가깝다.

[b] Dark pink is close to red.
어두운 분홍은 빨간색에 가깝다.

[c] There was a look of resentment which was close to hatred.
증오에 가까운 분노의 표정이 있었다.

[d] Your remark is close to treason.
당신의 말은 반역에 가깝다.

6 피수식체는 사람의 마음 상태이고, close는 이들이 전치사 to의 목적어에 가까이 있음을 나타낸다.

[a] She was close to death.
그녀는 죽을 뻔했다.

[b] He was close to tears.
그는 눈물을 흘릴 뻔했다.

[c] His feeling for her was close to hatred.
그녀에 대한 그의 감정은 증오에 가까웠다.

[d] We are close to signing the contract after today's meeting.
오늘 회의 후 우리는 그 계약에 서명하는 쪽으로 가까워져 있다.

7 피수식체는 천이고, close는 이들의 올이 촘촘함을 나타낸다.

[a] We need cloth with a close weave.
우리는 올이 촘촘한 천이 필요하다.

[b] He bought a textile of close weaving.
그는 올이 촘촘한 직물을 샀다.

8 피수식체는 옷이고, close는 이들이 몸에 가까운, 즉 조임을 나타낸다.

[a] **She likes** close **sweaters.**
그녀는 몸에 꼭 맞는 스웨터를 좋아한다.

[b] **He always wears** close **jeans.**
그는 언제나 꽉 조이는 청바지를 입는다.

9 피수식체는 분위기나 날씨이고, close는 이들이 갑갑함을 주는 상태를 나타낸다.

[a] **It's pretty** close **in here. Can't we open the windows?**
여기는 너무 후덥지근하다. 창문을 열면 안 될까?

[b] **It is very** close **today.**
오늘은 아주 무더운 날씨이다.

10 피수식체는 선거, 경기 등이고, close는 이들이 접전임을 나타낸다.

[a] **It was a** close **election that could have gone either way.**
그것은 어느 쪽이든 이길 수 있었던 박빙의 선거였다.

[b] **The game was** close**, but the Tigers finally won in overtime.**
그 시합은 막상막하였지만 타이거즈가 결국 연장전에서 이겼다.

11 피수식체는 입이나 손을 가리키고, close는 이들이 열리지 않는 상태를 나타낸다.

[a] **Jane is** close **about her past.**
Jane은 그녀의 과거에 대해서는 입을 다문다.

[b] They are very close about their home country.

그들은 자기네 모국에 관해서 함구하고 있다.

[c] You won't get a cent out of her. She's very close with his money.

너는 한 푼도 그녀한테서 얻을 수 없을 것이다. 그녀는 돈에 정말 인색하다.

⑫ 피수식체는 접촉 과정과 관계가 있고, close는 이들이 매우 가까움을 나타낸다.

[a] Phew, that was close. The car nearly hit us.

휴. 아슬아슬했다. 차가 거의 우리를 칠 뻔했어.

[b] We caught the bus in the end, but it was close.

우리는 결국 버스를 잡아탔으나 가까스로 탔다.

⑬ 피수식체는 양이나 수에 관계가 있고, close는 이들이 전치사 to의 목적어에 가까움을 나타낸다.

[a] The country's growth is close to zero.

그 나라의 성장은 0에 가깝다.

[b] We have walked close to three miles without seeing any house.

우리는 집 한 채 보지 못한 채 3마일 가까이를 걸었다.

[c] Unemployment in the country is close to 4%.

그 나라의 실업률은 4%에 가깝다.

[d] We walked close to ten miles without seeing another soul.

우리는 또 다른 사람은 보지 못한 채 거의 10마일을 걸었다.

COLD

1 피수식체는 사람이나 신체부위이고, cold는 이들이 차가움을 느끼는 상태를 나타낸다.

[a] I am very cold. Please turn up the heater.
저는 무척 추워요. 난로를 틀어 주세요.

[b] I am really cold. Where is my sweater?
저는 정말 추워요. 제 스웨터가 어디 있죠?

[c] You will feel cold when you go out.
밖에 나가면 당신은 추위를 느낄 것입니다.

[d] My feet are very cold.
내 발이 무척 차다.

2 cold는 한정적으로 쓰였다.

[a] I washed my face in the cold water.
나는 찬물에 얼굴을 씻었다.

[b] We slept on the cold ground.
우리는 차가운 땅바닥 위에서 잤다.

[c] The concrete floor is freezing cold.
콘크리트 마룻바닥은 얼 것 같이 차갑다.

[d] The building was cold and draughty.
그 건물은 춥고 외풍도 있었다.

3 피수식체는 날씨와 분위기이고, cold는 이들이 차가움을 주는 상태를 나타낸다.

[a] It was very cold this morning.
오늘 아침은 몹시 추웠다.

[b] It was very cold yesterday.
어제는 무척 추웠다.

[c] It is the coldest winter I ever experienced.
그것은 내가 경험한 가장 추운 겨울이다.

[d] A clear cold light was shining in the bare room.
맑고 차가운 불빛이 텅 빈 방에 빛나고 있었다.

4 피수식체는 차가움을 느끼게 하며 차가움은 냉정으로 전이된다.

[a] His handshake is cold.
그의 악수는 차가웠다.

[b] The school was a cold unwelcoming place.
그 학교는 차갑고 달갑지 않은 장소였다.

[c] His father was a cold person.
그의 아버지는 차가운 사람이었다.

[d] She has a cold voice.
그녀는 냉정한 목소리를 갖고 있다.

5 피수식체는 음식이고, cold는 이들을 차게 먹는 것임을 나타낸다.

[a] Can I have a cold drink?
차가운 음료를 마실 수 있겠습니까?

[b] They carry a selection of cold meats.
그들은 찬 고기(정육)의 정선품들을 판다.

[c] He had cold chicken for a sandwich.
그는 샌드위치에 찬 닭고기를 넣었다.

6 피수식체는 사람이고, cold는 이들이 의식이 없음을 나타낸다.

[a] I knocked him cold with one blow.
나는 그를 한 방에 때려서 기절시켰다.

[b] He was out cold.
그는 의식을 잃었다.

[c] The boxer knocked his opponent out cold.
그 권투선수는 상대편을 쳐서 의식을 잃게 했다.

7 피수식체는 색깔이고, cold는 이들이 차가운 느낌을 주는 상태를 나타 낸다.

[a] He looked into her cold blue eyes.
그는 그녀의 차가운 푸른 눈을 들여다보았다.

[b] Blues and greens are cold colors.
파란색과 녹색은 차가운 색이다.

8 피수식체는 흔적이나 자취이고, cold는 이들이 약해짐을 나타낸다.

[a] The hunter had the dog after a pig, but the trail had gone cold.
그 사냥꾼은 개를 풀어 돼지 1마리를 쫓게 했는데 흔적이 약해졌다.

[b] By the time they figure out who the robber was, the trail will be cold.
그들이 강도가 누구인지 알아내었을 때는 자취가 없어질 것이다.

COOL

1 피수식체는 체온, 장소, 물 등이고, cool은 이들이 시원한 상태에 있다.

[a] The fever has left him, and he's cool.
그는 열이 떨어져서, 시원하다.

[b] Store the grains in a cool dry place.
그 곡식을 시원하고 건조한 곳에 저장해라.

[c] The medicine is kept cool in the refrigerator.
약은 냉장고에서 시원하게 보관된다.

[d] She swam out into the cool water.
그녀는 시원한 물속으로 헤엄쳐 들어갔다.

2 피수식체는 기후, 기온 등이고, cool은 이들이 시원한 느낌을 줌을 나타낸다.

[a] cooler weather is forecast for the weekend.
더 시원한 날씨가 주말에 예보되어 있다.

[b] It was a cool spring day.
시원한 봄날이었다.

[c] San Francisco has a cool climate.
샌프란시스코는 시원한 기후를 갖는다.

[d] The evening air was cool.
밤공기는 시원했다.

3 피수식체는 옷, 음료, 색깔이고, cool은 이들이 시원한 느낌을 줌을 나타낸다.

[a] As it was a hot day, he wore a cool shirt.
더운 날이어서, 그는 시원한 셔츠를 입었다.

[b] Blue and green are usually considered cool colors.
파란색과 초록색은 대개 시원한 색깔로 간주된다.

[c] Relax in the sun with a cool drink.
시원한 음료와 함께 태양 아래서 쉬어라.

[d] The place is painted in a cool glossy white.
그곳은 시원한 윤이 나는 흰색으로 칠해졌다.

4 피수식체는 사람이고, cool은 이들이 냉정함을 나타낸다.

[a] He's a cool guy.
그는 마음이 냉정한 사람이다.

[b] Outwardly, he is calm and cool.
겉보기에는, 그는 조용하고 냉정하다.

5 피수식체는 전치사 about의 목적어에 대해 냉담하다.

[a] Mom is cool about whatever I wore.
엄마는 내가 무엇을 입던지 간에 냉담하다.

[b] She was cool about the proposal.
그녀는 그 제안에 대해 냉담했다.

6 피수식체는 전치사 to의 목적어에 냉담하다.

[a] The administration has been cool to the idea.
그 행정부는 그 생각에 대해 냉담했다.

[b] My boss is cool to my plan for a new product.
나의 사장은 신제품에 대한 나의 계획에 냉담하다.

7 피수식체는 수나 양이고, cool은 이것이 생각보다 많음을 나타낸다.

[a] He earns a cool five million a year.
그는 일 년에 무려 500만 달러를 번다.

[b] The car costs a cool thirty thousand.
그 차는 값이 무려 3만 달러나 된다.

[c] We covered a cool 20 miles.
우리는 엄청난 20마일을 걸어갔다.

8 피수식체는 마음을 가리키고, cool은 이들이 침착함을 나타낸다.

[a] My boss never gets nervous. She has a cool manner.
내 상관은 결코 초조하지 않는다. 그녀는 침착한 태도를 갖는다.

[b] The job is quite demanding, so we need someone with a cool head.
그 일은 꽤 힘들다. 그래서 우리는 침착한 두뇌를 가진 누군가가 필요하다.

[c] Bob tried to remain cool after winning the prize.
Bob은 상을 탄 후에 침착하려고 노력했다.

[d] He was cool in the emergency.
그는 위급 상황에서 침착했다.

9 피수식체는 상황이나 사람이고, cool은 이들이 시원한 느낌을 주는, 즉 좋은, 멋진 상태를 나타낸다.

[a] Can you come at 11:00 tomorrow morning? That's cool.
너는 내일 아침 11시에 올 수 있니? 좋아.

[b] He is one of the coolest Korean designers.
그는 가장 멋진 한국 디자이너 중의 한 명이다.

[c] You look real cool in that new suit.
네가 그 새 정장을 입고 있으니 정말 멋져 보인다.

10 it은 과정이나 명제를 가리키고 cool은 이들이 좋음을 나타낸다.

[a] It's not cool to arrive at a party too early.
파티에 너무 일찍 도착하는 것은 좋지 않다.

[b] It is cool that he won the prize.
그가 그 상을 받은 것은 멋진 일이다.

CORRECT

이 형용사는 어떤 사실이나, 기준에 일치하는 상태를 그린다.

1 피수식체는 시간, 철자, 주소, 대답 등이고, correct는 이들이 사실과 일치함을 나타낸다.

[a] Do you have the correct time?
정확한 시간을 아십니까?

[b] I am not sure of the correct spelling.
나는 정확한 철자인지 확신이 없다.

[c] Make sure you use the correct address.
꼭 정확한 주소를 사용하시오.

[d] The correct answers can be found at the bottom of page 10.
그 정답은 10쪽 아래에서 찾아질 수 있다.

2 피수식체는 말이나 태도를 가리키고, correct는 이들이 사실이나 규범에 일치함을 나타낸다.

[a] Am I correct in believing you are going to buy the house?
당신이 그 집을 살 예정임을 믿는 내 생각이 옳지요?

[b] Am I correct in saying that you know a lot about wine?
당신이 포도주에 대해 많이 안다고 말하는 점에 있어서 내 생각이 옳지요?

[c] You are perfectly correct in steering your mother towards independence.
네가 너의 엄마를 독립하게 이끌어 가는 점에서 네 생각이 완전히 옳다.

③ 피수식체는 방법, 절차 등이고, correct는 이들이 올바른 상태임을 나타낸다.

[a] Do you know the correct way to shut the machine down.
그 기계를 끄는 올바른 방법을 알고 있습니까?

[b] Make sure that you connect it to a correct wire.
그것을 올바른 배선에 연결하도록 확실히 하시오.

[c] What's the correct procedure in cases like this?
이와 같은 경우에 올바른 절차가 무엇입니까?

④ 피수식체는 말이나 태도이고, correct는 이들이 도덕적 규범에 일치함을 나타낸다.

[a] He always knows what is correct and proper.
그는 언제나 무엇이 올바르고 적절한 것인지 안다.

[b] He is very correct in manners.
그는 예절이 매우 바르다.

[c] He was very correct in his behavior towards her.
그는 그녀에 대한 행동에 있어서 아주 예의가 발랐다.

[d] Writing a thank-you note is the correct response to receiving a gift.
감사의 편지를 쓰는 것은 선물을 받은데 대한 올바른 반응이다.

⑤ it은 to–부정사가 가리키는 과정을 나타내고, correct는 이들이 사실이
나 규범에 일치함을 나타낸다.

[a] I felt it was correct to keep the information secret.
나는 그 정보를 비밀로 유지하는 것이 옳다고 생각했다.

[b] It is not correct to describe them as "students".
그들을 "학생들"로 기술하는 것은 옳지 않다.

[c] It's correct to be polite to others.
다른 사람에게 정중한 것은 옳은 일이다.

[d] It's not correct to cheat on old people.
노인들을 속이는 것은 옳지 않다.

CRUEL

이 형용사는 큰 고통을 주는 상태를 나타낸다.

1 피수식체는 사람으로, 전치사 to의 목적어에 모질다.

[a] Children can be cruel to each other.
아이들은 서로에게 모질 수 있다.

[b] He is cruel to animals.
그는 동물들에게 모질게 군다.

[c] How can you be so cruel to someone who never did you any harm?
너는 너에게 아무런 해를 끼친 적이 없는 사람에게 어떻게 그렇게 모질 수 있니?

[d] Sometimes you have to be cruel to be kind.
때로 너는 친절하기 위해서 모질어져야 한다.

2 cruel은 한정적으로 쓰였다.

[a] The cruel man kicked the dog.
그 모진 사람이 개를 찼다.

[b] The cruel tyrant allowed the peasants to starve.
그 모진 폭군은 농민들을 굶어죽게 했다.

[c] Cancer is a cruel disease because of the suffering it causes.
암은 그것이 야기하는 고통 때문에 모진 병이다.

3 피수식체는 운명, 타격, 농담, 말 등이고, cruel는 이들이 잔인함을 나타낸다.

[a] He is suffering a cruel twist of fate.
그는 운명의 잔인한 급변을 겪고 있다.

[b] It was a cruel blow when she lost her job.
그녀가 일자리를 잃었을 때 그것은 잔인한 타격이었다.

[c] The older kids played cruel jokes on the young brother.
나이든 아이들이 잔인한 장난을 어린 (남)동생에게 했다.

[d] The students never forgot the teacher's cruel words.
그 학생들은 그 선생님의 잔인한 말을 결코 잊지 않았다.

4 피수식체는 기후나 상황이고, cruel은 이들이 모짊을 나타낸다.

[a] He survived the cruel winter.
그는 모진 겨울을 살아남았다.

[b] He is struggling to survive in a cruel world.
그는 모진 세상에서 살아남으려고 바둥거리고 있다.

5 it은 to-부정사의 과정을 가리키고, cruel은 이것이 잔인함을 나타낸다.

[a] It is cruel to cage a creature up.
동물을 우리에 가두어 두는 것은 잔인한 일이다.

[b] It is cruel to see the children die of starvation.
그 아이들이 굶어죽는 것을 보는 것은 비참한 일이다.

[c] Killing animals just for their skins seems cruel.
동물들을 단지 그들의 가죽을 얻기 위해서 죽이는 것은 잔인하게 보인다.

[d] Leaving him alone at home is cruel.
그를 혼자 집에 남겨두는 것은 잔인하다.

DARK

이 형용사는 어두운 상태를 나타낸다.

1 피수식체는 장소나 시간이고, dark는 이들이 어두운 상태에 있음을 나타낸다.

[a] It was a dark night, and it was difficult to move on.
어두운 밤이었고 더 움직이는 것은 어려웠다.

[b] What time does it get dark in summer?
여름에는 몇 시에 어두워집니까?

[c] The room went dark, and the movie flicked into life.
그 방이 어두워지고 그 영화가 찰칵하면서 활동에 들어갔다.

2 피수식체는 색깔이고, dark는 이들이 어두운 색도를 가짐을 나타낸다.

[a] He always wears a dark brown suit.
그는 언제나 짙은 갈색 양복을 입는다.

[b] Dark colors are more practical and do not show stains.
어두운 색들이 더 실용적이어서 얼룩이 보이지 않는다.

[c] He had dark curly hair.
그는 다갈색의 곱슬머리를 가지고 있다.

③ 피수식체는 목적, 소문 등이고, dark는 이들이 음흉함을 나타낸다.

[a] There is a dark purpose in the scheme.
그 계획에는 음흉한 목적이 있다.

[b] There are dark rumors about the killing.
그 살인에 대한 음흉한 소문들이 있다.

④ 피수식체는 문구이고, dark는 이들이 이해하기 어려움을 나타낸다.

[a] He skipped a dark passage in the text.
그는 그 교재에서 모호한 부분은 넘어갔다.

[b] This paragraph is very dark.
이 단락은 매우 이해하기 어렵다.

⑤ 피수식체는 예측, 시간, 전망 등이고, dark는 이들이 어두움을 나타낸다.

[a] The reports contain dark predictions about the future of the Earth.
그 보고서들은 지구의 미래에 대해 좋지 않은 예견을 담고 있다.

[b] That was his darkest hours.
그것은 그의 가장 어두운 시기였다.

[c] The film is a dark vision of the future.
그 영화는 미래에 대한 어두운 전망이다.

DEAD

1 피수식체는 생명체이고, dead는 이들이 죽어 있음을 나타낸다.

[a] He dropped dead.
그는 갑작스럽게 죽었다.

[b] He was half dead with cold and hunger.
그는 추위와 배고픔으로 반쯤 죽어 있었다.

[c] The victim was dead on arrival.
그 조난자는 도착 즉시 죽었다.

[d] She's been dead for 10 years now.
그녀는 지금 죽은 지 10년이 되었다.

2 피수식체는 신체부위이고, dead는 이들이 감각을 잃은 상태를 나타낸다.

[a] My arm felt dead after I fell asleep on it.
내가 팔을 베고 잔 뒤에 내 팔에 감각을 잃었다.

[b] My legs have gone dead after sitting with the legs crossed.
다리를 꼬고 앉은 뒤에 내 다리가 감각을 잃었다.

3 피수식체는 중심, 기절, 정적, 정지 등이고, dead는 이들이 완전함을 나타낸다.

> [a] He hit the target at the dead center.
> 그는 그 표적의 정 중앙에 쏘았다.
>
> [b] She crumbled to the floor in a dead faint.
> 그녀는 완전히 기절해서 마루에 고꾸라졌다.
>
> [c] There was dead silence in the room.
> 그 방에는 완전한 정적이 있었다.
>
> [d] The car squealed to a dead stop.
> 그 자동차는 끽 소리를 내며 완전 정지에 들어갔다.

4 피수식체는 계획, 생각, 주의 등이고, dead는 이들이 죽은 상태에 있음을 나타낸다.

> [a] Many believe the peace plan is dead.
> 많은 사람들이 그 평화 계획은 죽었다고 믿는다.
>
> [b] Racism is not dead yet.
> 인종차별은 아직 죽지 않았다.
>
> [c] The idea is dead.
> 그 생각은 죽어 있다.

5 피수식체는 시장, 건전지, 전화기 등이고, dead는 이들이 활동이 없는 상태를 나타낸다.

> [a] The market is dead this morning.
> 그 가게는 오늘 아침에 활기가 없다.
>
> [b] The battery is completely dead.
> 그 건전지는 완전히 다 닳았다.

[c]   The telephone is dead.
그 전화기는 불통이다.

(6)   피수식체는 마음이고, 전치사 to의 목적어를 의식하지 못한다.

[a]   He is dead to all senses of shame.
그는 모든 수치심에 대해 무감각하다.

[b]   He was dead to all feelings of pity.
그는 모든 동정심에 무감각하다.

(7)   피수식체는 장소나 시간이고, dead는 이들이 죽은 것처럼 활기가 없는
상태를 나타낸다.

[a]   The city center's dead at night.
그 도시의 중심지는 밤에 활기가 전혀 없다.

[b]   The street seems to be dead without the bustle of
the children.
그 거리는 아이들의 야단법석이 없어서 죽은 것처럼 조용하게 보인다.

[c]   Winter is traditionally the dead season for the housing
market.
겨울은 전통적으로 주택 시장이 활발하지 않은 계절이다.

DEAF

이 형용사는 듣지 못하는 상태를 나타낸다.

1 피수식체는 귀이고, deaf는 이들이 듣지 않으려는 상태를 나타낸다.

[a] My advice fell on his deaf ears.
나의 충고는 그의 귀에 들리지 않았다.

[b] The boss turned a deaf ear to the demands of the workers.
그 사장은 노동자들의 요구에 조금도 귀를 기울이지 않았다.

2 피수식체는 환유적으로 사람의 귀를 가리킨다.

[a] He is deaf in one ear.
그는 한쪽 귀가 멀었다.

[b] He was born deaf.
그는 귀머거리로 태어났다.

[c] He is quite deaf, and needs a hearing aid.
그는 아주 귀가 멀어서 보청기가 필요하다.

[d] She is becoming increasingly deaf.
그녀는 점점 귀가 멀어져 간다.

3 피수식체는 전치사 to의 목적어에 귀를 기울이지 않는다.

[a] He was deaf to all advice I gave him.
그는 내가 준 모든 충고에 무관심했다.

[b] She was deaf to criticism.
그녀는 비평에 귀를 기울이지 않았다.

[c] She was deaf to his pleas.
그녀는 그의 간청들에 귀를 기울이지 않았다.

[d] She was deaf to his warnings.
그녀는 그의 경고들에 귀를 기울이지 않았다.

DEEP

이 형용사는 깊은 상태를 나타낸다.

1 피수식체는 깊이가 깊다.

[a] The swimming pool has a deep end and a shallow end for kids.
그 수영장은 깊은 쪽과 아이들을 위한 얕은 쪽이 있다.

[b] Den had dug a deep hole in the center of the garden.
Den은 정원의 중앙에 깊은 구멍을 팠다.

[c] We need a deep box.
우리는 깊은 상자가 필요하다.

2 피수식체는 개체이고, deep은 서술적으로 쓰였다.

[a] The water is very deep and mysterious-looking.
그 물은 아주 깊고 신비스럽게 보인다.

[b] The river is pretty deep here.
그 강은 여기가 꽤 깊다.

[c] The wardrobe was very deep.
그 양복장은 매우 깊었다.

③ 피수식체는 선반이나 서랍 같은 것이고, deep은 이들의 세로가 깊음을 나타낸다.

[a] The shelves are very deep.
그 선반들은 세로 길이가 깊다.

[b] The drawer is very deep.
그 서랍은 매우 깊다.

④ 피수식체는 상처이고, deep은 이들이 표면에서 안으로 깊이 들어감을 나타낸다.

[a] Tom looked at the deep cut on his left hand.
Tom은 그의 왼손에 있는 깊은 상처를 보았다.

[b] He suffered from a deep wound.
그는 깊은 상처로 인해 고통을 겪었다.

⑤ 피수식체는 숨이나 한숨이고, deep은 이것을 깊이 들어 마시는 상태를 나타낸다.

[a] I took a deep breath and went in.
나는 숨을 깊게 들이쉬고 안으로 들어갔다.

[b] He looked at Mary and gave a deep sigh.
그는 Mary를 바라보고, 깊은 한숨을 내쉬었다.

⑥ deep은 깊음과 얕음에 관계없이 깊이를 나타낸다.

[a] The ponds need to be at least ten feet deep.
그 연못들은 깊이가 적어도 10피트가 되어야 한다.

[b] I found myself in water only three feet deep.
나는 단지 3피트 깊이의 물속에 있는 것을 알았다.

[c] How deep is the snow?
그 눈은 얼마나 깊이 쌓였나?

7 피수식체는 잠이고, deep은 이들이 깊은 상태에 있음을 나타낸다.

[a] She fell into a deep sleep.
그녀는 깊은 잠에 빠졌다.

[b] He lay down and fell into a deep sleep.
그는 드러누워 깊은 잠에 빠져 들었다.

8 피수식체는 사람이고, deep은 이들이 속을 안보임을 나타낸다.

[a] James is a very deep individual.
James는 속을 안보이는 개인이다. 즉 음흉한 사람이다.

[b] Henry has always been a deep person. He keeps his views to himself.
Henry는 속을 안보이는 사람이다. 그는 자기 자신의 견해를 자기자신만 갖는다. 즉 남에게 말하지 않는다.

9 피수식체는 토의나 이해 등이고, deep은 이들의 깊이가 깊음을 나타 낸다.

[a] We had a very deep discussion about love and death.
우리는 사랑과 죽음에 관하여 아주 깊은 토론을 했다.

[b] He has a deep understanding of the environment.
그는 환경에 대해 깊은 이해를 하고 있다.

10 피수식체는 생각이나 대화이고, deep은 이들이 깊은 상태에 있음을 나타낸다.

[a] Abby had been deep in thought.
Abby는 생각에 깊이 잠겨 있었다.

[b] He was deep in thought, oblivious to all the noise around him.
그는 생각에 깊이 잠겨 있어서 주위의 모든 소음을 의식하지 못했다.

[c] Her husband seemed deep in conversation with Mrs. Beeley.
그녀의 남편은 Beeley부인과의 대화에 깊이 빠져 있어 보였다.

11 피수식체는 어려움이나 분열 같은 상태이고, deep은 이들의 깊이가 깊음을 나타낸다.

[a] Evan would be in deep trouble if he was caught.
그가 잡힌다면 Evan은 깊은 어려움에 처하게 될 것이다.

[b] Despite the peace process, there are deep divisions in the community.
평화가 진행되고 있음에도 불구하고, 그 공동체 안에는 깊은 분열이 있다.

[c] The country is in a deep recession.
그 나라는 깊은 경기 침체에 빠져 있다.

[d] He is so deep in debt and desperate for money.
그는 너무나 큰 빚을 지고 있어서 돈이 필사적으로 필요하다.

12 피수식체는 동정이나 경외감 같은 감정이고, deep은 이들의 깊이가 깊음을 나타낸다.

[a] He wants to express his deep sympathy to the family.
그는 그의 깊은 동정심을 그 가족에게 표현하기 원한다.

[b] **I had a** deep **admiration for Sandy.**
나는 Sandy에게 깊이 감탄한다.

[c] **The letters show her** deep **affection for him.**
그 편지는 그에 대한 그녀의 깊은 애정을 보여준다.

⑬ 피수식체는 목소리이고, deep은 이들이 낮고 굵음을 나타낸다.

[a] **His voice was** deep.
그의 목소리는 낮고 굵었다.

[b] **They heard a** deep, **distant roar.**
그들은 낮고 아득한 포효소리를 들었다.

[c] **I recognized George's** deep **voice on the other end of the phone.**
나는 전화의 반대쪽에서 George의 깊고 낮은 목소리를 알아차렸다.

[d] **Her laugh was** deep **and loud.**
그녀의 웃음은 낮고 소리가 컸다.

⑭ 피수식체는 색깔이고, deep은 이들이 짙음을 나타낸다.

[a] **She gazed at him with** deep **blue eyes.**
그녀는 깊고 푸른 눈으로 그를 응시했다.

[b] **The strawberries are a** deep **red color.**
그 딸기는 짙은 빨간색이었다.

DIFFICULT

이 형용사는 어려운 상태를 나타낸다.

1 피수식체는 동명사이고, difficult는 과정이 어려움을 나타낸다.

[a] He finds it extremely difficult being a single parent.
그는 한부모가 되는 것이 지극히 어려운지 안다.

[b] Talking to teenagers can be difficult for parents.
10대 아이들에게 이야기하는 것이 부모들에게 어려울 수 있다.

[c] Crossing the river was a difficult task.
강을 건너는 것은 어려운 시련이었다.

2 it은 to-부정사의 과정을 가리키고, difficult는 이들이 어려움을 나타낸다.

[a] It is difficult to read your handwriting.
너의 필체는 읽기 어렵다.

[b] It will be very difficult to prove that they are guilty.
그들이 유죄임을 증명하기는 매우 어려울 것이다.

[c] It is difficult to say what time I will get home.
내가 몇 시에 집에 도착할지 말하기는 어렵다.

3 피수식체는 과정이나 상황이고, difficult는 이들이 어려움을 나타낸다.

[a] **Was the exam very difficult?**
시험은 아주 어려웠습니까?

[b] **Things are a bit difficult at home at the moment.**
상황이 지금 국내에서 좀 어렵다.

[c] **The journey was long and difficult.**
그 여행은 길고 힘들었다.

4 피수식체는 사람이고, difficult는 이들이 어려움을 주는, 즉 까다로운 상태를 나타낸다.

[a] **Please, children, don't be so difficult.**
제발 얘들아, 그렇게 까다롭게 굴지 말라.

[b] **Don't pay any attention to her. She's being difficult.**
그녀에게 주의를 기울이지 말라. 그녀는 까탈 부리고 있다.

[c] **Martin is a difficult baby.**
Martin은 다루기 어려운 아기이다.

[d] **Do stop being difficult.**
까다롭게 굴지 마라.

5 피수식체는 시간이고, difficult는 이들이 어려움을 주는 상태를 나타낸다.

[a] **She's having a difficult time finding a job.**
그녀는 직업을 찾는 데에 어려운 시간을 보내고 있다.

[b] **She had a difficult childhood.**
그녀는 어려운 어린 시절을 보냈다.

[c] **We're living in difficult times.**
우리는 어려운 시대에 살고 있다.

DIRTY

이 형용사는 더러운 상태를 나타낸다.

1 피수식체는 제복, 얼굴, 셔츠, 얼룩 등이고, dirty는 이들이 더러움을 나타낸다.

[a] Don't get your uniform dirty.
당신의 제복을 더럽히지 말라.

[b] Her face was dirty and tear-stained.
그녀의 얼굴은 더럽고 눈물로 얼룩져 있었다.

[c] Take off the dirty shirt.
더러운 셔츠를 벗어라.

[d] There are dirty marks all over the wallpaper.
그 벽지에는 더러운 얼룩이 많이 져 있다.

2 피수식체는 일이고, dirty는 이들이 불쾌함을 느끼게 하는 뜻이다.

[a] Having to lay off employees is a dirty job.
피고용인들을 해고하는 것은 나쁜 일이다.

[b] He's got a dirty mind.
그는 나쁜 마음을 가졌다.

[c] I always get given dirty jobs.
나는 언제나 나쁜 일이 주어진다.

[d] Taking the old man's money was a dirty thing to do.
그 노인의 돈을 뺏는 것은 나쁜 일이다.

③ 피수식체는 표현, 표정 등이고, dirty는 이들이 불쾌함을 느끼게 하는 뜻이다.

[a] The baby kept crying, and everyone gave us a dirty look.
그 아기는 계속 울었고 모든 사람들이 우리에게 기분 나쁜 표정을 지었다.

[b] The emphasis is on quantity - Quality is a dirty word these days.
중요한 것은 양이다 – 요즘 시대에 질은 비천한 단어이다.

[c] The government led a dirty war against its own citizens.
그 정부는 자기의 시민들에게 더러운 전쟁을 이끌었다.

[d] A lot of dirty words have been removed from the script.
많은 나쁜 낱말들이 각본에서 제거되어 있다.

④ 피수식체는 말, 이야기, 잡지 등이고 dirty는 이들이 성적인 내용을 담고 있음을 나타낸다.

[a] I did not laugh when I heard the dirty jokes.
나는 외설적인 농담을 들었을 때 웃지 않았다.

[b] The bar patrons laughed as they told dirty stories.
그 술집의 단골손님들은 서로 외설적인 얘기를 하면서 웃었다.

[c] There were a bunch of dirty magazines under the bed.
그 침대 밑에는 다수의 외설적인 잡지들이 있었다.

DRY

1 피수식체는 토양, 우물, 닭고기, 피부 등이고, dry는 이들에 물이나 물기가 없는 상태를 나타낸다.

[a] The soil is too dry for planting trees.
그 토양은 나무를 심기에 너무 메마르다.

[b] The well has been dry for a week.
그 우물은 일주일 동안 물이 말랐다.

[c] The chicken was overcooked and dry.
그 닭은 너무 구워서 물기가 없었다.

[d] My skin becomes dry in winter.
나의 피부는 겨울에는 건조해진다.

2 피수식체는 계절, 기후 등이고, dry는 이들이 건조함을 나타낸다.

[a] It was the driest summer in years.
최근 몇 년 중 가장 가문 여름이었다.

[b] It will remain dry tomorrow over the whole country.
내일도 전국에 걸쳐서 비가 오지 않을 것이다.

[c] The dry weather is bad for the crops.
건조한 날씨는 농작물에 좋지 않다.

3 피수식체는 사람이고, dry는 이들의 목이 마른 상태를 나타낸다.

[a] I felt so dry.
나는 목이 너무 말랐다.

[b] I'm so dry, let's stop in a store for a soda.
나는 목이 너무 마르니 가게에 들어가서 탄산음료 1잔 마시자.

4 피수식체는 주류이고, dry는 당분이 없음을 나타낸다.

[a] I'd like to have a dry Martini on the rocks.
달지 않은 마티니 한 잔을 얼음에 넣어 주세요.

[b] The wine is too dry for me.
그 포도주는 나에게 너무 떫다.

5 피수식체는 행사장이나 장소이고, dry는 이곳에 주류가 제공되지 않음을 나타낸다.

[a] They had a dry wedding.
그들의 결혼식에는 술이 제공되지 않았다.

[b] He used to go to a dry bar.
그는 알코올음료는 팔지 않는 바에 자주 가곤 했었다.

[c] Iowa was a dry state.
아이오와주는 주류 판매가 금지된 주였다.

6 피수식체는 활동이나 과정이고, dry는 이들에 재미가 없는 상태를 나타낸다.

[a] Government reports tend to make dry reading.
정부 보고서는 재미없는 읽을거리가 되는 경향이 있다.

[b] Is dictionary making a dry subject?

사전 편찬은 재미없는 일인가?

[c] She made some dry observations about people's use of English.

그녀는 사람들의 영어 사용에 관한 몇 가지의 재미없는 관찰을 했다.

[d] The style was too dry for a children's book.

그 양식은 어린이들을 위한 책으로는 너무 재미없다.

DULL

1 피수식체는 베는 도구이고, dull은 날이 무딘 상태를 나타낸다.

[a] The knife is so dull that I could not cut the steak.
그 칼이 너무 무뎌서 나는 스테이크를 자를 수 없다.

[b] The dull scissors would not even cut paper.
그 무딘 가위는 종이조차 자르지 못할 것이다.

[c] The dull edge of an old knife must be sharpened.
낡은 칼의 무딘 날은 날카롭게 갈아져야 한다.

2 피수식체는 설교, 영화, 휴가, 일과 등이고, dull은 이들이 자극이 없어 재미없는 상태를 나타낸다.

[a] The sermon was dull.
그 설교는 흥미를 주지 못했다.

[b] The movie is very dull.
그 영화는 아주 지루하다.

[c] The first day of our holiday was dull.
우리의 휴가 첫째 날은 재미없었다.

[d] She didn't like the dull routine of the office, and quit her job.
그녀는 사무실의 단조로운 일상을 좋아하지 않아서 일을 그만두었다.

3 피수식체는 통증, 아픔 등이고, dull은 이들이 둔함을 나타낸다.

[a] I had a dull pain in my stomach.
나는 배에 무딘 통증이 있다.

[b] He felt a dull pain at the base of the spine.
그는 척추의 밑쪽에 둔한 통증을 느꼈다.

[c] She felt a dull ache at the back of her head.
그녀는 머리 뒤쪽에 무직한 아픔을 느꼈다.

4 피수식체는 색깔이고, dull은 칙칙한 색도를 나타낸다.

[a] Her hair is a dull darkish brown.
그녀의 머리칼은 칙칙한 검은 갈색이다.

[b] The cat's coat is dull.
그 고양이의 털은 칙칙한 색이다.

[c] The dull grey of the clouds predominates his painting.
구름의 칙칙한 회색이 그의 그림을 지배한다.

[d] He liked to paint in dull color.
그는 어둡고 흐린 색으로 그리는 것을 좋아했다.

5 피수식체는 날씨이고, dull은 흐린 날씨를 나타낸다.

[a] It will be dry but dull today.
오늘은 비가 오지는 않지만 흐리겠다.

[b] It was a dull cloudy day.
우중충하게 흐린 날이었다.

[c] We will be having dull weather.
날씨가 우중충해질 것이다.

6 피수식체는 소리이고, dull은 소리가 둔한 상태를 나타낸다.

[a] The doll hit the floor with a dull thud.
그 인형이 둔한 소리를 내며 마루에 떨어졌다.

[b] I heard a dull thud from the kitchen.
나는 부엌에서 들리는 둔탁한 소리를 들었다.

[c] The dull rumble of traffic woke me up.
둔하게 부르릉거리는 차 소리가 나를 깨웠다.

7 피수식체는 시간이고, dull은 시간 속에 활동이 없음을 나타낸다.

[a] We had a dull day in the stock market.
우리는 주식 시장에서 거래가 없는 하루를 보냈다.

[b] The stores are having a dull period.
상점들은 맥없는 단조로운 시기를 보내고 있다.

8 피수식체는 사람이나 감각기관을 가리키고, dull은 이들이 감각에 무딤을 나타낸다.

[a] She is dull to grief.
그녀는 슬픔에 둔감하다.

[b] He is dull to noises but very keen of scent.
그는 소리에는 둔감하지만 냄새에는 아주 예민하다.

[c] Our ears grow dull of hearing with advancing years.
우리의 귀는 나이가 들면서 잘 안 들리게 된다.

9 피수식체는 사람이나 동물의 이해력을 가리키고, dull은 이들이 무딤을 나타낸다.

[a] The man must be very dull not to understand the joke.
그 농담을 이해하지 못하는 것을 보니 그 남자는 몹시 둔한 것이 틀림없다.

[b] The dog is dull and is hard to train.
그 개는 둔해서 훈련시키기 힘들다.

[c] He is dull of mind.
그는 마음이 둔하다.

[d] The teacher spent extra time with dull students.
그 선생님은 둔한 아이들과 과외의 시간을 보냈다.

EAGER

이 형용사는 강한 관심과 열의를 보이는 상태를 나타낸다.

1 피수식체는 전치사 for의 목적어를 열망한다.

[a] She is eager for another baby.
그녀는 아기를 한 명 더 갖기를 열망한다.

[b] She is eager for her parent's approval.
그녀는 부모님의 동의를 열망한다.

[c] The girls seemed eager for new experiences.
그 소녀들은 새로운 경험을 열망하는 것처럼 보였다.

[d] They crowded round the speaker, eager for any news.
그들은 어떤 소식이라도 듣기를 갈망하며 그 연사 주위에 몰려들었다.

2 eager는 한정적으로 쓰였다.

[a] Crowds of eager fans flocked around the singer.
열의에 찬 팬들의 무리가 그 가수의 주위에 몰려들었다.

[b] He's an eager student.
그는 열의에 찬 학생이다.

[c] The eager puppy jumped around at our feet.
그 열의에 찬 강아지는 우리 발 주위를 뛰어다녔다.

[d] There was a queue of eager children outside the theater.
그 극장 밖에 열의에 찬 아이들이 기다리는 줄이 있었다.

③ 피수식체는 모습, 목소리, 주의, 얼굴 표정 등이고, eager는 이들이 열의를 보이는 상태를 나타낸다.

[a] She has an eager look.
그녀는 열의에 찬 모습을 갖고 있다.

[b] Her voice was eager.
그녀의 목소리는 열의에 차 있었다.

[c] She listened to the story with eager attention.
그녀는 열의에 찬 주의를 가지고 그 얘기를 들었다.

[d] She looked at the eager faces waiting for her appearance.
그녀는 자신의 출현을 기다리는 열의에 찬 얼굴들을 보았다.

④ 피수식체는 to-부정사가 가리키는 일을 하기를 열망한다.

[a] Bill is eager to go fishing for the weekend.
Bill은 주말 동안에 낚시 가기를 열망한다.

[b] Kate was eager to tell her side of the story.
Kate는 그 이야기의 자기 쪽을 말하기를 열망한다.

[c] She's eager to please.
그녀는 사람들을 즐겁게 하기를 갈망한다.

[d] She sounded very eager to meet you.
그녀는 당신을 만나기를 매우 열망하는 것처럼 보였다.

⑤ 피수식체는 that-절의 명제가 사실이길 바란다.

[a] I am eager that they should win.
나는 그들이 이기기를 열망한다.

[b] She is eager that he would return soon.
그 여자는 그가 곧 돌아오기를 열망한다.

EARLY

이 형용사는 기간의 첫 부분이나 어느 기준점보다 앞서는 시점을 가리킨다.

1 피수식체는 기간이고, early는 이 기간의 첫 부분을 나타낸다.

[a] We booked two weeks' vacation in early May.
우리는 5월 초에 2주일의 휴가를 예약했다.

[b] She is in her early teens.
그녀는 10대 초반이다.

[c] She was a poet in the early 15th century.
그녀는 15세기 초의 시인이었다.

2 피수식체는 사람이나 개체이고, early는 이들이 인류 역사상 첫 부분에 있음을 나타낸다.

[a] Early humans hunted and gathered their foods.
초기의 인류는 먹을 것을 사냥하거나 채집했다.

[b] They are studying early civilization.
그들은 초기 문명을 연구하고 있다.

[c] Early motor cars had very poor brakes.
초기의 자동차는 불량한 제동기를 가지고 있었다.

3 피수식체는 계절과 관계가 있고, early는 이들이 계절에 앞서 일어남을 나타낸다.

[a] The first snow came a month early this year.
첫눈은 올해 한 달 일찍 왔다.

[b] The flowers are blooming a few weeks early this summer.
그 꽃들은 올 여름에 몇 주 먼저 피고 있다.

[c] It is rather early to be sow carrot seeds.
당근 씨를 뿌리기에는 좀 이르다.

4 피수식체는 사람이나 개체가 이동과 관계가 있고, early는 이들의 도착이 예정보다 앞섬을 나타낸다.

[a] You're early. I wasn't expecting you till 7.
일찍 왔네요. 나는 7시까지는 당신이 올 거라고 기대하지 않았어요.

[b] The train is never early. It's always on time.
그 열차는 절대 일찍 오지 않는다. 언제나 정시에 온다.

[c] The bus was five minutes early.
그 버스가 5분 일찍 왔다.

5 early는 한정적으로 쓰였다.

[a] I have decided to take an early retirement.
나는 일찍 퇴직하기로 결정했다.

[b] I think an early decision would be wise.
나는 빨리 결정하는 것이 현명할 것이라고 생각한다.

[c] They will send me to an early grave.
그들은 나를 제명이 다하기 전에 무덤으로 보낼 것이다.

[d] The market has lots of early potatoes and lettuce.
그 시장에 일찍 나온 감자와 상추가 많이 있었다.

EASY

1 피수식체는 마음이고, easy는 이것이 편안한 상태에 있음을 나타낸다.

[a] She won't be easy in her mind until she finds that her son is okay.
그녀는 아들이 무사하다는 것을 알 때까지는 안심하지 않을 것이다.

[b] I am now able to relax with an easy mind.
나는 이제 편안한 마음으로 쉴 수 있다.

[c] This will make you feel easy.
이것은 당신을 편안하게 해줄 것이다.

2 피수식체는 전치사 on의 목적어를 편안하게 해준다.

[a] The teacher went easy on the new students.
그 교사는 새 학생들에게 너그럽게 대했다.

[b] The policeman was easy on the traffic violators.
그 경찰관은 교통 법규 위반자들에게 너그러웠다.

3 피수식체는 태도, 관계, 분위기, 노래 등이고, easy는 이들이 마음을 편하게 해주는 상태를 나타낸다.

[a] They are working at an easy manner.
그들은 편안한 태도로 일하고 있다.

[b] I am not so on easy terms with him.
나는 그와 그다지 스스럼없는 사이는 아니다.

[c] The office gives an easy atmosphere.
그 사무실은 편안한 분위기를 준다.

[d] I like these songs. They are easy on the ears.
나는 이런 노래들을 좋아한다. 그것들은 귀를 편하게 한다.

④ 피수식체는 동명사로 표현된 과정이고, easy는 이들이 마음에 부담을 주지 않는, 즉 실행하기가 쉬움을 나타낸다.

[a] Teaching math is not easy. / It is not easy teaching math.
수학 가르치기는 쉽지 않다.

[b] Being a student these days is not easy. / It isn't easy being a student these days.
요즘 학생이 되기는 쉽지 않다.

[c] Being a parent is not easy. / It is not easy being a parent.
부모가 되는 것은 쉽지 않다.

⑤ it은 to-부정사 과정을 가리키고, easy는 이들이 쉬움을 나타낸다.

[a] To find your house was easy. / It was easy to find your house.
너의 집을 찾기는 쉬웠다.

[b] To make a mistake is easy. / It is easy to make a mistake.
실수하기는 쉽다.

6 피수식체는 to-부정사의 목적어에 해당된다.

[a] Math is easy to teach.
수학은 가르치기 쉽다.

[b] Your house was easy to find.
너의 집은 찾기 쉬웠다.

[c] She is easy to talk to.
그녀는 말하기가 부담 없다.

[d] She is easy to please.
그녀는 기쁘게 해주기가 쉽다.

7 easy는 한정적으로 쓰였다.

[a] That was an easy game.
그것은 쉬운 경기였다.

[b] We chose a different route, and had an easy descent.
우리는 다른 길을 택해서 쉽게 하산했다.

[c] It was an easy problem and I solved it in no time.
쉬운 문제여서 나는 그것을 금방 풀었다.

[d] The task ahead of us will not be easy.
우리 앞에 놓인 임무는 쉽지 않을 것이다.

EMPTY

이 형용사는 그릇이 비어 있는 상태를 나타낸다.

1 피수식체는 그릇이고, empty는 이들이 비어 있음을 나타낸다.

[a] Her apartment stood empty for a year.
그녀의 아파트는 1년 동안 비어 있었다.

[b] The room was bare and empty.
그 방은 장식도 없고 비어 있었다.

[c] The train was empty by the time it reached Busan.
그 열차는 부산역에 도착했을 때 텅 비어 있었다.

[d] Your glass is empty, would you like more wine?
당신의 유리잔은 비어 있는데, 포도주를 더 드시겠어요?

2 empty는 한정적으로 쓰였다.

[a] A row of empty houses greets you at the edge of the village.
한 줄의 빈집들이 마을 끝자락에서 너를 맞이한다.

[b] Is this an empty chair?
이것은 비어 있는 의자인가요?

[c] It is not good to drink alcohol on an empty stomach.
빈속에 술을 마시는 것은 좋지 않다.

[d] There are no empty spaces in the parking lot.
주차장에는 빈자리가 없다.

3 피수식체는 삶이고, empty는 이 속에 의미가 없음을 나타낸다.

[a] Her life was empty and meaningless.
그녀의 삶은 공허하고 무의미했다.

[b] My life seems empty without you.
나의 삶은 너 없이는 빈 것 같다.

[c] Three months after his death, she still felt empty.
그가 죽은 지 3개월이 지났어도 그녀는 여전히 허전함을 느꼈다.

[d] I feel so empty, my life does not seem worth living any more.
나는 너무 허전해서 내 삶은 더 이상 살 가치가 없다고 여겨진다.

4 피수식체는 태도나 말이고, empty는 이 속에 의미가 없음을 나타낸다.

[a] It was an empty gesture aimed at pleasing the crowds.
그것은 군중들을 즐겁게 하려고 하는 무의미한 동작이었다.

[b] His father threatened to throw him out, but he knew it was an empty threat.
그의 아버지는 그를 내던지겠다고 위협했으나 그는 그것이 공허한 협박이라는 것을 알았다.

[c] Those words are empty of meaning.
저 단어들은 의미가 없다.

ENOUGH

이 형용사는 필요한 양이나 수보다 많은 상태를 나타낸다.

1 피수식체는 복수이고, enough는 이들이 어떤 목적에 충분함을 나타낸다.

[a] **Are there enough cakes for everyone?**
모든 사람에게 돌아갈 충분한 케이크들이 있습니까?

[b] **Do we have enough books to go around?**
우리는 모두에게 돌릴 충분한 책들이 있습니까?

[c] **Do you have enough knives and forks?**
당신은 충분한 칼과 포크들이 있습니까?

[d] **I've got enough troubles of my own without having to listen to yours.**
나는 당신의 고충을 듣지 않아도 내 자신의 골칫거리들이 충분히 많이 있다.

2 피수식체는 단수이고, enough는 이들이 어떤 목적에 충분함을 나타낸다.

[a] **Do you have enough water for the trip?**
당신은 그 여행을 위한 충분한 물이 있습니까?

[b] **He's got enough work to do at the moment.**
그는 그 순간, 해야 할 엄청난 일을 가지고 있었다.

[c] **The children don't have enough food to eat.**
그 아이들은 먹을 충분한 음식이 없다.

[d] We have enough money to buy the car.

우리는 그 차를 살 만한 충분한 돈이 있다.

3 enough는 서술적으로 쓰였다.

[a] Half an hour in his company is quite enough.

그와 함께 있는 30분이면 충분하다.

[b] I met him only once, and that was enough.

나는 오직 그를 한 번 만났고, 그것으로 충분했다.

[c] That's enough, Peter. Give those toys back now.

이제 됐어 Peter. 그 장난감들을 지금 반환해라.

[d] That's enough. Now sit down and do your homework.

이제 됐어. 지금 앉아서 숙제해.

EVEN

이 형용사는 요철이 없는 고른 상태를 나타낸다.

1 피수식체는 도로, 시골, 탁자 등이고, even은 이들이 평평함을 나타낸다.

[a] we ran along an even road.
우리는 평탄한 도로를 따라 달렸다.

[b] He drove on the even country side.
그는 평평한 시골을 차를 몰고 달렸다.

[c] Draw the line on an even table.
그 선을 평평한 탁자 위에서 그으시오.

2 피수식체는 전치사 with의 목적어와 같은 위치에 있다.

[a] we made the kitchen floor even with the living room.
우리는 부엌 마루를 거실과 같은 높이로 만들었다.

[b] The picture is even with the window.
그 그림은 창문과 같은 높이에 있다.

[c] The snow was even with the windows.
눈이 창문 높이까지 올라왔다.

3 피수식체는 속도, 소리의 흐름, 온도 등이고, even은 이들이 일정한 상태에 있음을 그린다.

[a] We were traveling at an even speed.
우리는 일정한 속도로 이동하고 있었다.

[b] There was a steady even sound coming from the room.
그 방에서 규칙적이고 고른 소리가 나오고 있었다.

[c] The patient maintained an even body temperature.
그 환자는 일정한 체온을 유지했다.

4 피수식체는 경기나 경쟁이고, even은 이들이 호각임을 나타낸다.

[a] At half-time, it was an even game.
하프 타임일 때, 대등한 경기였다.

[b] The first half was even. Neither side scored.
전반전은 동점이었다. 어느 쪽도 득점하지 못했다.

[c] The score was even.
점수는 똑같았다.

5 피수식체는 복수이고, even은 이들이 동등함을 나타낸다.

[a] The two players are even.
그 두 선수는 대등하다.

[b] The two horses were even in the race.
그 두 말은 그 경기에서 호각을 이루었다.

[c] His chances for death or survival are even.
그가 죽을 것인지 살 것인지의 가능성은 반반이었다.

6 피수식체는 양이나 수이고, even은 이들이 균등함을 나타낸다.

[a] Use even amounts of oil and vinegar.
똑같은 양의 기름과 식초를 사용해라.

[b] The weather forecast says that there's an even chance of thunderstorms.
일기예보에서 폭풍이 올 가능성이 반반이라고 한다.

[c] Lisa used to owe me $100, but she paid me yesterday. Now we are even.
Lisa가 나에게 100달러를 빚지고 있었지만, 어제 갚았다. 이제 우리는 돈 관계를 청산했다.

7 피수식체는 양이나 수고, even은 이들이 우수리가 없음을 나타낸다.

[a] Twelve apples make an even dozen.
사과 열 두 개가 딱 한 다스가 된다.

[b] The sugar weighed an even pound.
설탕은 딱 한 파운드가 나갔다.

[c] He ran the mile in four minutes even.
그는 꼭 4분 만에 1마일을 달렸다.

8 피수식체는 수이고, even은 이것이 짝수임을 나타낸다.

[a] 2, 4 6, and 8 are even numbers.
2, 4, 6, 8은 짝수이다.

[b] 1024 is an even number.
1024는 짝수이다.

[c] The book has even numbers on the right pages.
그 책은 짝수 번호가 오른 쪽에 있다.

EVERY

이 형용사는 여러 개의 개체로 이루어진 무리의 하나하나에 초점을 두면서 전체를 가리킨다.

1 피수식체는 단수이고, 여러 개의 개체를 전제한다.

[a] Every child needs love.
각각의 아이들은 사랑을 필요로 한다.

[b] Every light was out.
하나하나의 모든 불이 나갔다.

[c] Every room is being used.
하나하나의 모든 방이 이용 중이다.

[d] Her every move seemed to end in frustration.
그녀의 하나하나의 모든 움직임은 좌절로 끝나는 것처럼 보였다.

2 피수식체는 시간이고, every는 이들이 매번임을 나타낸다.

[a] Every time I go to London, I get caught in a traffic jam.
내가 런던에 갈 때마다, 나는 교통체증을 겪었다.

[b] He's been out every night this week.
그는 이번 주 매일 밤 외출했다.

[c] I see her every day.
나는 그녀를 매일 본다.

[d] We enjoyed every minute of our stay.
우리는 우리가 머무는 매 순간을 즐겼다.

3 every가 가리키는 '하나하나'를 더욱 부각시키기 위해서 single이 쓰였다.

[a] I answered all the questions, and got every single one right.
나는 모든 질문에 대답했고, 답 하나하나가 모두 맞았다.

[b] She visits her mother every single day.
그녀는 그녀의 어머니를 하루하루 매일 방문한다.

[c] This is true of every single department.
이것은 각 부서 하나하나에 모두 적용된다.

4 피수식체는 이유, 자신감, 존경심, 동정 등이고, every는 이것이 온갖, 모든 것임을 나타낸다.

[a] He had every reason to be angry.
그는 화가 날 모든 이유를 갖고 있었다.

[b] I have every confidence they will succeed.
나는 그들이 성공할 것이라는 온갖 확신이 있다.

[c] I have every respect for him as a writer.
나는 작가로서 그에 대해 모든 존경심을 갖는다.

[d] I have every sympathy for their claim.
나는 그들의 요구에 모든 동정심을 갖는다.

5 피수식체는 복수의 개체이고, 복수의 개체가 한 단위로 개념화된다.

[a] We had to stop every few miles.
우리는 수 마일마다 멈춰야 했다.

[b] One in every three marriages ends in divorce.
매 세 쌍의 결혼 가운데 하나는 이혼으로 끝난다.

[c] She had to stop and rest every two or three steps.
그녀는 매 두 세 발걸음마다 서서 쉬어야 했다.

[d] The buses go every 10 minutes.
그 버스들은 매 10분마다 간다.

6 피수식체는 서수이고, every는 이들이 서수가 가리키는 단위로 반복됨을 나타낸다.

[a] He has every third day off.
그는 매 3일마다 쉰다.

[b] They hold a big celebration every fifth year.
그들은 큰 성찬식을 매 5년마다 치른다.

7 every는 other와 같이 쓰여서 하나씩 걸러서 나타나는 관계를 그린다.

[a] Apply the ointment every other day.
하루씩 걸러서 연고를 발라라.

[b] I do a washing every other day.
나는 하루씩 걸러서 세탁을 한다.

[c] The mayor serves a two year term, so elections are held every other year.
시장은 2년을 재직한다. 그래서 선거는 매 격년마다 열린다.

[d] They visit every other week.
그들은 격주로 방문한다.

FAMILIAR

이 형용사는 낯익은 상태를 나타낸다.

1 피수식체는 관경, 소리 등이고, familiar는 이들이 화자에게 낯익은 상태를 나타낸다.

[a] I'm pleased to see many familiar faces tonight.
나는 오늘 저녁 많은 낯익은 얼굴들을 보게 되어 기쁘다.

[b] It was a relief to be back in familiar surroundings.
낯익은 환경에 돌아오는 것은 위안이었다.

[c] She heard a familiar voice on the stairs.
그녀는 계단에서 낯익은 목소리를 들었다.

[d] That's a familiar tune.
그것은 낯익은 곡이다.

2 피수식체는 관계, 태도, 양식 등이고, familiar는 이들이 마음에 익숙함을 나타낸다.

[a] He's on familiar terms with the foreign students.
그는 외국 학생들과 친밀한 관계에 있다.

[b] Her familiar manner made it easy to get to know her.
그녀의 친숙한 태도는 그녀를 사귀기 쉽게 해 주었다.

[c] She has an easy familiar style.
그녀는 편안하고 친숙한 행동양식을 갖고 있다.

[d] The novel is written in a familiar style.

그 소설은 친숙한 양식으로 쓰여져 있다.

3 피수식체는 전치사 to의 목적어에게 친숙하다.

[a] The name Bill Clinton is familiar to many citizens.

Bill Clinton이라는 이름은 많은 시민들에게 친숙하다.

[b] The smell is familiar to everyone who lives near the bakery.

그 냄새는 그 빵 가게 주위에 사는 모든 사람들에게 친숙하다.

[c] The street is familiar to me.

그 거리는 나에게 친숙하다.

[d] These stories of bureaucratic mistakes are familiar.

관료들의 실수에 대한 이런 얘기들은 우리들에게 친숙하다.

4 familiar는 친밀함이 지나친, 터놓은 상태를 나타낸다.

[a] The stranger's remarks were a bit too familiar, so I moved to a different seat.

그 낯선 사람의 말이 좀 너무 주제넘어서 나는 다른 자리로 옮겼다.

[b] She was offended at the familiar way he put his arms round her.

그녀는 그가 그의 팔로 그녀를 감싸는 뻔뻔스러운 방법에 기분이 상했다.

[c] When he tried to kiss her, she told him that he's getting too familiar.

그가 그녀에게 키스를 하려고 했을 때 그 여자는 그가 너무 지나치게 치근거리고 있다고 말했다.

[d] I thought he was a bit familiar with my sister.

나는 그가 내 누이와 좀 지나치게 친하게 군다고 생각했다.

5 피수식체는 인식자로서 전치사 with의 목적어를 잘 안다.

[a] Are you familiar with changing tires?
당신은 타이어 바꾸는 일에 익숙합니까?

[b] Are you familiar with his book?
당신은 그의 책을 잘 압니까?

[c] The linguist assumes that his readers are familiar with some basic concepts.
그 언어학자는 그의 독자들이 몇 개의 기본 개념들을 잘 알고 있다고 가정한다.

[d] Don't be too familiar with the students.
학생들과 너무 친하게 지내지 마시오.

FAR

이 형용사는 멀리 떨어져 있는 상태를 나타낸다.

(1) 피수식체는 장소이고, far는 이것이 from의 목적어나 화자의 위치에서 멀리 떨어져 있는 상태를 나타낸다.

[a] How far is the library from here?
도서관은 여기서 얼마나 멉니까?

[b] The planet Mars is far from the planet Earth.
목성은 지구로부터 멀리 떨어져 있다.

[c] The post office is not far from the bookstore.
그 우체국은 그 책방에서 멀지 않다.

[d] How far is it to the bank?
은행까지는 거리가 얼마나 멉니까?

(2) 피수식체는 전치사 from의 목적어에서 멀리 떨어져 있다.

[a] Computers, far from destroying jobs, can create employment.
컴퓨터는 일자리를 없애는 것과는 거리가 멀고, 고용을 창출할 수 있다.

[b] Far from being pleased with us, she seemed annoyed.
우리와 함께 있어서 기뻐하기는커녕 그녀는 짜증이 난 것 같았다.

[c] Far from helping the situation, you've just made it worse.
상황을 도와주기는커녕 너는 상황을 악화시켰을 뿐이다.

[d] Far is it from me to interfere in your work.
너의 일에 간섭하는 것은 내 생각과 전혀 다르다.

3 피수식체는 장소나 위치이고, far는 이들의 맨 끝 부분을 가리킨다.

[a] I wrote the date at the far left of the page.
나는 그 날짜를 페이지의 맨 왼쪽에 썼다.

[b] Riots broke out in the far north of the city.
폭동이 그 도시의 북쪽에서 일어났다.

[c] She swam to the far side of the lake.
그녀는 그 호수의 맨 끝 쪽으로 헤엄쳐 갔다.

[d] Someone appeared at the far end of the hall.
누군가가 그 강당의 맨 끝 쪽에 나타났다.

4 피수식체는 전치사 from의 목적어(상태)와 다르다.

[a] He's not handsome - far from it.
그는 잘생기지 않았다 - 잘생긴 것과는 거리가 멀다.

[b] Her hair is far from tidy.
그녀의 머리는 단정함과는 거리가 멀다.

[c] The situation is far from clear.
그 상황은 결코 명백하지 않다.

[d] We are far from happy with the results of the election.
우리들은 선거 결과에 만족을 못하고 있다.

FAST

이 형용사는 빠른 상태를 나타낸다.

1 피수식체는 움직이는 개체이고, fast는 이들이 빠름을 나타낸다.

[a] Her footsteps were too fast for the boy.
그의 걸음은 그 소년에게는 너무 빨랐다.

[b] The first pitch was fast and hard.
첫 투구는 빠르고 강했다.

[c] He likes driving fast cars.
그는 빠른 차들을 모는 것을 좋아한다.

[d] If you take a fast train, you'll be downtown in 20 minutes.
만약 당신이 급행열차를 타면, 당신은 20분 안에 시내에 도착할 것이다.

2 피수식체는 행위자이고, fast는 이들이 과정을 빠른 속도로 진행시키는 상태를 나타낸다.

[a] He is a fast talker.
그는 말이 빠른 사람이다.

[b] She is a fast swimmer.
그 여자는 빠른 수영 선수이다.

3 피수식체는 길이고, fast는 이 위에 차들이 빠르게 움직이는 길임을 나타낸다.

[a] Is it safe to drive along a fast lane?
빠른 차선으로 운전하는 것은 안전한가요?

[b] He drove the fast highway down to Busan.
그는 그 고속도로로 아래쪽 부산까지 달렸다.

4 피수식체는 경기, 경주, 점심, 관광 등이고, fast는 이들이 짧은 시간 안에 일어남을 나타낸다.

[a] We had a fast game of tennis before dinner.
우리는 저녁 식사 전에 짧은 테니스 경기를 가졌다.

[b] It was a fast race.
그것은 빨리 끝난 경주였다.

[c] We had a fast lunch and went out.
우리는 빨리 점심을 먹고 밖으로 나갔다.

[d] Give your guest a fast tour of the house.
당신의 손님들에게 그 집을 짧게 한 번 보여주세요.

5 피수식체는 사진기에 쓰이는 필름이나 렌즈이고, fast는 이들이 고속임을 나타낸다.

[a] You have to use fast film for this scene.
이 광경에는 고감도 필름을 써야 한다.

[b] You have to have a fast lens.
당신은 고속 촬영 렌즈를 가지고 있어야 한다.

6 피수식체는 시계를 가리키지만, 이것은 환유적으로 시침이나 분침을 가리키고, fast는 이들이 실제 시간보다 앞서가는 상태를 나타낸다.

[a] My watch is fast.
내 시계는 빠르다.

[b] My watch is five minutes fast.
내 시계는 5분 빠르다.

[c] The clock is 30 seconds fast.
그 시계는 30초 빠르다.

[d] The alarm clock is one hour fast. It must be out of order.
그 괘종시계는 한 시간이 빠르다. 그것이 고장 났음이 틀림없다.

7 fast는 도덕적이나 윤리적인 원칙이 없이 행동하는 상태를 나타낸다.

[a] He hangs out with a fast woman.
그는 행실 나쁜 여자와 어울린다.

[b] She hangs out with a fast crowd.
그녀는 방탕한 사람들과 어울린다.

[c] He's leading a fast life of drinking and gambling.
그는 술과 도박의 방탕한 생활을 하고 있다.

FAT

1 피수식체는 식재료이고, fat은 이들에 지방이 많이 들어 있음을 나타낸다.

[a] **Butter is a fat food.**
버터는 지방이 많이 들어 있는 음식이다.

[b] **Avoid fat bacon.**
기름이 많은 베이컨을 피하시오.

[c] **Fat foods are not good for your health.**
기름진 음식은 당신 건강에 좋지 않습니다.

2 피수식체는 생명체이고, fat은 이들이 살이 찐 상태를 나타낸다.

[a] **He has fat thighs.**
그는 살찐 허벅지를 가졌다.

[b] **That big fat opera singer, what's his name?**
저 크고 뚱뚱한 오페라 가수, 그의 이름이 뭐지?

[c] **He can eat what he likes without getting fat.**
그는 뚱뚱해지지 않으면서 자신이 좋아하는 것을 먹을 수 있다.

3 피수식체는 봉투, 지갑 같은 개체이고, fat은 이들이 두둑함을 나타낸다.

[a] He handed me a fat envelope.
그는 나에게 두툼한 봉투를 건네주었다.

[b] He took out his fat wallet, and peeled off some notes.
그는 두툼한 지갑을 꺼내서 지폐 몇 장을 꺼냈다.

[c] That's a fat book you're reading!
네가 읽고 있는 책은 참 두툼하구나!

4 피수식체는 봉사료나 수표, 이익이고, fat은 이들의 액수가 많음을 나타낸다.

[a] He left the waitress a nice fat tip.
그는 웨이트리스에게 두툼한 팁을 남겼다.

[b] I got a fat check for my birthday.
나는 내 생일날에 큰 액수의 수표를 받았다.

[c] Some producers of mineral waters have made fat profits.
몇몇 광천수 생산자들은 많은 이익을 얻었다.

5 피수식체는 일자리나 계약 등이고, fat은 이들이 많은 돈을 벌어다 줌을 나타낸다.

[a] He has a fat job in government.
그는 정부에서 돈을 많이 벌어주는 일을 맡고 있다.

[b] The fat job pays well.
돈벌이가 잘 되는 그 직업은 보수가 좋다.

[c] He secured a fat contract.
그는 많은 돈을 벌어줄 계약을 확보했다.

FEW

이 형용사는 소수를 가리키며, 소수의 수는 맥락에 따라서 다를 수 있다.

1 few는 관사 a와 같이 쓰였고, 소수는 0에서 시작한 적은 수를 나타낸다.

[a] He has received quite a few job offers.
그는 상당히 많은 일자리들을 제안 받았다.

[b] I got a few books on wine.
나는 와인에 대한 몇 권의 책을 보유하고 있다.

[c] I need a few things from the store.
나는 그 가게에서 몇 가지 물건이 필요하다.

[d] Outside there are only a few street lights.
밖에는 단지 몇 개의 가로등만 있다.

2 few는 관사가 없이 쓰였다. 이때 few는 화자의 예상보다 적음을 나타낸다.

[a] Few managers attended the meeting.
(예상과는 달리) 소수의 매니저들만이 회의에 참석했다.

[b] Few people can afford to pay the prices.
(예상보다 적게) 소수의 사람만이 그 가격을 지불할 능력이 있다.

[c] Few students learn Latin.
(예상보다 적은) 소수의 학생들만이 라틴어를 배운다.

[d] He has few interests outside his work.
(예상과 달리) 그는 자기 직업 외에 취미가 별로 없다.

3 few는 정관사, every, his 등과 같이 쓰여서 소수를 나타낸다.

[a] I've read only the first few pages of the report.
나는 그 보고서의 첫 몇 페이지만 읽었다.

[b] The few times he showed up, he was late.
그가 나타난 몇 번, 그는 매번 지각했다.

[c] clean the kennel every few days.
며칠에 한 번 하수구를 청소하라.

[d] The pictures were taken at one of his few public appearances.
그 사진들은 그가 몇 번 공공장소에 나타날 때 찍혔다.

FINE

이 형용사는 곱거나 좋은 상태를 나타낸다.

1 피수식체는 머리카락, 칼날, 점 등이고, fine은 이들이 가늚을 나타낸다.

[a] The baby's head covered in fine blond hair.
그 아기의 머리는 가는 금발로 덮여 있다.

[b] The knife needs a finer edge.
그 칼은 더 가는 날이 필요하다.

[c] Would you like a pen with a fine point?
당신은 심이 가는 펜을 원하십니까?

2 피수식체는 글씨, 먼지, 모래 등이고, fine은 이들이 작고 고운 상태를 나타낸다.

[a] This print is too fine for me to read.
이 인쇄물은 내가 읽기에 너무 글씨가 작다.

[b] Everything was covered in a fine layer of dust.
모든 물건들이 미세 먼지 층으로 덮여 있었다.

[c] We went to the beach, and walked on the fine sand.
우리는 바닷가로 가서 고운 모래 위를 걸었다.

3 피수식체는 조정이나 맞춤 과정을 나타내고, fine은 이들이 정밀함을
나타낸다.

[a] The engine needs some fine adjustments.
그 엔진은 정밀한 조정이 필요하다.

[b] You need the finer tuning on the radio.
라디오에 좀 더 정밀한 주파수의 조정이 필요하다.

4 피수식체는 비단, 보석, 도자기 등이고, fine은 이들이 매우 섬세함을
나타낸다.

[a] The scarf is made of fine silk.
그 스카프는 고운 비단으로 만들어졌다.

[b] The store sells fine jewelry.
그 가게는 고운 보석류를 판매한다.

[c] We carefully packed the fine china in a cushioned box.
우리는 고급 도자기를 내부가 푹신한 상자에 조심스럽게 포장했다.

5 피수식체는 감정, 심안, 청각 등이고, fine은 이들이 미세한 것을 감지
하는 능력이 있음을 그린다.

[a] He tried to appeal to their finer feelings.
그는 그들의 섬세한 감정에 호소하려고 했다.

[b] She has a fine eye for color.
그녀는 색채에 대한 섬세한 눈을 가졌다.

[c] He has a fine sense of hearing.
그는 예리한 청각을 가졌다.

6 피수식체는 작품, 옷 등이고, fine은 이들이 매우 좋음을 나타낸다.

[a] I think Beethoven's fifth symphony is his finest work.
나는 베토벤의 5번 교향곡이 그의 가장 훌륭한 작품이라고 생각한다.

[b] This painting is really fine.
이 미술 작품은 매우 훌륭하다.

[c] We waited in our fine clothes.
우리는 좋은 옷을 입고 기다렸다.

7 피수식체는 몸이나 마음을 가리키고, fine은 이들이 좋은 상태에 있음을 나타낸다.

[a] Your blood pressure is absolutely fine.
너의 혈압은 정말 좋다.

[b] I felt terrible last night, but I feel fine this morning.
나는 지난 밤 기분이 안 좋았으나 오늘 아침에는 기분이 좋다.

[c] She was very sick, but she's fine now.
그녀는 매우 아팠으나 지금은 좋다.

8 피수식체는 날씨이고, fine은 날씨가 좋은 상태를 나타낸다.

[a] I hope it stays fine for the picnic.
나는 피크닉을 하는 동안 날씨가 청명하기를 바란다.

[b] It's turned out fine again.
날씨가 다시 좋아졌다.

[c] It is going to be fine and dry tomorrow.
내일은 날씨가 좋고 비가 오지 않을 것이다.

9 피수식체는 시간이고, fine은 이것이 to-부정사가 가리키는 일을 하기에 좋은 시간임을 나타낸다.

[a] It is a fine time to buy a house.
집을 사기에 좋은 시기이다.

[b] Now is a fine time to tell us.
지금이 우리에게 알려줄 좋은 시기이다.

10 피수식체는 제안, 상황, 의견 등이고, fine은 이들이 만족을 주는 상태를 나타낸다.

[a] Can I get you another drink? No, thanks, I'm fine.
음료수를 한 잔 더 드릴까요? 아니요, 전 괜찮습니다.

[b] Everything is going to be fine.
모든 것이 잘 될 것이다.

[c] If you don't want to give it to me, that's fine.
당신이 나한테 그것을 주고 싶지 않다면 그래도 괜찮다.

11 피수식체는 전치사 for의 목적에 적합하다.

[a] I'm not hungry, and a sandwich will be fine for me.
나는 배고프지 않아, 샌드위치 하나면 만족할게.

[b] This apartment is fine for two, but not more.
이 아파트는 2명이 살기에 적합하지만, 그 이상은 안 된다.

FLAT

1 피수식체는 표면이고, flat은 이들이 납작함을 나타낸다.

[a] **You need a flat surface to work on.**
너는 작업할 평평한 표면이 필요하다.

[b] **The houses have flat white roofs.**
그 집들은 평평하고 하얀 지붕을 가지고 있다.

[c] **She made round flat apple tarts.**
그녀는 둥글고 납작한 사과 타르트를 만들었다.

[d] **He wore flat shoes.**
그는 굽이 없는 납작한 구두를 신었다.

2 flat은 서술적으로 쓰였다.

[a] **An ice rink needs to be completely flat.**
스케이트장은 완전히 평평해야 한다.

[b] **People believed that the earth was flat.**
사람들은 지구가 평평하다고 믿었다.

[c] **The countryside here is flat like a pancake.**
이곳 시골지방은 팬케이크처럼 평평하다.

[d] **The farmland is very flat.**
그 농지는 매우 평평하다.

3 피수식체는 타이어, 상자, 의자, 도시 등이고, flat은 이들이 납작해진 상태를 나타낸다.

[a] On the way home we had a flat tire.
집에 가는 길에 타이어의 바람이 빠졌다.

[b] There were stacks of flat boxes at the pizzeria.
피자 가게에 접어서 납작한 상자 더미들이 있었다.

[c] The chair folds flat.
그 의자는 접혀서 납작해진다.

[d] The earthquake laid the city flat.
그 지진이 도시를 납작하게 쓰러뜨렸다.

4 피수식체는 전치사 against나 on의 목적어에 납작하게 찰싹 닿아 있다.

[a] His back was flat against the wall.
그의 등은 벽에 찰싹 붙어 있었다.

[b] The ladder is flat against the wall.
그 사다리가 벽에 찰싹 붙어 있다.

[c] He lay flat on the floor to look for something under the bed.
그는 침대 밑에 있는 무언가를 찾기 위해 바닥에 납작 엎드렸다.

[d] The map was flat on the table.
지도가 탁자 위에 납작하게 펼쳐져 있었다.

5 피수식체는 요구되는 금액이고, flat은 이들이 차이가 없는 균일한 상태를 나타낸다.

[a] The hotel charged a flat rate of 100 dollars a night
그 호텔은 하룻밤에 100달러씩 균일한 요금을 청구했다.

[b] They charge a flat rate of 5 dollars an hour.
그들은 한 시간에 5달러씩 균일한 요금을 매긴다.

[c] There is a flat fare of 1 dollar on all buses in the city.
그 도시에서는 모든 버스가 1달러의 균일한 요금을 매긴다.

[d] They charge a flat fee for car rental.
그들은 자동차 대여에 균일한 요금을 청구한다.

6 피수식체는 시간이고, flat은 이들이 적지도 많지도 않은 정확한 수를 나타낸다.

[a] I was dressed in ten minutes flat.
나는 정확히 10분 만에 옷을 입었다.

[b] Her time for the race was ten minutes flat.
그 경기에서 그녀의 시간 기록은 정확히 10분이었다.

7 피수식체는 소리, 색깔, 맛 등이고, flat은 변화 없이 단조로운 상태를 나타낸다.

[a] She answered the question in a flat voice.
그녀는 단조로운 목소리로 그 질문에 답했다.

[b] The colors in this painting are rather flat.
이 그림물감의 색채는 좀 단조롭다.

[c] The beer went flat.
그 맥주는 김이 빠졌다.

[d] Everything the cafeteria serves is flat food.
카페테리아에서 내주는 모든 것은 맛없는 음식이다.

8 피수식체는 경기나 건설업 등이고, flat은 이들이 활발하지 않음을 나타낸다.

> [a] Business is flat at this time of the year.
> 사업은 1년 중 이때가 불황이다.
>
> [b] The building industry has been flat for two years.
> 건축업은 2년간 불경기였다.

9 피수식체는 거절이나 부정 등이고, flat은 이들이 확고함을 나타낸다.

> [a] Our request was met with a flat refusal.
> 우리의 요청은 단호한 거절에 부딪혔다.
>
> [b] He issued a flat denial of any involvement.
> 그는 어떤 연루에도 가담하지 않았음을 단호하게 말했다.
>
> [c] I won't go, and that's flat.
> 나는 가지 않겠다. 단연코 그렇다.

FREE

이 형용사는 풀려 있는 상태를 나타낸다.

① 피수식체는 전치사 from의 목적어에서 풀려나 있다.

[a] He is free from pain.
그는 고통에서 벗어나 있다.

[b] He is free from blame.
그는 비난에서 자유롭다.

[c] He is free from anxiety.
그는 걱정이 없다.

[d] The women are trying to break free from tradition.
그 여성들은 전통에서 벗어나려고 하고 있다.

② 피수식체는 언론, 접근, 토론 등이고 free는 이들이 통제를 받지 않음을 나타낸다.

[a] We all support the principle of free speech.
우리는 모두 자유 언론의 원칙을 지지한다.

[b] Patients are now allowed free access to their medical records.
환자들은 이제 그들의 진료 기록에 자유로운 접근을 할 수 있게 허용되었다.

[c] We must encourage frank and free discussions.
우리는 솔직하고 자유로운 토론을 장려해야 한다.

[d] A free flow of ideas is strongly encouraged.
생각의 자유로운 흐름은 강력히 장려된다.

③ 피수식체는 의자, 세탁기, 방, 욕실 등이고, free는 이들이 이용되거나 사용되지 않은 상태를 나타낸다.

[a] Excuse me, is this seat free?
실례합니다. 이 자리 비었나요?

[b] The washing machine is free at the moment.
세탁기는 지금 사용하지 않고 있다.

[c] There will be no room free this afternoon.
오늘 오후에는 빈 방이 없을 것이다.

[d] The bathroom is not free yet.
그 욕실은 아직 사용할 수 없다.

④ 피수식체는 전치사 of의 목적어에서 떨어져 있다.

[a] They worked several hours to cut the survivor free of the wreckage.
그들은 그 생존자를 사고 잔해에서 구하기 위해 몇 시간을 일했다.

[b] I want the bookcase to stand free of the wall.
나는 그 책장을 벽에서 떨어져 있게 하고 싶다.

[c] The ship is now free of the harbor.
그 배는 이제 항구에서 벗어나 있다.

[d] He caught hold of her arm, but pulled it free.
그는 그녀의 팔을 잡았으나 그녀는 팔을 뺐다.

⑤ 피수식체는 전치사 of의 목적어가 가리키는 물질이 없다.

[a] He was free of the disease.
그는 병에서 안전했다.

[b] The wound must be free of dirt.
상처에는 반드시 먼지가 없어야 한다.

[c] The organic vegetables are free of preservatives.
유기농 채소들은 방부제가 없다.

[d] The river is now free of pollution.
그 강은 이제 오염에서 벗어나 있다.

⑥ 피수식체는 전치사 of의 목적어를 안 가지고 있다.

[a] The real estate is free of debt.
그 부동산은 빚이 없다.

[b] We want a world free of violence.
우리는 폭력이 없는 세상을 원한다.

[c] It was an atmosphere free of tension and worry.
그것은 긴장과 우려가 없는 분위기였다.

⑦ 피수식체는 시간이고, free는 이들 속에 계획된 일이 없음을 나타낸다.

[a] You must get next Sunday free.
당신은 다음 일요일을 꼭 비워둬야 한다.

[b] I do a lot of reading in my free time.
나는 여가 시간에 독서를 많이 한다.

[c] Friday is a free day.
금요일은 쉬는 날이다.

[d] I will get a free evening next Monday.
나는 다음 월요일 저녁에 자유 시간을 가질 것이다.

8 피수식체는 사람이고, free는 이들이 일이 없는 상태를 나타낸다.

[a] Are you free next week?
다음 주에 일이 없니?

[b] She will be free to see you in a moment.
그녀는 곧 시간이 나서 너를 볼 수 있을 것이다.

9 피수식체는 수영장, 교통수단과 같이 사람들이 이용하는 것이고, free
는 이들 사용이 무료임을 나타낸다.

[a] The swimming pool is free for the hotel guests.
그 수영장은 호텔 손님들에게 무료이다.

[b] Admission is free.
입장은 무료이다.

[c] People travel free on public transportation.
사람들은 공공 교통수단을 이용해서 무료로 여행한다.

[d] The soft drinks are free today.
탄산 음료수는 오늘 무료이다.

10 free는 한정적으로 쓰였다.

[a] The members receive a free copy of the monthly
newspaper.
그 회원들은 월간 신문을 무료로 1부 받는다.

[b] **I have a free ticket to the concert.**
나는 그 음악회의 무료입장권을 한 장 가지고 있다.

[c] **The kids have free milk at lunch.**
그 아이들은 점심시간에 공짜 우유를 마신다.

11 피수식체는 to-부정사의 과정을 자유로이 할 수 있다.

[a] **We are free to choose our own time.**
우리는 우리의 시간을 선택하는데 자유롭다.

[b] **You are free to go now.**
이제 가고 싶으면 가도 된다.

[c] **Please feel free to ask questions.**
자유롭게 질문하십시오.

12 피수식체는 전치사 with의 목적어를 스스럼 없이 쓴다.

[a] **Mary is free with her money.**
Mary는 돈을 잘 쓴다.

[b] **Mary is free with her advice.**
Mary는 스스럼없이 충고를 잘 한다.

[c] **The company has been free with benefits.**
그 회사는 혜택을 후하게 베풀어 오고 있다.

[d] **Mary is free with her time.**
Mary는 시간을 아끼지 않고 잘 내 준다.

FRESH

1 피수식체는 빵, 커피, 주스, 꽃 등이고, fresh는 이들이 갓 만들어졌음을 나타낸다.

[a] There is nothing better than fresh bread out of the oven.
오븐에서 나온 갓 구운 빵보다 더 좋은 것은 없다.

[b] Let's make some fresh coffee.
새 커피를 좀 만들자.

[c] Have some fresh orange juice.
신선한 오렌지 주스를 좀 드세요.

[d] He went out to cut some fresh flowers from the garden.
그는 정원에서 싱싱한 꽃을 좀 꺾기 위해 나갔다.

2 피수식체는 눈, 페인트칠, 발자국이고, fresh는 이들이 갓 생긴 상태를 나타낸다.

[a] There was a fresh fall of snow last night.
지난밤에 새 눈이 내렸다.

[b] The house with its fresh coat of paint looked beautiful in the sunshine.
새 페인트칠이 된 그 집은 햇빛에 아름다워 보였다.

[c] **There are** fresh **footprints in the snow.**
눈 속에 새 발자국이 있다.

3 fresh는 서술적으로 쓰였다.

[a] **Let's eat the bread while it is** fresh.
빵이 신선할 때 먹자.

[b] **The beans are picked** fresh **from the garden.**
그 콩들은 정원에서 신선한 채로 따졌다.

4 피수식체는 살핌, 접근, 시도, 출발 등이고, fresh는 이들을 새로이 함을 나타낸다.

[a] **The program takes a** fresh **look at the problem.**
그 프로그램은 그 문제를 새롭게 본다.

[b] **We need a** fresh **approach to the task.**
우리는 그 일에 대한 새로운 접근이 필요하다.

[c] **They are trying a** fresh **attempt.**
그들은 새로운 시도를 하려고 애쓰고 있다.

[d] **They decided to move abroad and make a** fresh **start.**
그들은 외국으로 나가서 새 출발을 하기로 결정했다.

5 피수식체는 전치사 from의 목적어로 부터 갓 벗어나 있다.

[a] **He is** fresh **from university, and looking for a job.**
그는 대학을 갓 졸업해서 일자리를 찾고 있다.

[b] **He is** fresh **from military school.**
그는 군사 학교를 갓 졸업했다.

[c] He is fresh from the country.
그는 시골에서 막 올라왔다.

[d] She is fresh from her success at the Olympic Games.
그녀는 올림픽 경기에서 성공한지 얼마 되지 않는다.

6 피수식체는 전치사 out of 목적어에서 갓 벗어나 있다.

[a] We are fresh out of coffee, and we have to order some now.
우리는 막 커피가 떨어져서 지금 좀 주문해야 한다.

[b] The salesman said that he was fresh out of sugar.
그 판매원은 막 설탕이 다 떨어졌다고 말했다.

7 피수식체는 생선, 과일, 고기 등이고, fresh는 이들이 냉동이나 통조림이 안된 상태를 나타낸다.

[a] Fresh fish are much nicer than frozen fish.
싱싱한 생선은 얼린 생선보다 훨씬 맛이 좋다.

[b] You can use fresh fruit or canned fruit for this recipe.
이 조리법에는 신선한 과일이나 통조림 과일을 쓸 수 있다.

[c] Use fresh meat in cooking the stew.
스튜를 만드는 데 싱싱한 고기를 사용하시오.

8 피수식체는 기억이고, fresh는 아직도 이들의 생생함을 나타낸다.

[a] The events of last year are still fresh in my mind.
작년의 사건들은 아직도 내 마음 속에서 생생하다.

[b] She wants to write about the visit while it is fresh in her mind.

그녀는 기억이 생생할 때 그 방문에 대해 쓰기를 원한다.

(9) 피수식체는 수건, 시트 등이고, fresh는 이들이 사용되지 않은 새 것임을 나타낸다.

[a] The motel provides a fresh towel.

그 모텔은 새 수건을 제공한다.

[b] Please put on a fresh sheet.

새 침대보를 덮으세요.

(10) 피수식체는 증거, 지시, 생각 등이고, fresh는 이들이 새로운 것임을 나타낸다.

[a] Fresh evidence has emerged that casts doubts on the men's conviction.

그 사람들의 유죄 판결에 의심을 던지는 새로운 증거가 나타났다.

[b] The original instructions were canceled and I was given fresh instructions.

원래의 지시는 취소되고 나는 새로운 지시를 받았다.

[c] He came up with fresh ideas.

그는 새로운 생각을 제안했다.

11 피수식체는 공기, 바람, 아침, 음료 등이고, fresh는 이들이 신선한 느낌
을 주는 상태를 나타낸다.

[a] The air in the room was not fresh. So he opened the
windows.
방 안의 공기가 신선하지 않았다. 그래서 그는 창문을 열었다.

[b] The breeze was very fresh.
그 산들바람이 아주 상쾌했다.

[c] It was a fine fresh autumn morning.
맑고 신선한 가을 아침이었다.

[d] I like drinks with a fresh lemony flavor.
나는 새콤한 레몬 향이 든 음료를 좋아한다.

12 피수식체는 몸이나 마음을 가리키고, fresh는 이들이 상쾌한 상태에 있
음을 나타낸다.

[a] I felt wonderfully clean and fresh after my shower.
나는 샤워를 하고 나니 놀라울 만큼 개운하고 상쾌했다.

[b] I will deal with this problem in the morning when I
am fresh.
내가 정신이 맑은 아침에 이 문제를 다루겠다.

[c] Try to get some sleep on the plane, and you will arrive
feeling fresh.
비행기에서 잠을 좀 자려고 노력하세요. 그러면 상쾌한 기분으로 도착할 것입니다.

[d] Regular exercises will keep you fresh.
규칙적인 운동이 당신을 생기 있게 유지해줄 것이다.

13 피수식체는 물이고, fresh는 이들이 소금기가 없는 상태를 나타낸다.

[a] These fish are only found in fresh water.
이 물고기들은 오직 민물에서만 발견된다.

[b] The water Inland is fresh.
바다에서 먼 내륙의 물은 민물이다.

[c] Trout are fresh water fish.
송어는 민물고기이다.

14 피수식체는 사람이고, 전치사 with나 to의 목적어에 뻔뻔스럽게 행동한다.

[a] Don't get fresh with me, young woman.
나에게 건방지게 굴지 마. 젊은 여자야.

[b] He started getting fresh with me in the cinema, so I slapped his face.
그는 극장에서 나에게 뻔뻔하게 대하기 시작했다. 그래서 나는 그의 얼굴을 찰싹 때렸다.

[c] The little boy was fresh to the new teacher.
그 작은 소년은 새 선생님에게 건방지게 굴었다.

FULL

1 피수식체는 입, 배, 탱크, 극장 등이고, full은 이들이 가득 차 있음을 나타낸다.

[a] **Don't talk with your mouth full.**
입이 가득 차 있을 때 말하지 마라.

[b] **I am full.**
나는 배가 부르다.

[c] **The gas tank is full.**
가스탱크는 가득 차 있다.

[d] **The theater was only half full.**
그 극장은 반만 찼다.

2 피수식체는 전치사 of의 목적어로 가득 차 있다.

[a] **The cabinet is full of medicine.**
그 진열장은 의약품으로 가득 차 있다.

[b] **We entered a house full of people.**
우리는 사람들로 가득찬 집에 들어갔다.

[c] **The cans are full of garbage.**
그 통은 쓰레기로 가득 차 있다.

[d] **The garden is full of flowers.**
그 정원은 꽃으로 가득 차 있다.

3 피수식체는 마음을 가리키고, 전치사 of의 목적어로 가득 차 있다.

[a] He is full of concern for the future.
그는 미래에 대한 걱정으로 가득 차 있다.

[b] They were full of objections.
그들의 의견은 반대되는 생각으로 가득 차 있었다.

[c] You are always so full of energy.
당신은 항상 힘이 넘친다.

[d] I'm full of admiration for you.
나는 당신을 굉장히 존경한다.

4 피수식체는 눈, 삶, 작품, 얼굴 등이고, 이들이 전치사 of의 목적어로 가득 차 있다.

[a] Her eyes are full of hate.
그녀의 눈은 증오로 가득 차 있다.

[b] Her life always seemed full of excitement.
그녀의 삶은 늘 재미로 가득 찬 듯 보였다.

[c] His work is full of errors.
그의 작품은 오류로 가득 차 있다.

[d] Mom's face is full of worry.
엄마의 얼굴은 걱정으로 가득 차 있다.

5 피수식체는 진술, 달, 환불, 기간 등이고, full은 이들이 빠짐없이 완전한 상태를 나타낸다.

[a] A full account of the accident will be submitted to the authorities.
그 사건의 완전한 진술이 당국에 제출될 것이다.

[b] It's a full moon tonight.
오늘밤은 보름달이 떴다.

[c] A full refund will be given if the term is faulty.
계약에 하자가 있으면 전액 환불이 주어질 것이다.

[d] I spent three full days in Paris.
나는 파리에서 3일 내내 있었다.

6 피수식체는 음량이나 속도, 잠재력 등이고, full은 이들이 최대임을 나타낸다.

[a] He turned the radio on full volume.
그는 라디오의 음량을 최대로 높였다.

[b] He is driving at full speed.
그는 최대 속력으로 운전하고 있다.

[c] He is not yet playing to his full potential.
그는 잠재력의 한계까지 경기를 하고 있지 않다.

7 피수식체는 시간이고, full은 이들이 일로 가득 차 있음을 나타낸다.

[a] I had a full day at the office.
나는 하루 종일 사무실에서 바빴다.

[b] I've got a full week next week.
나는 다음 주 내내 바쁠 것이다.

[c] She leads a full life.
그녀는 바쁜 인생을 살고 있다.

GENTLE

이 형용사는 부드러움을 나타낸다.

① 피수식체는 지형이고, gentle은 이 지형을 따라 움직이는 데 힘이 들지 않음을 나타낸다.

[a] It is easy to go up the gentle slope on our bikes.
자전거를 타고 완만한 경사를 올라가는 것은 쉽다.

[b] There was a gentle slope in front of us and it was easy to walk up.
우리 앞에는 완만한 경사가 있어서 걸어 올라가기 쉬웠다.

[c] The road began to climb gentle sandy hills.
그 길은 완만한 모래언덕을 따라 위로 뻗어나가기 시작했다.

[d] We drove along the gentle curve of the bay.
우리는 그 만의 완만한 굽이 길을 따라 운전했다.

② 피수식체는 냄새나 열이고, gentle은 이들이 강하지 않고 부드러움을 나타낸다.

[a] The noise from the street drowned out a gentle sound of music.
거리에서 들려온 소음은 부드러운 음악 소리를 삼켜버렸다.

[b] The gentle smell of the sea reminded me of last summer on the beach.
바다의 부드러운 냄새는 바닷가에서 보낸 작년 여름을 상기시켰다.

[c] Use only a *gentle* heat when you cook these vegetables.
이 채소들을 요리할 때에 불을 약하게 사용하라.

[d] The *gentle* warmth of the evening sun made us very comfortable.
노을로부터의 부드러운 온기는 우리를 매우 편안하게 했다.

③ 피수식체는 사람의 말이나 행동이고, gentle은 이들이 부드러움을 나타낸다.

[a] Be *gentle* with her.
그녀에게 부드럽게 대해라.

[b] He was *gentle* with her during her illness.
그는 그녀가 아픈 동안 부드럽게 대해주었다.

[c] Bill is a *gentle* loving boy.
Bill은 부드럽고 사랑스러운 아이이다.

[d] He was very *gentle* when he moved the injured man.
그는 부상자를 운반할 때 매우 조심스러웠다.

④ 피수식체는 일, 포옹, 당김, 율동 등이고, gentle은 이들이 힘이 들어가지 않는 가벼움을 나타낸다.

[a] Give the new worker *gentle* work.
그 신입사원에게는 가벼운 일을 주어라.

[b] I gave my teacher a *gentle* hug.
나는 선생님에게 부드러운 포옹을 했다.

[c] She gave a *gentle* pull on the dog's leash.
그녀는 개의 가죽 끈을 부드럽게 당겼다.

[d] The program contains nine gentle exercise routines set to music.
그 과정은 음악에 맞추어진 9개의 부드러운 율동을 포함한다.

5 피수식체는 바람, 비누 등이고, gentle은 이들이 부드러운 느낌을 주는 상태를 나타낸다.

[a] A gentle wind blew through the valley.
부드러운 바람이 계곡 사이로 불었다.

[b] we had a soft summer morning with a gentle breeze.
우리는 부드러운 여름 아침을 산뜻한 산들바람과 함께 맞이했다.

[c] The soap is very gentle on the hands.
그 비누는 손에 매우 부드럽다.

GLAD

이 형용사는 기쁜 마음을 나타낸다.

1 피수식체는 전치사 about의 목적어에 대해서 기쁨을 갖는다.

[a] He felt glad about the news.
그는 그 소식에 기뻐했다.

[b] He was glad about what happened.
그는 일어난 일에 대해서 기뻐했다.

[c] She was glad about his success.
그녀는 그의 성공에 기뻐했다.

2 피수식체는 기꺼이 to-부정사의 과정을 하거나, to-부정사의 과정에 의해 기쁘게 된다.

[a] We were all glad to hear from you.
우리는 모두 네 소식을 들어서 기뻤다.

[b] I am glad to see you in good health.
나는 네가 건강한 것을 보니 기쁘다.

[c] I will be glad to give whatever help I could give.
나는 기꺼이 내가 줄 수 있는 도움을 다 주겠다.

[d] I will be glad to show you everything.
나는 기꺼이 네게 모든 것을 보여줄 것이다.

3　피수식체는 전치사 of의 목적어에 의해 기쁜 마음을 갖는다.

[a] We are glad of your success.
우리는 너의 성공에 기뻐하고 있다.

[b] I will be glad of the help.
나는 그 도움에 기쁠 것이다.

[c] He was glad of the opportunity to thank everyone.
그는 모두에게 감사할 기회를 가져서 기뻤다.

4　피수식체는 that-절이 나타내는 사실에 즐겁게 된다.

[a] We are glad that you succeeded.
우리는 네가 성공했다는 사실에 기쁘다.

[b] I am so glad that he finally called you.
그가 마침내 너를 호명해서 나는 무척 기쁘다.

[c] I am glad that she is feeling better.
그녀가 기분이 나아지고 있다는 사실에 나는 기쁘다.

5　피수식체는 날, 소식, 환성 등이고, glad는 이들이 기쁨을 주거나 기쁨을 나타낸다.

[a] It was a glad day for everyone.
이 날은 모두에게 즐거운 날이었다.

[b] He brought us the glad tidings.
그는 우리에게 기쁜 소식을 가져다주었다.

[c] They greeted each other with glad cries.
그들은 서로 기쁜 환성으로 인사했다.

[d] The glad eye showed that she was happy.
그 기쁜 눈은 그녀가 행복함을 보여주었다.

GOOD

이 형용사는 좋은 상태를 나타낸다.

1 피수식체는 전치사 at의 목적어를 잘 할 능력이 있다.

[a] He's good at singing.
그는 노래를 잘 부른다.

[b] He is very good at languages.
그는 언어 능력이 매우 뛰어나다.

[c] You're not good at reading maps, are you?
너는 지도를 잘 읽지 못하지? 안 그래?

2 피수식체는 about의 목적어에 대해서 친절하다.

[a] My boss was very good about my absence from work.
나의 상사는 나의 결근에 대해서 관대했다.

[b] The brother has been good about helping out with the new baby.
그 형제는 새 아기를 구해내는 데에 친절했다.

3 피수식체는 용모이고, good은 용모가 보기 좋음을 나타낸다.

[a] She looks better with short hair.
그녀는 짧은 머리가 더 보기 좋다.

[b] You look good. I like your new hair style.
보기 좋네. 나는 너의 새로운 머리 스타일이 마음에 든다.

④ 피수식체는 당원, 판단자 등이고, good은 이들이 전형적인 구성원임을 나타낸다.

[a] He is a good Democrat.
그는 훌륭한 민주당원이다.

[b] He's a good judge of characters.
그는 성격 판단을 잘 한다.

[c] He is a good catholic priest.
그는 좋은 가톨릭 신부이다.

⑤ 피수식체는 음식이고, good은 이들이 먹을 수 있는 좋은 상태에 있음을 나타낸다.

[a] Fresh fruit is good for you.
싱싱한 과일은 너에게 좋다.

[b] The bread from yesterday is still good.
어제 만들어진 빵은 아직도 먹기가 좋다.

[c] The eggs are still good.
이 달걀들은 아직 싱싱하다.

[d] The food is still good.
그 음식들은 아직 먹을 수 있다.

6 피수식체는 전치사 for의 목적어에 적합하다.

[a] He's always good for a laugh.
그는 항상 웃음을 자아낸다.

[b] He was a good man for the job.
그는 그 일에 적격자였다.

[c] You need good shoes for hiking.
당신은 도보 여행을 위해 좋은 신발이 필요하다.

7 피수식체는 전치사 for의 목적어에 좋거나 이롭다.

[a] Too much sun isn't good for you.
지나치게 햇빛을 쬐는 것은 여러분에게 좋지 않다.

[b] Too much television is not good for children.
지나친 텔레비전 시청은 아이들에게 좋지 않다.

[c] We're all meeting at the beach. That's good for me.
우리는 모두 바닷가에서 만나기로 했다. 나도 좋다고 생각한다.

8 피수식체는 쿠폰, 표 등이고, 이들은 전치사 for의 목적어에 유효하다.

[a] The coupon is good for 10 dollars of merchandise.
그 쿠폰은 10달러 상당의 상품에 유효하다.

[b] The ticket is good for a week.
그 표는 1주일 동안 유효하다.

[c] Is he good for the money?
그는 그 정도 돈의 값어치를 하는가?

[d] My bike's good for a few hundred miles yet.
나의 자전거는 아직 수백 마일 정도를 달릴 수 있다.

9 피수식체는 양이나 수, 그리고 정도를 나타내며, good은 이들이 매우 많음을 나타낸다.

[a] A good many people attended the lecture.
상당히 많은 사람들이 그 강의에 참석했다.

[b] They supplied them with a good amount of food.
그들은 그들에게 충분한 양의 식량을 공급했다.

[c] They have a good range of furniture.
그들은 많은 다양한 종류의 가구들을 보유하고 있다.

[d] The library has a good selection of computer books.
그 도서관에는 컴퓨터 관련 서적들을 충분히 소장하고 있다.

10 피수식체는 수치이고, good은 이들이 충분함을 나타낸다.

[a] It's a good 3 miles to the school.
학교까지 3마일 정도가 족히 된다.

[b] He's a good ten years younger than me.
그는 나보다 족히 10살이나 어리다.

[c] I've done this a good few times now.
나는 지금까지 이것을 족히 몇 번 했다.

[d] The town is a good day's trip from here.
그 마을은 여기서부터 족히 하루가 걸린다.

11 피수식체는 청소, 생각, 꾸지람, 살핌 등이고, good은 이들이 충분한 주의가 주어짐을 나타낸다.

[a] Give your room a good cleaning before you leave.
네가 떠나기 전에 너의 방을 깨끗하게 청소하라.

[b] Have a good think about it and let me know tomorrow.
그것에 대해 충분히 생각한 다음 내일 나에게 알려주어라.

[c] Her parents gave her a good scolding.
그녀의 부모님은 그녀를 호되게 꾸짖었다.

[d] Take a good look at it.
그것을 자세히 관찰하라.

12 it은 to-부정사의 과정을 가리키고, good은 이들이 좋음을 나타낸다.

[a] It's good to see him smiling again.
그가 다시 웃는 모습을 보니 좋다.

[b] It is good to choose organically grown foods if possible.
가능한 한 유기농법으로 재배한 식품을 선택하는 것이 좋다.

[c] It is good to see you again.
너를 다시 보니 반갑다.

13 전치사 for는 의미상의 주어를 나타낸다.

[a] It's good for old people to stay active if they can.
노인들은 가능하다면 활동하는 것이 좋다.

[b] It's good for you to have some rest.
네가 휴식을 좀 취하는 것이 좋다.

14 good은 행위자와 to-부정사 과정을 동시에 수식한다. 행위자는 전치사 of로 표현된다.

[a] It was good of you to offer to help.
네가 도와주려고 제안한 것은 친절한 일이다.

[b] It was very good of you to come to my wedding.
내 결혼식에 네가 와서 매우 기뻤다.

15 it은 동명사의 과정을 가리키고, good은 이것이 좋음을 나타낸다.

[a] It's no good complaining.
투덜거려봤자 소용없다.

[b] It's no good talking to him. He never listens.
그에게 말해봤자 소용없다. 그는 절대 듣지 않는다.

[c] It's no good worrying about it.
그것에 대해 걱정해봤자 소용없다.

16 it은 that-절의 명제를 가리키고, good은 이것이 좋음을 나타낸다.

[a] It is good that we didn't go to the park because it started to rain.
비가 오기 시작했기 때문에 우리가 공원으로 가지 않은 것이 다행이다.

[b] It is good that you are here.
네가 여기에 와 있어 다행이다.

17 피수식체는 사람이고, good은 몸이나 기분이 좋은 상태를 나타낸다.

[a] He is feeling better today.
그는 오늘 몸이 좋아졌다.

[b] Yesterday he didn't feel good.
그는 어제 몸이 좋지 않았다.

GREAT

이 형용사는 크기가 매우 큰 상태를 나타낸다.

1 피수식체는 건물, 구름 같은 구체적인 것이고, great은 이들의 크기가 매우 큼을 나타낸다.

[a] The shadow of the great building darkened the entire street.
그 고층 건물의 그림자는 그 길 전체를 어둡게 했다.

[b] Great storm clouds appeared on the horizon.
엄청난 폭풍우를 실은 구름들이 지평선에 나타났다.

2 great는 big과 같이 쓰여서 big의 뜻을 강조한다.

[a] He took a great big piece of chocolate.
그는 초콜릿을 크게 물었다.

[b] He cut him a great big slice of bread.
그는 그에게 엄청나게 큰 빵 한 조각을 잘라주었다.

[c] See what a great big fish!
얼마나 큰 물고기인지 봐라!

[d] Take your great big hand out of my light.
내 불빛에서 너의 큰 손을 치워라.

3 피수식체는 위기나 중요성이고, great는 이들의 정도가 큼을 나타낸다.

[a] The nation is undergoing a great health-care crisis.
그 국가는 심각한 건강관리 위기를 겪고 있다.

[b] The abortion issue is a matter of great importance.
낙태 논쟁은 매우 중요한 문제이다.

[c] He fell from a great height.
그는 엄청나게 높은 곳에서 떨어졌다.

4 피수식체는 감정이고, great는 이들이 강함을 나타낸다.

[a] His death was a great shock to us all.
그의 죽음은 우리 모두에게 있어 엄청난 충격이었다.

[b] I have great sympathy for you.
나는 너에 대해 큰 동정심을 갖는다.

[c] It gives me great pleasure to welcome here today.
오늘 여기서 당신을 환영하는 것은 나에게 큰 즐거움을 준다.

[d] It is with great sorrow that I inform you of the death
of the chairman.
그 회장의 죽음을 여러분에게 알려드리게 되어 심히 슬프다.

5 피수식체는 시간이고, great는 이것이 큰 즐거움을 줌을 나타낸다.

[a] We had a great day today.
우리는 오늘 아주 즐거운 하루를 보냈다.

[b] Did you have a good time at the party? It was great.
파티에서 재미있게 놀았어? 아주 재미있었어.

[c] The wedding was a great occasion.
그 결혼식은 대단히 경사스러운 일이었다.

[d] We had a great week in Busan.
우리는 부산에서 대단히 즐거운 한 주간을 보냈다.

6 피수식체는 전치사 at의 목적어가 가리키는 일을 매우 잘한다.

[a] Kate is great at swimming.
Kate는 수영을 아주 잘 한다.

[b] She's great at acting.
그녀는 연기를 아주 잘 한다.

[c] She's great at chess.
그녀는 체스를 아주 잘 둔다.

7 피수식체는 행위자이고, great는 이들의 능력이 뛰어남을 나타낸다.

[a] Baby Ruth was a great baseball player.
Baby Ruth는 아주 뛰어난 야구 선수였다.

[b] He is a great liar.
그는 엄청난 거짓말쟁이다.

[c] He is a great pianist.
그는 아주 뛰어난 피아니스트이다.

[d] He was a truly great painter.
그는 참으로 대단한 화가였다.

8 피수식체는 몸이나 마음을 가리키고, great는 이들이 좋은 상태에 있음을 나타낸다.

[a] I feel great this morning.
나는 오늘 아침 기분이 매우 좋다.

[b] You looked great in that suit.
너는 그 옷이 매우 잘 어울렸다.

[c] She seemed in great spirits.
그녀는 매우 기분이 좋아 보였다.

9 피수식체는 with의 목적어를 잘 다룬다.

[a] He is great with babies.
그는 아기들을 아주 잘 다룬다.

[b] She is great with dogs.
그녀는 개들을 아주 잘 다룬다.

10 it은 to-부정사의 과정을 가리키고, great는 이들이 큰 즐거움이 됨을 나타낸다.

[a] It's great to see you again.
또 봐서 아주 반갑다.

[b] It is great to be here.
이곳에 와 있어서 매우 좋다.

11 it은 if-절의 조건을 가리키고, great는 이 조건이 이루어지는, 매우 좋다는 뜻이다.

[a] Wouldn't it be great if we could go there again?
그 곳에 또 갈 수 있으면 대단히 좋지 않겠어?

[b] It would be great if you could come by 7:00 in the morning.
네가 오전 7시까지 올 수 있으면 아주 좋겠다.

GREEN

이 형용사는 초록색을 띠는 상태를 나타낸다.

1 피수식체는 제복, 목장, 잎, 눈 등이고, green은 이들이 초록색임을 나타낸다.

[a] The soldier wore a long green overcoat.
그 병사는 긴 초록색 코트를 입었다.

[b] In England, there are lots of green pastures.
영국에는 초록 목장이 많다.

[c] The first bright green leaves are showing.
첫 연초록 나뭇잎들이 피어나기 시작하고 있다.

[d] Her eyes are more green than blue to my eye.
그녀의 눈은 내 눈에는 파란색보다는 초록색에 더 가깝게 보인다.

2 피수식체는 사람이고, green은 이들이 미숙함을 나타낸다.

[a] He is just a green recruit.
그는 단지 풋내기 신병일 뿐이다.

[b] He is still green at his job.
그는 아직도 일이 미숙하다.

[c] He was very green when he started the job.
그는 그 일을 처음 시작했을 때 미숙했다.

[d] The new trainees are still green.
그 새 훈련생들은 아직도 미숙하다.

3 피수식체는 표정이고, green은 이들이 파랗게 질린 상태를 나타낸다.

[a] She turned green with nausea.
그녀는 메스꺼움으로 얼굴이 파랗게 변했다.

[b] She was green with envy.
그녀는 질투심에 새파랗게 되었다.

[c] Their faces were green when they came off the roller-coaster.
그들의 얼굴은 롤러코스터를 타고 내렸을 때 파랗게 질렸다.

HAPPY

1 피수식체는 사람이고, happy는 행복함을 나타낸다.

[a] They felt happy going home early.
그들은 집에 일찍 가게 되어 행복함을 느꼈다.

[b] I felt happy for you when I heard you had passed the exam.
나는 네가 그 시험을 통과했다는 얘기를 들었을 때 너 때문에 행복했다.

[c] He looked really happy.
그는 정말로 행복하게 보였다.

[d] Nicky seems happier since he met you.
Nicky는 너를 만난 이후 더 행복하게 보인다.

2 피수식체는 about의 목적어에 대해서 행복을 느낀다.

[a] I am happy about his success.
나는 그의 성공에 대해 행복하다.

[b] She is happy about the baby.
그녀는 아기에 대해 행복하다.

[c] He is not happy about the changes.
그는 그 변화들에 대해 행복하지 않다.

[d] I am not happy about the children being out so late.
나는 아이들이 너무 늦게까지 나가 있는 것에 대해 행복하지 않다.

3 피수식체는 to-부정사가 가리키는 일을 기꺼이 한다.

[a] I am happy to accept your kind invitation.
나는 당신의 친절한 초대를 기쁜 마음으로 받아들이겠다.

[b] I am happy to do some of the cooking.
나는 몇몇 요리를 기꺼이 하겠다.

[c] The boss is happy to see you this afternoon.
그 사장님은 오늘 오후에 당신을 기꺼이 만나줄 것이다.

[d] He will be more than happy to come with us.
그는 우리와 함께 오는 것을 매우 기뻐할 것이다.

4 that-절은 행복감의 원인을 나타낸다.

[a] We are happy that the work is finished in time.
우리는 그 일이 제시간에 끝나서 행복하다.

[b] You will be happy that she's just had a baby girl.
그녀가 방금 딸을 낳았다는 사실에 당신은 행복할 것이다.

[c] We are happy that she's got a better job.
우리는 그녀가 더 나은 일자리를 찾았음에 행복해한다.

5 피수식체는 전치사 with의 목적어를 가져서 행복하다.

[a] Are you happy with your working arrangements?
너의 작업 일정에 대해 만족하니?

[b] Are you happy with his work?
너는 그의 일에 만족하니?

[c] Are you happy with this plan?
너는 이 계획에 만족하니?

[d] They were happy with the decision.
그들은 그 결정에 만족했다.

6 피수식체는 행사나 시간이고, happy는 이들이 행복감을 줌을 나타낸다.

[a] An anniversary is a happy occasion.
기념일은 행복을 주는 행사이다.

[b] His university days are his happiest.
그의 대학 시절은 그의 가장 행복한 시기이다.

[c] It was a happy day for our club when he joined us.
그가 우리 클럽에 들어왔을 때 그 날은 행복한 날이었다.

[d] It was one of my happiest years of my life.
내 생에 가장 행복했던 여러 해 중에 하나였다.

7 피수식체는 발견, 결혼, 우연의 일치, 가정 등이고, happy는 이들이 행복감을 느끼게 함을 나타낸다.

[a] They are making a happy discovery.
그들은 행복한 발견을 하고 있다.

[b] They are enjoying a happy marriage.
그들은 행복한 결혼 생활을 즐기고 있다.

[c] By a happy coincidence, Bob and I were passengers on the same flight.
행복한 우연의 일치로, Bob과 나는 같은 비행기의 승객이었다.

[d] He had a happy home.
그는 행복한 가정을 가졌다.

HARD

① 피수식체는 다이아몬드, 땅, 플라스틱, 사탕 등이고, hard는 이들이 단단함을 나타낸다.

[a] Diamond is the hardest substance.
다이아몬드는 가장 단단한 물질이다.

[b] The ground is still hard.
그 땅이 아직 단단하다.

[c] The plastic is hard and durable.
플라스틱은 튼튼하고 오래 간다.

[d] The candy was very hard.
그 사탕은 무척 딱딱했다.

② 피수식체는 몸이나 정신을 가리키고, hard는 이들이 단단함, 즉 강함을 나타낸다.

[a] You must be very hard to compete with the barbarians.
너는 그 야만인들과 경쟁하려면 아주 튼튼해야 한다.

[b] She pretends to be hard, but she is soft underneath.
그녀는 강한 척 하지만 속은 부드럽다.

[c] He is as hard as nails.
그는 못처럼 단단하다.

[d] She is a hard woman.
그녀는 튼튼한 여자이다.

③ 피수식체는 사실, 증거, 규칙 등이고, hard는 이들이 바꿀 수 없는 확실한 상태를 나타낸다.

[a] There are a few hard facts about the musician.
그 음악가에 관한 엄연한 사실이 몇 가지 있다.

[b] We need hard evidence to support our claim.
우리는 우리의 주장을 지지할 확실한 증거가 필요하다.

[c] This is a hard and fast rule. You cannot change it.
이것은 아주 확고부동한 규칙이다. 당신은 그것을 바꿀 수 없다.

④ 피수식체는 전치사 on의 목적어를 엄하게 대한다.

[a] You must not be too hard on Joe.
너는 Joe에게 너무 엄해서는 안 된다.

[b] Don't be hard on him. He is new to the job.
그에게 엄하게 대하지 마라. 그는 그 일이 처음이다.

⑤ 피수식체는 부모, 뛰기, 승마, 오르기 등이고, hard는 이것이 전치사 on의 목적어에 많은 부담을 줌을 나타낸다.

[a] It is hard on parents when their children are rebellious.
아이들이 반항적일 때는 부모들에게는 괴롭다.

[b] Running 40 miles a week is really hard on knee joints.
일주일에 40마일을 달리는 것은 무릎관절에 몹시 부담이 간다.

[c] Horse-riding is very hard on the bottoms till you get used to it.

승마는 익숙해지기 전까지 엉덩이에 부담이 간다.

[d] The climb gets harder and harder.

오르기가 점점 힘들어진다.

⑥ 피수식체는 기간, 불빛, 규정, 운동 등이고, hard는 이들이 전치사 on의 목적어에 큰 부담이 됨을 나타낸다.

[a] The last four years were very hard on him.

지난 4년은 그에게 매우 힘들었다.

[b] The white light is hard on the eyes.

백색 빛은 눈에 해롭다.

[c] The regulations are hard on the married women with children.

그 규정들은 아이가 있는 기혼 여성에게 가혹했다.

[d] Aerobics is hard on the knee.

에어로빅은 무릎에 무리를 준다.

⑦ 피수식체는 차기, 때리기 등이고, hard는 이들이 강함을 나타낸다.

[a] John gave the door a good hard kick.

John은 그 문을 굉장히 강하게 찼다.

[b] He gave the boy a hard slap on the back.

그는 그 소년의 등을 손바닥으로 세게 쳤다.

8 피수식체는 to−부정사 과정이고, hard는 이들을 이행하기가 어려움을 나타낸다.

[a] To turn the wheel is hard for him.
그 바퀴를 돌리는 것은 그에게 힘들다.

[b] To take the exam was very hard.
그 시험을 치는 것은 매우 어려웠다.

[c] To tell which of them is lying is hard to tell.
그들 중 누가 거짓말을 하고 있는지 가려내기는 어렵다.

9 피수식체는 시간, 계절, 기후 등이고, hard는 이들이 어려움을 주는 상태를 나타낸다.

[a] we had a hard life as children.
우리는 어린 시절에 어려운 삶을 살았다.

[b] I had a long hard day at the office.
나는 사무실에서 길고 힘든 하루를 보냈다.

[c] Last year, we had a hard winter.
작년에 우리는 혹독한 겨울을 겪었다.

[d] Times were hard and we were forced to sell our home.
세태가 어려워서 우리는 우리 집을 어쩔 수 없이 팔게 되었다.

HEAVY

1 피수식체는 물건이나 사람이고, heavy는 이들이 무거움을 나타낸다.

[a] I can't lift this box. It is too heavy.
나는 이 상자를 들 수 없다. 그것은 너무 무겁다.

[b] The baby got much heavier.
아기가 훨씬 무거워졌다.

[c] He is short and heavy.
그는 작고 무겁다.

2 heavy는 무겁고 가벼움에 관계없이 무게를 나타낸다.

[a] How heavy are you?
너는 몸무게가 얼마니?

[b] How heavy is the box?
그 상자는 무게가 얼마니?

[c] The elephant is 1 ton heavy.
그 코끼리는 무게가 1톤이 나간다.

3 피수식체는 양, 수, 그리고 정도에 관련된 것이고, heavy는 이들이 많거나 큼을 나타낸다.

[a] There were heavy civilian casualties.
대량의 민간인 사상자가 있었다.

[b] We had a heavy snow last year.
우리는 지난 해 폭설을 겪었다.

[c] There was a heavy fighting yesterday.
어제 격렬한 싸움이 있었다.

4 피수식체는 일주일, 계획표이고, heavy는 이들 안에 일이 많음을 나타낸다.

[a] It was a heavy week.
일이 많은 한 주였다.

[b] He is struggling with a heavy schedule.
그는 과중한 일정과 싸우고 있다.

5 피수식체는 나무, 정원, 공기, 목소리 등이고, heavy는 이들이 전치사 with의 목적어로 가득찬 상태를 나타낸다.

[a] The trees are heavy with fruit.
나무들은 열매로 무겁다.

[b] The garden is heavy with the scent of summer.
그 정원은 여름 냄새로 가득했다.

[c] The air is heavy with moisture.
그 공기는 습기로 가득하다.

[d] Her voice is heavy with sarcasm.
그녀의 목소리는 조소로 가득하다.

6 피수식체는 책이나 강의이고, heavy는 이들이 마음에 부담을 주는 뜻을 갖는다.

[a] I want something to read on holiday - nothing too heavy.
나는 휴가 동안 읽을거리를 원한다. 너무 무겁지 않은 것으로.

[b] I found the new novel a bit heavy.
나는 그 새 소설이 조금 부담스러움을 깨달았다.

[c] The heavy lecture put many students to sleep.
그 어려운 강의는 많은 학생들을 졸게 했다.

[d] The science book is very heavy reading.
그 과학 서적은 읽기가 매우 부담스럽다.

7 피수식체는 분위기이고, heavy는 이들이 답답함을 주는 상태를 나타낸다.

[a] A Heavy sky hung over the city.
잔뜩 흐린 하늘이 도시 위로 드리워져 있었다.

[b] The explorers suffered the damp heavy atmosphere of the rain forest.
탐험가들은 열대 우림의 습하고 답답한 공기를 겪었다.

[c] Outside, the air was heavy.
바깥에, 공기가 후덥지근하다.

[d] A heavy silence fell upon the room.
무거운 침묵이 방 위로 드리워졌다.

8 피수식체는 전치사 on의 목적어를 많이 쓰거나 갖는다.

[a] The car is heavy on oil.
그 차는 기름이 많이 든다.

[b] The woman is rather heavy on the makeup.
그 여자는 화장을 상당히 진하게 한다.

[c] The main course is heavy on garlic.
주 요리는 마늘을 많이 썼다.

9 피수식체는 용모, 눈썹, 선 등이고, heavy는 이들이 굵직함을 나타낸다.

[a] She is a large heavy featured woman.
그녀는 크고 육중한 모양의 여자이다.

[b] He has thick heavy brows.
그는 짙고 굵은 눈썹을 가지고 있다.

[c] He drew a heavy line through the sentence.
그는 그 문장을 가로질러 굵직한 선을 하나 그렸다.

10 피수식체는 소리와 관계가 있고, heavy는 이들이 무거움을 나타낸다.

[a] I could hear his heavy tread on the corridor.
나는 복도에서 그의 육중한 발소리를 들을 수 있었다.

[b] There was a heavy thud as his body fell on the floor.
그의 몸이 바닥 위로 떨어질 때 둔탁한 쿵 소리가 났다.

[c] His mother gave a heavy sigh of disappointment.
그의 어머니는 실망의 무거운 한숨을 내쉬었다.

11 피수식체는 음악, 소리이고, heavy는 이들이 묵중함을 나타낸다.

[a] The music was too heavy in the bass notes.
그 음악은 베이스 음조에서 너무 무거웠다.

[b] The flutes could barely be heard above the heavy sounds of the trombones.
플루트는 트롬본의 묵중한 소리 너머로 거의 들리지 않았다.

12 피수식체는 음식이고, heavy는 이들이 양이 많거나 위에 부담을 줌을 나타낸다.

[a] He likes to have a heavy meal.
그는 위에 부담을 주는 식사를 하기 좋아한다.

[b] Try to avoid heavy food.
소화가 잘 안 되는 음식을 피하도록 노력하시오.

[c] He never takes heavy drinks.
그는 알코올음료는 절대 마시지 않는다.

13 피수식체는 땅의 표면이고, heavy는 이들이 질척이는 상태에 있음을 나타낸다.

[a] Heavy soil is difficult to work.
점토질 토양은 일하기 어렵다.

[b] We had a difficult trip over heavy roads of mud and sand.
우리는 진흙과 모래로 된 질척거리는 도로 위로 힘든 여행을 했다.

14 피수식체는 사람의 행동을 가리키고, heavy는 행동이 굼뜸을 나타낸다.

[a] The man is a heavy guy.
그 남자는 굼뜬 사람이다.

[b] He is a heavy fellow.
그는 굼뜬 녀석이다.

HIGH

이 형용사는 높이가 높음을 나타낸다.

1 피수식체는 천장, 구름, 다리이고, high는 이들이 지면에서 멀리 떨어져 있는 상태를 나타낸다.

[a] The room had a high ceiling.
그 방은 천장이 높다.

[b] It was a beautiful sunny day with a few high clouds.
약간의 높은 구름이 있는 아름답고 화창한 날이었다.

[c] The bridge is high above the water.
그 다리가 수면 위에 높게 있다.

2 high는 서술적으로 쓰였다.

[a] The bookshelf is too high for me to reach.
그 책 선반은 너무 높아서 내 손이 닿지 않는다.

[b] The fence is too high to climb over.
그 담장은 기어올라 넘기에는 너무 높다.

[c] The waters of the river are dangerously high.
그 강의 수면이 위험할 정도로 높다.

3 high는 높낮이와 관계없이 높이를 나타낸다.

[a] The house is 4 stories high.
그 집은 4층 높이이다.

[b] The mountain is 2,000 feet high.
그 산은 높이가 2,000피트이다.

[c] How high is the tower?
그 탑은 높이가 얼마인가?

4 피수식체는 수, 양, 정도를 나타내고, high는 이들이 큼을 나타낸다.

[a] The material will stand high temperatures.
그 물질은 높은 온도를 견딜 것이다.

[b] There was an atmosphere of high tension.
고도의 긴장된 분위기가 있었다.

[c] The husband suffered high blood pressure.
그 남편은 고혈압을 겪었다.

5 high는 서술적으로 쓰였다.

[a] The risk of the disease spreading is very high.
그 병이 퍼질 위험은 아주 높다.

[b] Their expectations were high.
그들의 기대는 높았다.

[c] Prices are rather high.
가격이 꽤 높다.

[d] Fried food and thick pastry are high in calories.
튀긴 음식과 두꺼운 파이는 칼로리가 높다.

6 피수식체는 조직의 구성원이고, high는 지위가 높음을 나타낸다.

[a] He is high up in the civil service.
그는 행정부에서 지위가 높다.

[b] She is high enough up in the company to be able to help you.
그녀는 너를 도울 수 있을 만큼 그 회사에서 지위가 높다.

[c] He is a high official.
그는 고관이다.

[d] He has a lot of friends in high places.
그는 높은 지위에 있는 친구들이 많다.

7 피수식체는 품질, 규범, 의견, 수준 등이고, high는 이들이 매우 좋음을 나타낸다.

[a] The company produces high quality goods.
그 회사는 우수한 품질의 상품을 생산한다.

[b] He is a man of high moral principles.
그는 높은 도덕규범을 지닌 사람이다.

[c] I don't have a high opinion of his paintings.
나는 그의 그림을 높이 평가하지 않는다.

[d] He demands a high standard from his employees.
그는 그의 직원들로부터 높은 수준을 요구한다.

8 피수식체는 마음, 기분이고, high는 이들이 고양되어 있음을 나타낸다.

[a] It was a bright day and they set off in high spirits.
화창한 날이었고 그들은 원기왕성하게 출발했다.

[b] My health was good and my spirits were high.
나는 건강이 좋았고 기분도 유쾌했다.

[c] We were still high on our victory.
우리는 여전히 우리의 승리에 의기양양했다.

[d] His spirits were high with the hope of seeing him soon.
그의 기분은 그를 곧 볼 것이라는 희망에 고조되어 있었다.

9 피수식체는 몸이나 마음을 가리키고, high는 이들이 취한 상태를 나타낸다.

[a] He got high on alcohol.
그는 술에 취했다.

[b] He was high on drugs and could not think straight.
그는 약에 취해서 조리 있게 생각할 수 없었다.

10 피수식체는 시간대나 기간을 나타내고, high는 이들의 정점을 나타낸다.

[a] It is best to avoid these resorts in high summer.
한 여름에는 이런 휴양지를 피하는 것이 최고다.

[b] Our visit to Gyeongju was the high point of our vacation.
우리의 경주 방문은 우리 휴가의 정점인 때였다.

[c] It was high noon, and the heat was intense.
한낮이라서 열기가 강했다.

⑪ 피수식체는 목록의 항목이고, high는 이들이 우선순위임을 나타낸다.

[a] The new library is high on the list of priorities.
그 새 도서관은 우선순위 목록에서 위에 있다.

[b] The Liberal Party has not made the issue a high priority.
자유당은 그 쟁점을 중요한 우선사항으로 만들지 않았다.

[c] Political reform is high on the agenda.
정치 개혁은 의사일정에서 우선사항이다.

⑫ 피수식체는 소리이고, high는 이들이 높음을 나타낸다.

[a] Her high voice imitated Maria.
그녀의 높은 목소리는 Maria를 흉내 내었다.

[b] She sings in a high soprano voice.
그녀는 높은 소프라노 목소리로 노래한다.

⑬ 피수식체는 전치사 on의 목적어에 높은 관심을 갖는다.

[a] He is high on physical fitness.
그는 육체 단련에 열중하고 있다.

[b] The kids are high on video games.
그 꼬마들은 비디오 게임에 열중하고 있다.

HONEST

이 형용사는 거짓이나 숨김이 없는 상태를 나타낸다.

1 피수식체는 사람이고, honest는 이들이 솔직함을 나타낸다.

[a] Let's be honest, she is only interested in his money!
우리 솔직해집시다. 그 여자는 단지 그의 돈에만 관심이 있습니다!

[b] To be honest, I am just not interested.
솔직히 말하자면, 나는 관심이 조금도 없다.

[c] To be honest, I am glad she broke up with me.
솔직히 말하자면, 나는 그 여자가 나와 헤어져서 좋다.

2 피수식체는 전치사 about의 목적어에 대해 숨김이 없다.

[a] Are you honest about your feelings?
당신은 자신의 감정에 정직합니까?

[b] He has not been honest about his past.
그는 자신의 과거에 대해서 정직하지 않았다.

[c] He was honest about his intention.
그는 그의 의도에 대해서 정직했다.

[d] I was honest about what I was doing.
나는 내가 하고 있는 일에 대해서 정직했다.

3   피수식체는 전치사 with의 목적어와 정직한 사이이다.

[a]   Thank you for being honest with me.
제게 솔직해서 감사합니다.

[b]   He is honest in his business with others.
그는 다른 사람과의 거래에 있어서 정직하다.

[c]   He had been honest with her, and she had tricked him.
그는 그녀에게 정직했었으나, 그녀는 그를 속였다.

[d]   To be honest with you, I don't think it is possible.
너에게 솔직히 말하자면, 나는 그것이 가능하다고 생각하지 않는다.

4   피수식체는 평가, 노력, 삶, 대답 등이고, honest는 이들이 정직함을 나타낸다.

[a]   An honest appraisal of his ability can only help him.
그의 능력에 대한 정직한 평가만이 그는 도울 수 있다.

[b]   He is making an honest effort to work harder.
그는 더 열심히 일하려는 정직한 노력을 하고 있다.

[c]   I am trying to make an honest living.
나는 정직한 삶을 살려고 노력하고 있다.

[d]   I want you to give me an honest answer.
나는 네가 나에게 정직한 대답을 해 주기를 바란다.

5   피수식체는 표정이고, honest는 이들이 정직하게 보이는 상태를 나타낸다.

[a]   He seems to have an honest face.
그는 정직하게 보이는 얼굴을 가진 것으로 여겨진다.

[b] **With her** honest **face, she is trusted by everybody.**

정직하게 보이는 얼굴 때문에 그녀는 모든 사람에게 신임을 받는다.

6 honest는 전치사 of의 목적어와 to−부정사 구문을 동시에 수식한다.

[a] **It is very** honest **of him to give them the money back.**

그가 그들에게 그 돈을 되돌려 준 것은 매우 정직하다.

[b] **It was** honest **of her to tell the truth.**

그녀가 그 진실을 말한 것은 정직한 일이었다.

[c] **It is** honest **of him to return the dog to the owner.**

그가 그 개를 주인에게 돌려준 것은 정직한 일이다.

HOT

1 피수식체는 날씨나 물체 등이고, hot은 이들이 뜨거움을 나타낸다.

[a] Seoul in summer is hot and humid.
여름의 서울은 덥고 습하다.

[b] When the oil is hot, add the sliced onion.
기름이 뜨거울 때. 얇게 썬 양파를 넣으시오.

[c] Your forehead feels very hot.
네 이마가 아주 뜨겁다.

[d] The sand on the beach was very hot.
해변 위의 모래는 매우 뜨거웠다.

2 hot은 한정적으로 쓰였다.

[a] He needs a hot bath.
그는 온욕이 필요하다.

[b] Cook the fish on a hot grill.
생선을 뜨거운 석쇠 위에 요리해라.

[c] It was a hot sunny day.
덥고 구름 한 점 없는 날이었다.

③ 피수식체는 사람이고, hot은 이들이 더위를 느낌을 나타낸다.

[a] She was hot with fever.
그녀는 열로 뜨거웠다.

[b] I was hot and tired at the end of the day.
나는 하루가 끝날 때 덥고 지쳐 있었다.

[c] I am starting to feel hot.
나는 더워짐을 느끼기 시작하고 있다.

[d] I am too hot in this sweater.
나는 이 스웨터를 입어서 너무 덥다.

④ 피수식체는 분노, 기질, 언쟁 등이고, hot은 이들이 격렬함을 나타낸다.

[a] Watch out. the boss is hot with rage.
조심해. 사장님은 격노로 달아 있다.

[b] The man has hot temper.
그 남자는 발끈하는 기질을 가지고 있다.

[c] The candidates exchanged hot words over the controversial issue.
그 후보자들은 쟁점이 되는 문제에 대해 격렬한 말을 주고받았다.

⑤ 피수식체는 전치사 on의 목적어에 뜨거운 관심을 갖는다.

[a] I am not very hot on Korean history.
나는 한국의 역사에 대해 몹시 관심이 있는 것은 아니다.

[b] She is pretty hot on computer programming.
그녀는 컴퓨터 프로그래밍에 매우 열중해 있다.

[c] They are very hot on safety in the work place.
그들은 작업장에서의 안전에 열을 올리고 있다.

[d] They are really hot on punctuality here.
그들은 여기서 시간 엄수에 참으로 열을 올리고 있다.

6 피수식체는 관심이 커서, to-부정사가 가리키는 일을 몹시 하고 싶어한다.

[a] He's really hot to get started.
그들은 정말로 시작하기를 열망했다.

[b] The children were hot to go camping.
그 아이들은 몹시 캠핑을 가고 싶어 했다.

[c] He was hot to know the results.
그는 그 결과를 몹시 알고 싶어 했다.

7 피수식체는 유행, 매력, 쇼 등이고, hot은 이들이 관심을 크게 끎을 나타낸다.

[a] She pursued the hottest style of clothing.
그녀는 의복의 최신 유행을 좇았다.

[b] The show was one of the hottest attractions of the months.
그 쇼는 그 달의 가장 유행하는 인기물이 되었다.

[c] He is one of the hottest directors.
그는 가장 주목 받는 감독들 중 하나이다.

[d] The hottest show in town is the opera.
읍내에서 가장 인기 있는 볼거리는 그 오페라이다.

8 피수식체는 쟁점, 화재 등이고, hot은 이들이 큰 관심을 받는 상태를 나타낸다.

[a] Abortion is a hot issue in America.
낙태는 미국에서 뜨거운 쟁점이다.

[b] It was a hot topic.
그것은 주목받는 화제였다.

[c] The lecture was on a hot topic.
그 강의는 주목받는 화제에 관한 것이었다.

9 피수식체는 추문, 상황, 보고서 등이고, hot은 이들이 매우 위험함을 나타낸다.

[a] The Watergate scandal became too hot to handle.
워터게이트 사건은 너무 뜨거워서 다루기가 힘들었다.

[b] When things became too hot, he sold up and left the town.
상황이 너무 위험해졌을 때, 그는 모든 것을 처분하고 그 읍내를 떠났다.

[c] The report was too hot to publish.
그 보고서는 너무 위험해서 발표할 수 없다.

10 피수식체는 장물이고, hot은 이들이 금방 훔친 것을 나타낸다.

[a] The crook had hot watches in his pockets.
그 악한은 주머니에 갓 훔친 시계를 가지고 있었다.

[b] The thief tried to sell the hot car.
그 도둑은 갓 훔친 차를 팔려고 했다.

[c] He was caught trying to sell his hot camera.
그는 갓 훔친 카메라를 팔려다가 잡혔다.

[d] The dealer was not interested in the jewel because it was still hot.
그 거래인은 그 보석이 아직 갓 훔친 것이어서 그것에 관심이 없었다.

⑪ 피수식체는 악단, 영화, 야구선수, 음악 등이고, hot은 이들이 크게 인기가 있음을 나타낸다.

[a] The band was really hot tonight.
그 악단은 오늘밤 정말 열광을 자아냈다.

[b] The movie was not so hot.
그 영화는 그다지 주목 받지는 않았다.

[c] While the baseball player was hot, his batting average rose 30 points.
그 야구선수가 주목 받았을 동안에, 그의 타율은 30포인트 올랐다.

[d] What kind of music is hot now?
무슨 종류의 음악이 지금 인기 있나?

⑫ 피수식체는 경쟁, 추적 등이고, hot은 이들이 치열함을 나타낸다.

[a] Competition for the job is getting hotter each year.
그 일자리를 얻기 위한 경쟁은 매년 치열해지고 있다.

[b] They are in a hot pursuit of the runaway horse.
그들은 달아난 말을 맹추격 중이다.

[c] Today we enter the hottest phase of the election campaign.
오늘 우리는 선거 유세의 가장 격렬한 국면으로 들어간다.

13 피수식체는 성적 욕구를 가리키고, hot은 이들이 강함을 나타낸다.

[a] She is a real hot chick.
그녀는 진짜 섹시한 여자이다.

[b] She is hot for you.
그녀는 너에게 열이 올라 있다.

[c] You were as hot for me as I was for you.
내가 너에게 그랬던 것만큼 너도 나에게 달아올랐다.

14 피수식체는 소식, 이야기, 책 등이고, hot은 이들이 따끈따끈함을 나타낸다. 즉 갓 나온 상태를 나타낸다.

[a] The news was hot off the press.
그 뉴스는 인쇄기에서 갓 떨어진 뜨끈뜨끈한 것이다.

[b] The story is hot, and no other newspapers know about it.
그 이야기는 갓 나왔고, 다른 신문들은 아무도 그것에 관해 모른다.

[c] The book is hot off the press.
그 책은 윤전기에서 막 나왔다.

15 피수식체는 맛이고, hot은 이들이 매움을 나타낸다.

[a] Mustard and pepper are hot.
겨자와 후추는 맵다.

[b] The dish is spicy, but not hot.
그 요리는 양념이 강하지만 맵지는 않다.

[c] Is this curry hot?
이 카레는 맵습니까?

[d] **Korean food is usually hot.**
한국 음식은 대개 맵다.

16 피수식체는 장소, 부스러기 등이고, hot은 이들이 방사성에 오염된 상태를 나타낸다.

[a] **The atomic explosion left the land hot for decades.**
원자력 폭발은 그 땅을 수십 년 동안 방사능에 오염된 상태로 만들었다.

[b] **The hot debris was buried deep in a mine.**
방사능이 있는 파편은 탄광 깊이 묻혔다.

17 피수식체는 전치사 on의 목적어에 바싹 닿아 있음을 나타낸다.

[a] **The search party is hot on the trail.**
그 수색대는 흔적에 바싹 접근해 있다.

[b] **The police are hot on the thieves' track.**
그 경찰은 도둑들을 바싹 추적하고 있다.

[c] **The police are hot on the heels of the fugitive.**
그 경찰은 도망자의 바로 뒤축까지 바싹 추적하고 있다.

HUNGRY

이 형용사는 배가 고픈 상태를 나타낸다.

1 피수식체는 사람이고, hungry는 이들이 배고픈 상태에 있음을 나타낸다.

[a] We are all getting hungry.
우리들은 모두 배가 고파지고 있다.

[b] The children are always hungry when they come home from school.
아이들은 학교에서 돌아오면 언제나 배가 고프다.

[c] By 4 o'clock I felt really hungry.
4시가 되자 나는 배가 고팠다.

[d] All this talk of food makes me hungry.
음식에 대한 이 모든 얘기는 나를 배고프게 만든다.

2 go는 배가 고픈 상태의 지속을 나타낸다.

[a] If crops are destroyed, thousands may go hungry.
농작물이 피해를 입으면 수 천 명이 배고프게 지낼 것이다.

[b] She often goes hungry so that the children can have enough to eat.
그녀는 자식들이 충분히 먹도록 종종 배고프게 지냈다.

[c] The family went hungry for years.
그 가족은 몇 년 동안 배고프게 지냈다.

[d] Thousands of families go hungry everyday in this rich country.

수천의 가족들이 이 부자 나라에서 매일 굶고 지낸다.

③ 피수식체는 표정이고, hungry는 이들이 배고픈 모습을 나타낸다.

[a] Her eyes had a wild hungry look in them.

그녀의 눈은 그 속에 사납고 배고픈 모습을 띄고 있다.

[b] He has a hungry look in his eyes.

그는 그의 눈 속에 배고픈 모습을 띄고 있다.

④ 피수식체는 전치사 for의 목적어를 갈망한다.

[a] She was hungry for success.

그녀는 성공을 갈망한다.

[b] They are hungry for the news of their son in Iraq.

그들은 이라크에 있는 아들의 소식을 갈망한다.

[c] They are hungry for knowledge, and are planning to go to college.

그들은 지식을 갈망해서 대학 공부를 할 계획이다.

[d] The child is simply hungry for affection.

그 아이는 오로지 애정을 갈망한다.

IDLE

이 형용사는 활동이 없는 상태를 나타낸다.

1 피수식체는 기계, 공장 등이고, idle은 이들이 움직이지 않는 상태를 나타낸다.

[a] Now the machine is lying idle.
지금 그 기계가 돌아가지 않고 있다.

[b] The extra power stations are idle when the demand is lower.
그 여분의 발전소는 수요가 적을 때 쉰다.

[c] Valuable machinery is left to lie idle for long periods.
비싼 기계가 오랫동안 가동되지 않은 채 방치되어져 있다.

2 피수식체는 사람이고, idle은 이들에게 일이 없어 쉬는 상태를 나타낸다.

[a] Almost half of the work force are now idle.
그 노동력의 거의 반이 지금 놀고 있다.

[b] Don't worry I have not been idle while you were away.
걱정 마. 네가 없는 동안 나는 놀고 있지 않았어.

[c] Idle clerks spend the day reading newspapers.
일이 없는 사무원들은 그 날 신문을 읽으며 보냈다.

[d] Many men were made idle when the mines were closed.
많은 사람들이 그 탄광이 폐쇄되었을 때 일이 없어 쉬게 되었다.

3 피수식체는 사람이고, idle은 이들이 일을 하지 않는 게으른 상태를 나타낸다.

[a] He's just an idle layabout.
그는 게으른 부랑자에 지나지 않는다.

[b] You are just bone idle.
너는 타고난 게으름뱅이이다.

4 피수식체는 시간이고, idle은 이 속에 일이 없는 상태를 나타낸다.

[a] If you have an idle moment, please call me.
한가한 시간이 있으면 저를 부르세요.

[b] In idle moments, he carved woodey figures.
한가한 순간에 그는 나무 인형을 조각했다.

[c] we spent an idle afternoon waiting for the phone to ring.
우리는 일 없는 오후를 전화가 오기를 기다리며 보냈다.

5 피수식체는 잡담, 공갈, 호기심 등이고, idle은 이 속에 실속이 없는 상태를 나타낸다.

[a] He kept up the idle chatter for another 10 minutes.
그는 쓸데없는 잡담을 10분 더 계속 유지했다.

[b] It didn't sound like an idle threat to me.
그것은 나에게 공갈처럼 들리지 않았다.

[c] It was only idle curiosity that she opened the book.
그가 그 책을 펴는 것은 쓸데없는 호기심일 뿐이었다.

6 idle은 서술적으로 쓰였다.

[a] It is idle to pretend that their marriage is a success.
그들의 결혼이 성공적인 척하는 것은 쓸데없는 일이다.

[b] It is idle to try to persuade him.
그를 설득하려고 노력하는 것은 소용없는 일이다.

7 피수식체는 돈이고, idle은 움직여야 할 돈이 움직이지 않는 상태를 나타낸다.

[a] $10,000 is sitting idle in the bank.
만 달러가 은행에서 잠자고 있다.

[b] Don't let your money be idle in your home.
너의 돈을 집에 묵혀두지 말라.

ILL

이 형용사는 몸이나 마음이 나쁜 상태에 있음을 나타낸다.

1 피수식체는 몸이고, ill은 몸이 좋지 않은 상태에 있음을 나타낸다.

[a] He fell ill and died soon after.
그는 갑자기 병들었고 그 후 곧 죽었다.

[b] He has been feeling ill all morning.
그는 아침 내내 몸이 안 좋았다.

[c] I was ill after eating oysters.
나는 굴을 먹고 난 다음 병이 났다.

[d] She was suddenly taken ill at school.
그녀는 학교에서 갑자기 병이 났다.

2 피수식체는 전치사 with의 목적어로 병이 나 있다.

[a] I was ill in bed with flu.
나는 독감으로 병석에 누워 있었다.

[b] She's seriously ill with a fever.
그녀는 열로 심각하게 아프다.

[c] She is ill with tuberculosis.
그녀는 폐렴으로 앓고 있다.

[d] They are still ill with gunshot wounds.
그들은 총상으로 아직 앓고 있다.

3 피수식체는 마음이고, ill은 마음이 병들어 있는 상태를 나타낸다.

[a] She is mentally ill.
그녀는 정신적으로 병이 나 있다.

4 피수식체는 평판, 영향, 기분, 뜻 등이고, ill은 이들이 나쁨을 나타낸다.

[a] The woman of ill repute left the town.
나쁜 평판이 있는 그녀가 읍내를 떠났다.

[b] Did last night's meal have any ill effects on you?
지난 밤 저녁 식사가 당신에게 나쁜 영향을 끼쳤습니까?

[c] He was in a very ill temper.
그는 기분 나쁜 상태에 있다.

[d] I hope you do not have any ill will toward me.
나는 네가 나에게 나쁜 뜻을 갖지 않기를 희망한다.

5 ill은 at ease를 부정한다.

[a] He always felt ill at ease at parties.
그는 파티에서는 마음이 늘 편하지 않다.

[b] He appears ill at ease in public.
그는 대중 앞에서는 불편한 것처럼 보인다.

[c] He is ill at ease with strangers.
그는 낯선 사람들과 있으면 마음이 불편하다.

INTERESTED

이 형용사는 무엇에 관심이나 이해관계에 있는 상태를 나타낸다.

1   피수식체는 사람으로 전치사 in의 목적어에 관심을 갖는다.

[a]   He is interested in travel.
그는 여행에 관심이 있다.

[b]   He is very much interested in history.
그는 역사에 관심이 대단히 많다.

[c]   I'm not interested in politics.
나는 정치에 관심이 없다.

[d]   Are you interested in helping them?
너는 그들을 돕는 데 관심이 있니?

2   피수식체는 to-부정사가 가리키는 일에 관심을 갖는다.

[a]   I'll be interested to hear your view on the issue.
나는 그 쟁점에 대한 당신의 견해를 듣는데 관심을 갖게 될 것이다.

[b]   I'll be interested to know how you think.
나는 당신이 어떻게 생각하는지 아는 데 관심을 갖게 될 것이다.

[c]   I'll be interested to find out what exactly went wrong.
나는 도대체 무엇이 잘못되었는지 찾아내는 데 관심을 갖게 될 것이다.

3 피수식체는 이해 당사자이고, interested는 한정적으로 쓰였다.

[a] All interested parties were eager to hear the judge's decision.

모든 이해의 당사자들은 판사의 결정을 애타게 듣고자 했다.

[b] I'm not an interested witness - I am completely neutral.

나는 이해관계 있는 증인이 아니다 – 나는 완전히 중립적이다.

[c] Our company is transferring 5 people, and will notify interested individuals.

우리 회사는 5명을 전근시키는데, 이해 당사자들에게 통보할 것이다.

[d] The success was only possible because all the interested parties agreed to the idea.

그 성공은 오로지 모든 이해 당사자들이 그 생각에 동의했기 때문에 가능했다.

JEALOUS

이 형용사는 남의 것을 갖거나 자신의 것을 놓치기 싫어하는 욕심을 나타낸다.

1 피수식체는 전치사 of의 목적어를 탐내거나 부러워한다.

[a] Anne is jealous of people who have more money than her.
Anne은 자기보다 더 많은 돈을 가진 사람을 시샘한다.

[b] Other girls were jealous of her good looks.
다른 소녀들은 그녀의 미모를 질투했다.

[c] She's jealous of my success.
그녀는 내 성공을 시기한다.

[d] She was jealous of his wealth.
그녀는 그의 부를 시기했다.

2 피수식체는 전치사 of의 목적어를 잃지 않으려고 한다.

[a] Squirrels are jealous of their winter supply of nuts.
다람쥐들은 견과로 된 겨울 양식을 모아둔 것을 빼앗기지 않으려고 한다.

[b] The singer became increasingly isolated and jealous of her privacy.
그 가수는 점점 고립되면서 자신의 사생활을 잃지 않으려고 했다.

[c] They are very jealous of their good reputation.
그들은 그들의 명성을 잃지 않으려고 매우 애쓴다.

[d] He is very jealous of his rights.

그는 그의 권리를 빼앗기지 않으려고 매우 애쓴다.

3 jealous는 한정적으로 쓰였다.

[a] He injured her severely in one of his jealous rages.

그는 그의 질투심에서 오는 분노한 상태에서 그녀를 심하게 다치게 했다.

[b] He is a jealous husband.

그는 질투심이 많은 남편이다.

JUST

이 형용사는 두 개체가 바로 들어맞는 상태를 나타낸다.

1 피수식체는 상, 대의, 보답 등이고, just는 이들이 행적과 들어맞음을 나타낸다.

[a] A medal of honor was his just reward.
명예 훈장은 그의 정당한 보답이었다.

[b] Feeding the poor is a just cause.
가난한 사람에게 먹을 것을 주는 것은 정당한 대의명분이다.

[c] The prize was a just reward for all their efforts.
그 상은 모든 그들의 노력에 대한 정당한 보답이었다.

2 just는 서술적으로 쓰였다.

[a] I don't think you are being just in punishing him, but not her.
나는 당신이 그를 벌하고 그 여자를 벌하지 않는 점에 있어서 공평하지 않다고 생각한다.

[b] The judge's sentence was perfectly just in the circumstances.
그 판사의 선고는 그 상황에서 완전하게 합당했다.

[c] Few people think that the decision was just.
사람들은 그 결정이 정당했다고 생각하지 않는다.

KEEN

이 형용사는 날카로운 상태를 나타낸다.

1 피수식체는 칼날 등이고, keen은 이들이 날카로움을 나타낸다.

[a] I accidentally cut my finger on the knife's keen edge.
나는 실수로 손가락을 그 칼의 날카로운 날에 베였다.

[b] The keen edge of the razor is made of special steel.
그 면도기의 날은 특수강으로 만들어져 있다.

[c] The knife has a keen edge.
그 칼은 날이 날카롭다.

2 피수식체는 청각, 시각, 인지능력 등이고, keen은 이들이 예리함을 나타낸다.

[a] His hearing is keen.
그의 청취력은 예리하다.

[b] My friend has a keen eye for bargains.
내 친구는 할인 상품에 강한 식별력을 갖고 있다.

[c] The students in this class are all very keen.
이 학급의 학생들은 모두 영민하다.

3 피수식체는 전치사 on의 목적어에 큰 관심을 갖는다.

[a] She's been keen on football.
그녀는 축구에 열중했다.

[b] She's been keen on him for months.
그녀는 몇 달 동안 그에게 강한 관심을 보였다.

[c] The children are keen on swimming in the afternoon.
그 아이들은 오후에 수영하는 것에 큰 관심을 갖는다.

4 피수식체는 to-부정사가 가르키는 일을 몹시 하고 싶어 한다.

[a] Joe is keen to help.
Joe는 돕기를 열망한다.

[b] She's out of hospital, and keen to get back to work.
그녀는 퇴원했고 복직하기를 몹시 열망했다.

[c] The patient's relatives were keen for him to be an organ donor.
그 환자의 친척들은 그가 장기 기증자가 되기를 몹시 갈망했다.

[d] The government is keen for the peace talk to resume.
그 정부는 평화회담이 재개되기를 몹시 바란다.

5 피수식체는 that-절이 나타내는 사실에 큰 관심을 갖는다.

[a] The chairman is keen that the company should expand its product range.
그 사장은 그 회사가 제품 영역을 확장하는 데 큰 관심을 갖는다.

[b] We are very keen that Korea should not get involved.
우리는 한국이 말려들지 않기를 대단히 열망한다.

KIND

이 형용사는 친절한 상태를 나타낸다.

① 피수식체는 사람이고, kind는 이들이 친절한 상태를 나타낸다.

[a] He is a kind, helpful man.
그는 친절하고, 도움을 주는 사람이다.

[b] She is a very kind and thoughtful woman.
그녀는 매우 친절하고 사려 깊은 여인이다.

② kind는 서술적으로 쓰였다.

[a] Would you be kind enough to close the door for me?
제 대신 문을 닫아 주실 정도로 친절을 베풀어 주시겠습니까?

[b] Would you be so kind to check these figures?
친절하게 이 숫자들을 확인해 주시겠습니까?

③ 피수식체는 전치사 to의 목적어에 친절하다.

[a] He is kind to injured animals.
그는 상처 입은 동물들에게 친절하다.

[b] Life has been very kind to me.
삶은 나에게 늘 친절해 왔다.

[c] Please be kind to your sister.
당신의 누이에게 친절하시오.

4 kind는 사람과 행동을 동시에 수식한다.

[a] It was very kind of her to visit him in the hospital.
그 여자가 병원에 있는 그를 방문한 것은 매우 친절한 일이었다.

[b] It was very kind of you to come to me.
당신이 온 것은 매우 친절한 일이었다.

5 kind는 친절함을 보여주는 또는 친절함을 나타내는 뜻이다.

[a] He had a kind smile.
그는 친절한 미소를 지었다.

[b] He has a gentle kind face.
그는 부드럽고 친절한 얼굴을 가졌다.

[c] Thank you for your kind words.
당신의 친절한 말씀에 감사합니다.

6 피수식체는 비누, 연수 등이고, 이들은 전치사 to의 목적어에 부드러움을 나타낸다.

[a] The soap is kind to my skin.
그 비누는 내 피부에 좋다.

[b] Soft water is kinder to your hair.
연수는 너의 머리에 더 좋다.

[c] Summer clothes are less kind to fuller figures.
여름옷은 뚱뚱한 몸에는 좋지 않다.

LARGE

이 형용사는 개체의 크기가 큼을 나타낸다.

1. 피수식체는 TV, 건물, 아이, 개 등이고, large는 이들이 큼을 나타낸다.

[a] I bought the largest TV.
나는 제일 큰 TV를 샀다.

[b] The large building towered over the other ones.
그 큰 건물은 다른 건물 위에 우뚝 서 있다.

[c] He's a very large child for his age.
그는 나이 치고는 매우 큰 아이이다.

[d] The large dog scared the mail carrier.
그 큰 개가 집배원을 놀라게 했다.

2. 피수식체는 제조 회사나 소장품 등이고, large는 이들이 많이 만들거나 가지고 있음을 나타낸다.

[a] Brazil is the largest producer of coffee.
브라질은 최대의 커피 생산국이다.

[b] The company is a large computer maker.
그 회사는 큰 컴퓨터 제조 회사이다.

[c] The museum has a large collection of stamps.
그 박물관은 많은 우표 소장품을 갖고 있다.

[d] They have large sums of money.
그들은 많은 액수의 돈을 갖고 있다.

LAST

이 형용사는 순서상 마지막을 가리킨다.

① 피수식체는 사람, 케이크, 시간 등이고, last는 이들이 어떤 무리나 명단에서 마지막임을 가리킨다.

[a] Don't start till the last person is present.
모든 마지막 사람이 다 참석할 때까지 시작하지 마시오.

[b] He ate the last cake.
그는 마지막 케이크를 먹었다.

[c] His last days were spent in bed.
그의 마지막 날들은 병상에서 지냈다.

[d] I was the last person in line to get tickets for the concert.
나는 그 음악회의 표를 구하기 위해 줄을 선 사람들 가운데 마지막이었다.

② 피수식체는 시간, 밤, 주간 등이고, last는 이들이 어느 기준점에 가장 가까운 과거 부분을 가리킨다.

[a] During the last hour we have been receiving reports of an explosion in the city center.
마지막 한 시간 동안에 우리는 도시 중심에서 일어난 폭발에 관한 보고서를 받아 오고 있다.

[b] How did the boys sleep last night?
지난밤에 어떻게 그 소년들이 잠을 잤니?

[c] I've been here for the last week.

나는 지난 주 동안에 여기에 있었다.

[d] He has been working in the factory for the last 3 years.

그는 지난 3년 동안 그 공장에서 일해 오고 있다.

3 피수식체는 책, 방문, 모임 등이고, last는 이들이 반복적으로 일어난 것 가운데 마지막임을 나타낸다.

[a] His next book will be better than the last.

그의 다음 책은 마지막 책보다 더 좋을 것이다.

[b] Much has changed since my last visit.

내가 마지막으로 방문한 이후로 많은 것이 바뀌었다.

[c] Our last party was a success.

우리의 지난번 파티는 성공적이었다.

[d] That is the last time I invited him.

그게 내가 그를 초대했던 마지막이다.

4 피수식체는 우선순위에 있어서 마지막이다.

[a] If you got a sore throat, singing is the last thing you should be doing.

목이 아프면, 노래 부르기를 네가 해야 할 마지막 일이다.

[b] She's the last person I'd like to upset.

그녀는 내가 화나게 하고 싶은 마지막 사람이다.

[c] I'm afraid I am the last person to give you advice.

미안하지만 나는 너에게 충고할 마지막 사람이다.

[d] Washing windows is the last thing I want to do.

창문 닦기는 내가 가장 하고 싶지 않은 일이다.

LATE

이 형용사는 어느 기간의 후반부에 있거나, 어느 기준점을 지나서 있는 관계를 나타낸다.

1 피수식체는 밤, 세기 같은 기간이고, late는 이 기간의 후반에 있음을 나타낸다.

[a] I'm always tired because I keep late hours.
나는 늦은 시간에 일하기 때문에 늘 피곤하다.

[b] I've had too many late nights recently.
나는 최근에 너무 자주 늦게 잤다.

[c] The church was built in the late 16th century.
그 교회는 16세기 후반에 지어졌다.

2 피수식체는 인생이나 연령대이고, late는 이들의 후반부를 가리킨다.

[a] In later life, he started playing golf.
인생 후반에, 그는 골프를 치기 시작했다.

[b] Phil is in his late forties.
Phil은 40대 후반이다.

3 피수식체는 도착, 지원 등이고, late는 기준점을 지났음을 나타낸다.

[a] We apologize for the late arrival of the train.
저희 기차가 늦게 도착한 것을 사과드립니다.

[b] He was late for school.

그는 학교에 지각했다.

[c] By the time the ambulance arrived, it was too late, and he was already dead.

구급차가 도착 했을 때 시간이 너무 늦어서 그는 이미 죽어 있었다.

[d] It is too late to apply.

지원하기에는 너무 늦었다.

4 피수식체는 예정기간을 지나 있다.

[a] He is late with his payment.

그는 지불이 늦었다.

[b] You're three months late with your rent.

너는 집세가 3개월 밀렸다.

5 피수식체는 쇼, 딸기, 아침, 작품 등이고, late는 이들이 어떤 기간의 후반에 일어나거나 만들어짐을 나타낸다.

[a] I watched the late show on TV.

나는 늦은 시간에 방영하는 TV를 보았다.

[b] Late strawberries are more expensive than the ones you get in season.

철 늦은 딸기는 제철 딸기보다 비싸다.

[c] We always have a late breakfast on Sundays.

우리는 항상 일요일에는 늦은 아침을 먹는다.

[d] I prefer her earlier work to her later work.

나는 그녀의 후기 작품보다 전기 작품을 더 선호한다.

LAZY

이 형용사는 게으른 상태를 나타낸다.

① 피수식체는 사람이고, lazy는 이들이 게으름을 나타낸다.

[a] He's so lazy that he avoids work.
그는 너무 게을러서 일을 피한다.

[b] He was too lazy to walk to work.
그는 너무 게을러서 걸어서 직장에 안 간다.

[c] He is not stupid, just lazy.
그는 머리가 나쁜 것이 아니라 게으르다.

② 피수식체는 강, 속도, 구름 등이고, lazy는 이들의 움직임이 느림을 나타낸다.

[a] A lazy river is flowing through the village.
속도가 느린 강물이 그 마을을 통해 흐르고 있다.

[b] Traffic crawled through town at a lazy pace.
차들이 느린 속도로 읍내를 기어가고 있다.

[c] There are few lazy clouds floating across the sky.
하늘을 가로질러 흘러가는 느린 구름 몇 점이 있다.

3 피수식체는 시간이고, lazy는 이 속에 계획된 일이 없음을 나타낸다.

[a] He spent a hot lazy summer day swimming.
그는 수영을 하면서 한가한 여름날의 하루를 보냈다.

[b] He spent a lazy afternoon reading and sleeping.
그는 책을 읽고 잠을 자면서 한가한 오후를 보냈다.

[c] We spent a lazy Sunday on the beach.
우리는 해변에서 한가한 일요일을 보냈다.

LIGHT

이 형용사는 무게가 가벼움을 나타낸다.

1 피수식체는 개체나 사람이고, light는 이들이 가벼움을 나타낸다.

[a] You can carry this bag. It is quite light.
너는 이 가방을 들고 갈 수 있다. 그것은 상당히 가볍다.

[b] This suitcase is quite light.
이 여행 가방은 꽤 가볍다.

[c] He is a few pounds lighter than he used to be.
그는 예전보다 몇 파운드 더 가볍다.

2 light는 한정적으로 쓰였다.

[a] She bought a light summer dress.
그녀는 가벼운 여름 의상을 샀다.

[b] Wear light clothing in the summer to stay cool.
여름에는 시원하게 지내기 위해 가벼운 옷을 입어라.

[c] Only light vehicles are allowed over the old bridge.
오직 가벼운 차만이 그 오래된 다리 위를 지나도록 허가되었다.

3 피수식체는 비, 교통량, 거래량 등이고, light는 이들이 양이 적음을 나타낸다.

[a] Last night we walked in a light rain.
지난 밤 우리는 가는 빗속에서 걸었다.

[b] The traffic was quite light and we got through Los Angeles soon.

그 교통량이 꽤 적어서 우리는 곧 로스앤젤레스를 빠져나갔다.

[c] Trading on the stock exchange was light today.

오늘 증권 거래소의 거래량이 오늘은 적었다.

(4) 피수식체는 치기, 압력, 입맞춤 등이고, light는 이들이 큰 힘이 가해지지 않는 상태를 나타낸다.

[a] He felt a light tap on the shoulder.

그는 어깨가 가볍게 두드려지는 것을 느꼈다.

[b] You only need to apply light pressure.

당신은 약한 압력을 쓰기만 하면 된다.

[c] He gave her a light kiss on the chin.

그는 그녀의 볼에 가벼운 입맞춤을 했다.

(5) 피수식체는 일, 운동, 독서 등이고, light는 이들이 몸이나 마음에 부담을 주지 않는 상태를 나타낸다.

[a] She has a few light duties around the house.

그녀는 그 집 주위에 몇 가지 가벼운 일을 맡고 있다.

[b] The doctor recommended a bit of light exercise such as walking.

의사는 걷기 같은 가벼운 운동을 조금 할 것을 권했다.

[c] Pack some light reading for the journey.

여행용으로 가벼운 읽을거리를 좀 꾸려 둬라.

[d] I watch a light comedy on TV.

나는 텔레비전으로 가벼운 코미디를 본다.

6 피수식체는 마음이고, light는 이것이 경쾌한 상태에 있음을 나타낸다.

[a] I left the company with a light heart.
나는 홀가분한 마음으로 회사를 떠났다.

[b] My heart was light when I thought about the long summer vacation.
긴 여름 방학을 생각할 때 내 마음은 들떴다.

[c] He is light of heart.
그는 쾌활하다.

7 피수식체는 발걸음이고, light는 이것이 가볍거나 빠름을 나타낸다.

[a] She was light on her foot.
그는 걸음이 가볍다.

[b] Keep the skipping light.
뛰는 것을 가볍게 유지해라.

[c] Light steps were heard at the end of the corridor.
가벼운 발자국 소리가 복도 끝 쪽에서 들렸다.

8 피수식체는 머리이고, light는 들뜨거나 어지러운 상태를 나타낸다.

[a] He feels light in the head.
그는 머리에 현기증을 느낀다.

[b] The wine is making me light-headed.
그 포도주는 나를 어지럽게 만들고 있다.

LONG

이 형용사는 길이가 긴 상태를 나타낸다.

1 피수식체는 목재, 머리, 강 등이고, long은 이들의 길이가 긺을 나타낸다.

[a] The piece of wood is too long for the car.
그 목재는 차에 싣기에는 너무 길다.

[b] Her hair is long.
그녀의 머리는 길다.

[c] The river is very long.
그 강은 매우 길다.

2 long은 한정적으로 쓰였다.

[a] We need a long table.
우리는 긴 탁자가 하나 필요하다.

[b] She has long hair.
그녀는 긴 머리를 가지고 있다.

[c] Giraffes have long necks and long legs.
기린은 긴 목과 긴 다리를 가지고 있다.

[d] She came to dinner in a long skirt.
그녀는 긴 치마를 입고 저녁 식사에 왔다.

3 long은 길고 짧음과 관계없이 길이를 나타낸다.

[a] How long is the tunnel?
그 터널은 길이가 얼마입니까?

[b] How long is the Han River?
한강은 길이가 얼마나 됩니까?

[c] The average double bed is about 6 feet long and 4.5 feet wide.
보통 2인용 침대는 길이 6피트에 폭 4.5피트 정도이다.

[d] The room is ten feet long.
그 방은 길이가 10피트이다.

4 피수식체는 사람들이 서서 이루는 줄이고, long은 이들이 긺을 나타낸다.

[a] There was a long queue at the post office.
우체국에는 기다리는 사람들로 긴 줄이 있었다.

[b] I had to stand in a long line to buy the soap.
나는 그 비누를 사기 위해 긴 줄에 서 있어야 했다.

5 피수식체는 거리이고, long은 이것이 긺을 나타낸다.

[a] We are still a long way from Phoenix.
우리는 아직 피닉스에서 멀리 떨어져 있다.

[b] We have a long way to travel.
우리는 가야 할 길이 멀다.

[c] It was a long walk to the station.
그 역까지 걸어가는 데 오래 걸렸다.

[d] Genetic research has come a long way in the fast few years.
유전학 연구는 지난 몇 년간 먼 길을 왔다.

6 피수식체는 시간이고, long은 시간의 길이가 긺을 나타낸다.

[a] The house has been empty for a long time.
그 집은 오랫동안 비어 있었다.

[b] The days are getting longer.
날이 점점 길어지고 있다.

7 long은 시간의 길고 짧음에 관계없이 기간을 나타낸다.

[a] The course is three weeks long.
그 강의는 기간이 3주이다.

[b] He played the record all night long.
그는 밤새도록 레코드를 틀었다.

[c] The movie was 2 hours long.
그 영화는 상영시간이 2시간이다.

8 어느 기간의 객관적 시간은 같으나, 특정한 기간은 주관적으로 더 길게 느껴질 수 있다. long은 이러한 주관적 시간을 나타낸다.

[a] With all these problems, it has been the longest day in my life.
이 모든 문제들로, 그 시간은 내 생애 가장 긴 날이었다.

[b] It has been a long week.
그 주는 기나긴 한 주였다.

[c] We were married long years ago.
우리는 오래 전에 결혼했다.

[d] He started to write the book a long time ago.
그는 오래 전에 그 책을 쓰기 시작했다.

⑨ 피수식체는 여행, 병, 연설, 전망 등이고, long은 이들이 시간적 길이가 깊을 나타낸다. 여기서 long은 한정적으로 쓰였다.

[a] How long a journey do you have in mind?
얼마나 긴 여정을 생각하고 있습니까?

[b] He had a long illness.
그는 오랜 투병 생활을 했다.

[c] The candidate gave a long speech.
그 후보자는 긴 연설을 했다.

[d] He took a long view of the situation.
그는 그 사태에 대해 장기적인 전망을 했다.

⑩ 피수식체는 전치사 on의 목적어에 강하거나 이들을 많이 안다.

[a] He is long on brains, but short on action.
그는 머리가 좋지만, 행동은 부족하다.

[b] His resume is long on the computer.
그의 이력서는 컴퓨터가 강하다.

[c] The politician is long on rhetoric.
그 정치가는 수사에 강하다.

[d] He is long on humorous stories.
그는 재미있는 이야기를 많이 안다.

LOW

이 형용사는 높이가 낮은 상태를 나타낸다.

1 피수식체는 담, 탁자, 천장 등이고, low는 이들의 높이가 낮음을 나타낸다.

[a] He jumped over the low wall.
그는 그 낮은 담을 뛰어 넘었다.

[b] He set the tray on the low table in front of the sofa.
그는 쟁반을 소파 앞에 있는 낮은 탁자 위에 두었다.

[c] The room has a low ceiling.
그 방은 천장이 낮다.

2 low는 서술적으로 쓰였다.

[a] The moon was low in the sky.
달이 하늘에 낮게 떠 있었다.

[b] The afternoon sun was low over the bushes.
오후의 해는 관목 숲 위에 낮게 떠 있었다.

[c] The building is low.
그 건물은 높이가 낮다.

3 피수식체는 수위를 가리키고, low는 이것이 낮음을 나타낸다.

[a] The river is low in summer.
그 강물은 여름에 낮다.

[b] The tide is low.
조수가 낮다.

[c] The reservoir went low after the long drought.
그 저수지 물이 오랜 가뭄 끝에 낮아졌다.

4 피수식체는 목선을 가리키고, low는 이들이 깊이 패인 상태를 나타낸다.

[a] She was wearing a dress low in the neck.
그녀는 목이 깊게 파인 드레스를 입고 있었다.

[b] Her dress was cut low.
그녀의 드레스는 목이 깊게 파였다.

[c] The top has a low neckline.
그 탑은 목선이 깊이 파였다.

5 피수식체는 수, 양, 정도에 관련된 것이고, low는 이들이 적음을 나타낸다.

[a] The bigger stores kept their prices low.
큰 상점들은 그들의 물건들을 저렴하게 유지한다.

[b] We were tired, and morale was low.
우리는 피곤했고, 사기는 저하되어 있었다.

[c] The world's stocks of wheat are getting low.
세계의 밀 재고량이 적어지고 있다.

6 low는 한정적으로 쓰였다.

[a] He had low grades in all his papers.
그는 그의 모든 보고서에서 낮은 점수를 받았다.

[b] The fuel has lower octane value.
그 연료는 저 옥탄가를 갖는다.

[c] I put the pan on a low heat.
나는 냄비를 약한 불 위에 올렸다.

[d] This yogurt has a low fat content.
이 요구르트는 저지방 내용물을 갖는다.

7 피수식체는 on의 목적어와 관련하여 양이 적음을 나타낸다.

[a] I am running low on the disk space.
나는 사용할 디스크의 공간이 줄어들고 있다.

[b] We are getting low on coffee.
우리는 커피가 점점 바닥나간다.

[c] The car is low on gas.
차에 휘발유가 부족하다.

[d] Can you lend me some money? I'm a bit low.
돈 좀 빌려줄 수 있어? 나는 돈이 조금밖에 없다.

8 피수식체는 소리이고, low는 이것이 낮음을 나타낸다.

[a] Her voice was low.
그녀의 목소리는 낮았다.

[b] She turned the radio on low.
그녀는 라디오 소리를 줄였다.

[c] The cello is lower than the violin.
첼로는 바이올린보디 저음이다.

⑨ 피수식체는 소리이고, low는 한정적으로 쓰였다.

[a] He spoke in a low voice.
그는 낮은 목소리로 말했다

[b] He made a voice in the low tenor.
그는 낮은 테너 목소리를 냈다.

[c] Suddenly she gave a low groan.
갑자기 그녀가 낮은 신음 소리를 내었다.

[d] She finds it difficult to reach the low notes.
그녀는 낮은 음을 내는 것이 어렵다고 깨닫는다.

⑩ 피수식체는 질, 의견 등이고, low는 이들의 평가가 낮음을 나타낸다.

[a] Cost cutting has led to a lower quality of service.
비용 절감은 서비스의 더 낮은 질로 이어졌다.

[b] They have a very low opinion of us.
그들은 우리에 대해 매우 좋지 않은 생각을 가지고 있다.

[c] That was a low trick to play.
그것은 저질의 장난이었다.

⑪ 피수식체는 인격을 가리키고, low는 이들이 타락한 상태를 나타낸다.

[a] How low can you get?
얼마나 나쁜 짓을 할 수 있다고 생각하니?

[b] I think I will never sink as low to betray my friends.
나는 내가 내 친구를 배신할 정도로 타락하지는 않을 거라고 생각한다.

⑫ 피수식체는 기분을 가리키고, low는 이것이 낮은 상태에 있음을 나타
낸다.

[a] She is still pretty low about failing the exam.
그녀는 시험에 떨어진 것에 대해 여전히 침울해 한다.

[b] She is feeling low.
그녀는 기분이 저조하다.

[c] The disease left me feeling low a few days.
그 병은 며칠 동안 나를 우울증을 느끼게 했다.

⑬ 피수식체는 지위, 동료 등이고, low는 이들의 위상이 낮음을 나타낸다.

[a] The low status of the farm hands was generally
acknowledged.
농장 노동자들의 낮은 지위는 일반적으로 인정되었다.

[b] He is mixing with low company.
그는 저속한 동료들과 사귀고 있다.

⑭ 피수식체는 목록상의 항목이고, low는 이들이 우선순위가 낮음을 나
타낸다.

[a] His name is low on the list.
그의 이름은 목록의 아래에 있다.

[b] Doing the garden is low on my list of priorities.
정원 일하기는 내 우선순위 목록에서 아래에 있다.

MAD

이 형용사는 제 정신에서 벗어난 상태를 나타낸다.

1 피수식체는 미친 상태에 있다.

[a] He went mad and had to be put in a mental hospital.
그는 미쳐서 정신 병원에 입원시켜야 했다.

[b] He went mad and tried to attack everyone.
그는 미쳐서 모든 사람을 공격하려고 했다.

[c] She was completely mad.
그녀는 완전히 미쳤다.

2 피수식체는 전치사 at의 목적어 때문에 격분한다.

[a] He was mad at his daughter.
그는 자기 딸에게 격분했다.

[b] My boss is mad at me for missing the meeting.
나의 사장은 내가 회의에 불참했기 때문에 나에게 격분했다.

[c] The director got mad at me because I forgot the lines.
그 감독은 내가 대사를 잊어버렸기 때문에 나에게 격분했다.

3 피수식체는 전치사 with의 목적어에게 화를 낸다.

[a] Kerry got really mad with Bill for not doing the washing up.
Kerry는 Bill에게 청소를 하지 않았다고 화를 냈다.

[b] **Mom's really** mad **with the aunt because she dented her car.**
엄마는 그녀의 자동차를 찌그러트렸기 때문에 이모에게 화를 냈다.

4 피수식체는 about의 목적어에 대해서 열광한다.

[a] **He's** mad **about computer games.**
그는 컴퓨터 게임에 열광하고 있다.

[b] **He's** mad **about fast cars.**
그는 빠른 차에 열광한다.

[c] **He's** mad **about football.**
그는 축구에 열광한다.

5 피수식체는 전치사 for의 목적어를 열광적으로 원한다.

[a] **He's** mad **for strawberry ice-cream.**
그는 딸기 아이스크림을 광적으로 먹고 싶어 한다.

[b] **She is** mad **for chocolate.**
그녀는 초콜릿을 광적으로 먹고 싶어 한다.

6 피수식체는 to-부정사 과정을 보고 미친 것으로 판단된다.

[a] **You're** mad **to drive so fast.**
너는 그렇게 빠르게 운전하니 미쳤다.

[b] **You're** mad **to spend so much money on clothes.**
너는 옷에 그 많은 돈을 쓰다니 미쳤다.

[c] **You must be** mad **to go walking in that weather.**
너는 그 날씨에 산책을 하다니 미쳤음에 틀림없다.

7 피수식체는 돌진, 서두름, 뒤엉킴 등이고, mad는 이들이 미친듯함을 나타낸다.

[a] Everyone made a mad dash for the door.
모든 참여자는 그 문을 향해 미친 돌진을 했다.

[b] We made mad haste to be in time for the train.
우리는 기차 시간을 맞추기 위해서 미친 듯이 허둥댔다.

[c] There was a mad scramble for seats when the doors opened.
그 문이 열리자 자리를 차지하려고 광적인 뒤엉킴이 있었다.

8 피수식체는 전치사 with의 목적어를 가지고 있어서 제정신이 아니다.

[a] He is mad with grief.
그는 슬픔으로 제정신이 아니다.

[b] She was mad with jealousy.
그녀는 질투심으로 제정신이 아니었다.

[c] He was mad with pain.
그는 고통으로 제정신이 아니었다.

[d] He is mad with rage.
그는 심한 분노로 제정신이 아니다.

MILD

이 형용사는 강도나 정도에 있어서 극단적이 아닌 부드러운 상태를 나타낸다.

① 피수식체는 바람, 계절 등이고, mild는 이들이 온화함을 나타낸다.

[a] A mild breeze blew inland from the lake.
온화한 바람이 호수에서 내륙으로 불어왔다.

[b] The area is famous for its mild winter climate.
그 지역은 따뜻한 겨울 기후로 유명하다.

[c] The temperature became milder in September.
그 기온은 9월에 더 온화하게 되었다.

[d] We had the mildest winter since records began.
우리는 기록이 시작된 이래로 가장 온화한 겨울을 가졌다.

② 피수식체는 치즈, 음식, 조미료 등이고, mild는 이들이 순함을 나타낸다.

[a] Edam cheese is mild and firm.
Edam 치즈는 순하고 단단하다.

[b] I have to eat mild food because I have an ulcer.
나는 위궤양이 있기 때문에 부드러운 음식을 먹어야 한다.

[c] The chili was so mild, so I added some pepper.
그 칠리는 매우 순해서 나는 후추를 더 넣었다.

[d] The mustard is mild, not spicy or hot.
그 겨자는 순해서 짜릿하거나 맵지 않다.

3 피수식체는 냄새이고, mild는 이것이 부드러움을 나타낸다.

[a] The perfume is very mild.
그 향수는 매우 부드럽다.

[b] I sensed a mild smell of burning.
나는 약한 타는 냄새를 감지했다.

4 피수식체는 사람의 기질이나 본성을 나타내고, mild는 이들이 온화함을 나타낸다.

[a] He has a mild temperament.
그는 온화한 기질을 갖고 있다.

[b] She's good with children because she has a mild nature.
그녀는 온화한 성질을 갖고 있기 때문에 아이들에게 친절하다.

5 피수식체는 얼굴 표정, 놀라움 등이고, mild는 이들이 강하지 않음을 나타낸다.

[a] She turned to him with a mild look of surprise.
그녀는 놀라움의 가벼운 표정을 지으며 그를 돌아보았다.

[b] There was a note of mild alarm in her voice.
그녀의 목소리에는 가벼운 놀라움의 음조가 있었다.

6 피수식체는 심장마비, 독감, 목통, 안정제 등이고, mild는 이들이 약함을 나타낸다.

[a] He has suffered a mild heart attack.
그는 가벼운 심장마비를 겪은 적이 있다.

[b] He is suffering from a mild bout of flu.
그는 가벼운 독감을 한탕 앓고 있다.

[c] It's nothing. Just a mild sore throat.
아무것도 아니야. 가벼운 인후통이야.

[d] I was given a mild sedative to help me sleep.
나는 잠을 잘 수 있도록 가벼운 안정제가 주어졌다.

7 피수식체는 경기침체고, mild는 이들이 심하지 않음을 나타낸다.

[a] The economy will slip into a mild recession.
그 경제는 가벼운 경기침체로 빠져들 것이다.

[b] The recession is relatively mild.
그 경기침체는 비교적 가볍다.

8 피수식체는 전치사 on의 목적어에 순하다.

[a] This soap is mild on the skin.
이 비누는 피부에 순하다.

[b] The shampoo is mild on the hair.
그 샴푸는 머리카락에 순하다.

NARROW

이 형용사는 좁은 상태를 나타낸다.

1 피수식체는 보도, 땅 조각, 계곡, 출입구 등이고, narrow는 폭이 좁은 상태를 나타낸다.

[a] A narrow path led to the bottom of the garden.
좁은 보도가 그 정원의 맨 안쪽으로 뻗쳐 있다.

[b] There's a narrow strip of land.
좁고 긴 땅 조각이 있다.

[c] There is a narrow winding valley between the two mountains.
그 두 산 사이에는 좁고 구불구불한 계곡이 있다.

[d] It was difficult to move the piano through the narrow doorway.
그 피아노를 그 좁은 출입구를 통해 옮기는 것이 어려웠다.

2 피수식체는 승리, 패배, 탈출, 표차 등이고, narrow는 이들이 가까스로 이루어짐을 나타낸다.

[a] The team won a narrow victory.
그 팀은 아슬아슬한 승리를 거두었다.

[b] They suffered a narrow defeat.
그들은 아슬아슬한 패배를 겪었다.

[c] He had a narrow escape from drowning when he fell overboard.

그는 배에서 물에 빠졌을 때 익사상태에서 아슬아슬한 탈출을 했다.

[d] She was elected by a narrow majority.

그녀는 아슬아슬한 표차로 당선되었다.

3 피수식체는 정선된 상품의 종류나 범위이고, narrow는 이들이 수나 종류가 적은 상태를 나타낸다.

[a] The host offered us a narrow choice of desserts.

그 주인은 우리에게 적은 수의 정선된 후식을 제공하였다.

[b] The whole food store carries a narrow selection of products.

그 건강식품가게는 생산품의 적은 정선품을 판다.

[c] This brochure shows only a narrow sampling of the company's products.

이 소책자는 그 회사 생산품의 적은 수의 견본만 보여준다.

[d] The shop sells a narrow range of goods.

그 상점은 적은 범위의 상품들을 판다.

4 피수식체는 관심, 의미, 이해, 정의 등이고, narrow는 이들의 범위가 좁음을 나타낸다.

[a] Each group had their own narrow economic interests.

각 집단은 그들 자신의 좁은 경제적 관심을 갖는다.

[b] I am using the word education in its narrower sense.

나는 교육이란 낱말을 더 좁은 의미로 쓰고 있다.

[c] I have only a narrow understanding of physics.

나는 물리학의 좁은 이해만 갖고 있다.

[d] The court has a narrow definition of a criminal act.
그 법정은 범죄 행위에 대한 좁은 정의를 갖는다.

5 피수식체는 시야나 견해이고, narrow는 이들이 좁음을 나타낸다.

[a] He has a narrow view of right and wrong.
그는 옳고 그름에 대한 좁은 시야를 갖는다.

[b] The essay takes a narrow view of Korean cinema.
그 논문은 한국 영화에 대한 좁은 견해를 취한다.

[c] Their interpretation a patriotism is very narrow.
그들의 애국심에 대한 해석은 매우 좁다.

[d] He has a narrow vision of literature.
그는 문학에 대한 좁은 견해를 갖고 있다.

NATURAL

이 형용사는 자연적인 것을 나타낸다.

1 피수식체는 재앙, 현상, 자원, 항구 등이고, natural은 이들이 자연적으로 만들어진 것을 나타낸다.

[a] Earthquakes and tornadoes are natural disasters.
지진과 토네이도(대선풍)는 자연재앙이다.

[b] I think we are dealing with a natural phenomenon.
나는 우리가 자연현상을 다루고 있다고 생각한다.

[c] The country's natural resources include forests, coal and oil.
그 나라의 자연자원은 숲, 석탄, 기름을 포함한다.

[d] The town has a fine natural harbor.
그 읍내는 좋은 자연항을 가지고 있다.

2 피수식체는 성분, 원인, 머리카락 색깔, 재료 등이고, natural은 이들이 인공적인 것이 가미되지 않은 자연 그대로임을 나타낸다.

[a] All the ingredients we use are natural.
우리가 쓰는 모든 성분은 자연산이다.

[b] He died of natural causes.
그는 자연사했다.

[c] Is blond her natural color?
금발이 그녀의 본래의 색깔인가요?

[d] The cake is made entirely from natural resources.
그 케이크는 전적으로 자연 재료로 만들어졌다.

3 피수식체는 부모나 자식이고, natural은 이들이 친부모나 친자식임을 나타낸다.

[a] His natural mother was unable to care for him so he was raised by his aunt.
그의 친모는 그를 기를 수가 없어서 그는 고모에 의해 길러졌다.

[b] His natural parents died when he was young.
그의 친부모는 그가 어렸을 때 돌아가셨다.

[c] He has three natural children and two adopted ones.
그는 3명의 친자식과 2명의 입양 자식을 두고 있다.

4 피수식체는 온정, 지도자, 매력, 호기심 등이고, natural은 교육이나 훈련을 받지 않은 타고난 것임을 나타낸다.

[a] Bill has natural warmth and concern for people.
Bill은 사람에 대한 천성적 온정과 배려심을 갖고 있다.

[b] He's a natural leader.
그는 타고난 지도자이다.

[c] She has a natural charm.
그녀는 타고난 매력을 지니고 있다.

[d] He has a natural curiosity.
그는 타고난 호기심을 갖고 있다.

5 피수식체는 전치사 to의 목적어에 선천적이다.

[a] Kindness is natural to him.
친절은 그에게 선천적이다.

[b] Singing is natural to her.
노래하는 것은 그녀에게 선천적이다.

[c] Hostility is natural to the man.
적대감은 그 사람에게는 선천적이다.

6 피수식체는 자세, 목소리, 발걸음, 연기 등이고, natural은 이들이 꾸밈이 없는 자연스러운 상태를 나타낸다.

[a] He assumed a natural pose.
그는 자연스러운 자세를 취했다.

[b] He spoke in a natural voice.
그는 자연스러운 목소리로 말했다.

[c] He walked in a natural gait.
그는 자연스러운 발걸음으로 걸었다.

[d] The actress is praised for her natural acting style.
그 여배우는 그녀의 자연스러운 연기로 칭찬을 받았다.

7 natural은 서술적으로 쓰였다.

[a] It's difficult to look natural when you feel nervous.
너는 긴장할 때 자연스럽게 보이기는 어렵다.

[b] She appeared relaxed and natural in her first recital.
그녀는 첫 연주에서 긴장을 풀고 자연스럽게 보였다.

[c] She was completely natural and unaffected by the attention.

그녀는 완전히 자연스러웠고 주의에 영향을 받지 않았다.

[d] Try to look natural for your photograph.

사진을 찍을 때 자연스럽게 보이도록 노력해라.

8 it은 to-부정사의 과정을 가리키고, natural은 이것이 자연스럽거나 당연함을 나타낸다.

[a] It's not natural for a child of his age to be so quiet.

그 나이 또래의 아이가 그처럼 말이 없는 것은 자연스럽지 않다.

[b] It's natural to worry about your child's diet.

당신의 아이의 식단에 대해 걱정하는 것은 자연스럽다.

[c] It's quite natural to have a few doubts before you get married.

여러분이 결혼하기 전에 몇 가지 의심을 갖는 것은 매우 자연스럽다.

[d] It is natural to be happy on your wedding day.

너의 결혼식 날 행복한 것은 자연스럽다.

9 it은 that-절의 명제를 가리키고, natural은 이들이 당연함을 나타낸다.

[a] It's natural that you feel anxious when you first leave home.

네가 처음 집을 떠날 때 초조한 것은 당연한 일이다.

[b] They are in love, and it is natural that they should marry.

그들은 서로 사랑하고 있어서 그들이 결혼하는 것은 당연하다.

[c] It is natural that she won the first prize.

그녀가 1등 상을 탄 것은 당연한 일이다.

[d] It is natural that the bad boy should be punished.
그 나쁜 소년이 벌을 받아야 하는 것은 당연한 일이다.

10 natural은 한정적으로 쓰였다.

[a] That's a natural assumption to make.
그것은 할 수 있는 당연한 가정이다.

[b] Voting is our natural right.
투표는 우리의 당연한 권리이다.

[c] Anger is a natural reaction to insult.
화는 모욕에 대한 당연한 반응이다.

[d] Their friendship is a natural consequence of their interest in art.
그들의 우정은 그들의 예술에 대한 관심의 당연한 결과이다.

11 고대 영어에서 natural son이나 natural daughter는 서자를 가리킨다.

[a] The natural child of the king cannot succeed to the throne.
왕의 서자는 왕위를 계승할 수 없다.

[b] Jane is a natural daughter of a tycoon.
Jane은 어느 대재벌의 서자이다.

NEAR

이 형용사는 거리가 가까움을 나타낸다.

1 피수식체는 나무, 의자, 은행, 사무실 등이고, near는 이들이 화자의 위치나 기준점에서 가까움을 나타낸다.

[a] Go and pick apples from the nearest tree.
가서 가장 가까이에 있는 나무에서부터 사과를 따시오.

[b] He collapsed into the nearest chair.
그는 가장 가까이에 있는 의자에 털썩 앉았다.

[c] The nearest bank is five miles away.
가장 가까운 은행은 5마일 떨어져 있다.

[d] My office is quite near.
내 사무실은 아주 가까이에 있다.

2 피수식체는 모면, 승리 등이고, near는 이들이 가까스로 이루어짐을 나타낸다.

[a] I had a near miss when a speeding car almost hit me.
빨리 달리던 차가 나를 거의 칠 뻔 했을 때 나는 아슬아슬한 모면을 했다.

[b] That was a near thing. That truck was heading straight for us.
그것은 아슬아슬한 모면이었다. 그 트럭이 우리 쪽으로 돌진하고 있었다.

[c] The war led to a near doubling of oil prices.
그 전쟁은 유가를 거의 곱절이 되게 했다.

[d] They won the championship, but it was a near thing.

그들은 선수권을 땄으나 그것은 가까스로 얻은 승리였다.

③ 피수식체는 이웃, 친척, 친구 등이고, near는 이들의 관계가 가까움을 나타낸다.

[a] They're near neighbors of my parents.

그들은 내 부모님의 가까운 이웃이다.

[b] They are our near relatives.

그들은 우리의 가까운 친척들이다.

[c] He is my near friend.

그는 나의 가까운 친구이다.

④ 피수식체는 유사물, 혼돈, 붕괴이고, near는 이들이 실제와 거의 비슷함을 나타낸다.

[a] I couldn't get any cream cheese, so I bought the nearest equivalent.

나는 크림치즈를 구할 수가 없었다. 그래서 나는 그것과 가장 유사한 것을 샀다.

[b] The situation is a near chaos.

그 상황은 거의 혼돈 상태이다.

[c] The country is in a state of near collapse.

그 나라는 거의 붕괴 상태에 있다.

5 피수식체는 미래, 출발시점 등이고, near는 이들이 현재나 어느 기준점에서 가까이 있음을 나타낸다.

[a] All our computers will be replaced in the near future.
우리의 모든 컴퓨터는 가까운 장래에 대체될 것이다.

[b] We will see you in the near future.
우리는 여러분들을 가까운 장래에 볼 것이다.

[c] I will see you on a near day.
나는 가까운 날에 당신을 볼 것이다.

[d] The time for departure is near.
출발시간이 가깝다.

6 피수식체는 차체, 타이어, 강둑, 침대 등이고, near는 이들이 화자의 가까운 쪽에 있음을 나타낸다.

[a] He passed on the near side of the car.
그는 그 차의 왼쪽을 지나갔다.

[b] The near tire of the car is flat.
그 차의 왼쪽 타이어가 바람이 빠졌다.

[c] He stood on the near bank of the river.
그는 그 강의 가까운 쪽 강둑에 서 있었다.

[d] He sat on the near side of my bed.
그는 내 침대의 가까운 쪽에 앉았다.

7 피수식체는 전치사 to의 목적어에 가깝다.

[a] He stood near to the door.
그는 문 가까운 쪽에 서 있었다.

[b] His diaries are near to the truth.

그의 일기는 사실에 가깝다.

[c] The repair is near to completion.

그 수리는 완성 단계에 가깝다.

[d] The sensation is near to nausea.

그 느낌은 메스꺼움에 가깝다.

8 피수식체는 수나 양이고, near는 이들이 to의 목적어에 가까움을 나타 낸다.

[a] He is near to sixties.

그는 60대 근처에 있다.

[b] The cost is near to one-hundred dollars.

그 비용은 100달러 근처이다.

[c] Give me the car mileage to the nearest hundred.

자동차의 마일리지를 100에 가까운 숫자로 말해 주세요.

9 피수식체는 전치사 to의 목적어에 가깝다.

[a] He has been near to death.

그는 죽을 뻔한 적이 있었다.

[b] No one can come near to him in ability.

아무도 능력 면에서 그에게 가까이 올 수 없다.

NICE

이 형용사는 좋은 느낌을 주는 상태를 나타낸다.

① 피수식체는 커피, 말, 사람, 방법 등이고, nice는 이들이 좋은 느낌을 줌을 나타낸다.

[a] Where can I have a nice cup of coffee?
어디서 괜찮은 커피 한 잔 마실 수 있을까?

[b] She said nice things about me.
그녀는 나에 관해 좋은 것들을 말했다.

[c] He is really a nice person.
그는 정말 좋은 사람이다.

[d] He has a nice way of putting things.
그는 물건들을 깔끔하게 정리하는 방법이 있다.

② it은 to-부정사나 동명사의 과정을 가리키고, nice는 이들이 좋은 느낌을 줌을 나타낸다.

[a] It is nice to see you again.
너를 다시 보니 반갑다.

[b] It is nice to know that someone likes my book.
내 책을 좋아하는 누군가를 알게 되니 즐겁다.

[c] It is nice meeting you.
너를 만나니 즐겁다.

[d] It is nice being here.
여기 있어 기분이 좋다.

③ nice는 행위자나 과정을 동시에 수식한다. 행위자는 전치사 of의 목적어로 과정은 to-부정사 구문으로 표현된다.

[a] How nice of you to come.
와 주다니 당신은 정말 친절합니다.

[b] It was nice of you to advise me.
네가 나에게 충고해 주어서 고마웠다.

[c] It was nice of them to invite us.
그들이 우리를 초대해서 고마웠다.

④ 피수식체는 to-부정사 구문의 목적어에 해당한다.

[a] The medicine is not nice to take.
그 약은 먹기에 좋지 않다.

[b] The girl is nice to look at.
그 소녀는 보기에 즐겁다.

[c] He is nice to talk to.
그는 이야기하기에 즐겁다.

⑤ 피수식체는 전치사 about의 목적어에 관대하다.

[a] I complained to my boss, but he was nice about it.
나는 상사에게 불평을 했으나 그는 그것에 대해 관대했다.

[b] My aunt was nice about my mistake.
나의 숙모는 내 실수에 대해 관대했다.

6 it은 that-절의 명제를 가리키고, nice는 이들이 좋음을 나타낸다.

[a] It is nice that you could come with us.
네가 우리와 같이 올 수 있음이 좋다.

[b] It is nice that he has a good job.
그가 좋은 직업을 가진 것은 기분 좋은 일이다.

[c] It's nice that you're willing.
네가 기꺼이 하겠다니 고맙다.

7 피수식체는 전치사 to의 목적어에 친절하다.

[a] You should be nice to your sister.
너는 네 여동생에게 상냥해야 한다.

[b] Be nice to her.
그녀에게 친절하게 대해라.

[c] I wish I had been nicer to him.
내가 그에게 더 상냥하게 대했더라면 좋았을 걸.

[d] Our new neighbor is very nice to us.
우리의 새 이웃은 우리에게 매우 친절하다.

8 피수식체는 시간이고, nice는 이들이 좋은 느낌을 주는 상태를 나타낸다.

[a] Did you have a nice time at the party?
파티에서 즐거운 시간을 보냈습니까?

[b] We had a nice day at the school.
우리는 학교에서 즐거운 하루를 보냈다.

9   nice는 뒤에 오는 형용사의 속성을 좋게 볼 때 쓰인다.

[a] **Put on** nice **warm socks.**
아주 따뜻한 양말을 신어라.

[b] **He smile a** nice **big smile.**
그는 기분 좋게 큰 미소를 지었다.

[c] **Your room is** nice **and tidy.**
네 방은 정말 깔끔하다.

[d] **I like my coffee** nice **and strong.**
나는 아주 진한 커피가 좋다.

10   피수식체는 감각, 구분 등이고, nice는 이들이 세밀하거나 정밀함을 나타낸다.

[a] **He has a** nice **sense of color.**
그는 섬세한 색 감각을 지녔다.

[b] **These are** nice **distinctions.**
이들은 정밀한 구분이다.

OLD

이 형용사는 오래된 상태를 나타낸다.

1 피수식체는 생명체이고, old는 이들이 나이가 많음을 나타낸다.

[a] A lot of old people live alone.
많은 노인들이 혼자 산다.

[b] The old lady owns the house.
그 노부인은 그 집을 소유하고 있다.

[c] He is from an old family.
그는 역사가 오랜 집안 출신이다.

2 old는 늙음과 젊음에 관계없이 나이를 말한다.

[a] He is ten years old. How old are you?
그는 열 살이다. 너는 몇 살이니?

[b] He's only a week old.
그는 겨우 생후 일주일이다.

[c] How old is the building?
그 건물은 얼마나 오래되었니?

3 피수식체는 만들어진 개체이고, old는 이들이 생긴 지 오래됨을 나타낸다.

[a] The old car is getting unreliable.
그 낡은 차는 점점 신뢰할 수 없어진다.

[b] I like the big old house.
나는 그 크고 오래된 집이 마음에 든다.

[c] She wore old running shoes.
그녀는 오래된 운동화를 신었다.

④ 피수식체는 개체이고, old는 이들이 쓰인 지가 오래되어 낡은 상태를 나타낸다.

[a] He was wearing shabby old clothes.
그는 허름하고 낡은 옷을 입고 있었다.

[b] He took off the ragged old carpets.
그는 너덜너덜하고 낡은 양탄자를 걷어냈다.

[c] I keep some old clothes for gardening in.
나는 낡은 옷 몇 벌을 입고 정원 일을 하기 위해서 간직한다.

⑤ 피수식체는 변명, 농담, 방법 등이고, old는 이들이 생긴 지 오래되어서 낡아져 있거나 상투적인 상태를 나타낸다.

[a] We got tired of hearing the same old excuses.
우리는 그 똑같은 낡은 변명을 듣는데 지쳐 버렸다.

[b] That is an old joke. I have heard it thousand times.
그것은 케케묵은 농담이다. 나는 그것을 수천 번 들어 봤다.

[c] He stays with the old ways of doing things.
그는 일을 하는데 케케묵은 방법을 쓴다.

6 피수식체는 격언, 관습, 믿음 등이고, old는 이들이 예부터 전해져 옴을 나타낸다.

[a] There is an old saying that time is money.
'시간은 돈이다'라는 옛 격언이 있다.

[b] There is an old custom.
해묵은 관습이 하나 있다.

[c] There is an old belief that animals can predict earthquakes.
'동물들이 지진을 예측할 수 있다'는 예부터 내려오는 믿음이 있다.

7 피수식체는 hand이고, old는 이들이 어떤 일에 오랫동안 종사하여 숙련된 상태를 나타낸다.

[a] He is an old hand at the game.
그 게임에 숙련된 사람이다.

[b] He is an old hand at making or mending bikes.
그는 자전거를 만들거나 고치는 데 숙련된 사람이다.

8 피수식체는 비밀경찰, 고속도로, 일상 등이고, old는 이들이 새로 생긴 것과 대조됨을 그린다.

[a] The old secret police has been abolished.
예전의 비밀경찰은 폐지되었다.

[b] The old highway to San Diego had two lanes.
샌디에이고로 가는 옛 고속도로는 2차선이었다.

[c] Thy is an old way of saying your.
Thy는 your를 말하는 옛날 방식이다.

⑨ 피수식체는 옛집, 일자리, 학생, 방 등이고, old는 이들이 전에 사용되었음을 나타낸다.

[a] That is his old house.
그것은 그의 옛집이다.

[b] He tried to get his old job back.
그는 예전의 직업을 다시 얻으려고 노력했다.

[c] I still get letters from some of my old students.
나는 내 옛날 학생들에게서 아직도 편지를 받는다.

[d] I will make up the bed in your old room.
나는 네가 전에 쓰던 방에 잠자리를 펴겠다.

⑩ 피수식체는 친구이고, old는 이들의 관계가 오래 지속되어 있음을 나타낸다.

[a] Pat and Sue are old friends.
Pat와 Sue는 오랜 친구이다.

[b] He is an old friend of mine.
그는 나의 오랜 친구이다.

[c] I met one of your old boyfriends.
나는 너의 오랜 남자친구들 중 1명을 만났다.

⑪ 피수식체는 시간이고, old는 이들이 먼 과거에 있음을 나타낸다.

[a] Things were different in the old days.
세상사는 옛날에는 달랐다.

[b] That was in the bad old days of rampaging inflation.
그때는 미쳐 날뛰는 통화팽창으로 불행했던 옛 시절이었다.

[c] In the old days, we got a visit from the doctor once a year.
옛날에, 우리는 1년에 1번씩 의사에게 왕진을 받았다.

12 피수식체는 나이이고, old는 이들이 인생의 후반부에 있음을 나타낸다.

[a] He lived alone in his old age.
그는 그의 늘그막에 홀로 살았다.

[b] Old age can bring many problems.
노령은 많은 문제를 가져온다.

[c] I need someone to look after me in my old age.
나는 나의 노년기에 나를 돌보아 줄 누군가가 필요하다.

13 피수식체는 사람이고, old는 이들이 성숙함을 나타낸다.

[a] The child is old for his age.
그 아이는 자기 나이에 비해 조숙하다.

[b] The poor child looks old for his age.
그 가여운 아이는 자기 나이보다 나이 들어 보인다.

[c] He's 26, which is quite old in that sport.
그는 그 종목에서는 꽤 나이가 많은 26살이다.

14 old는 great나 nice와 함께 쓰여서 매우 좋음을 나타낸다.

[a] We had a great old talk.
우리는 정말 유쾌한 대화를 나누었다.

[b] We had a fine old time.
우리는 아주 멋진 시간을 보냈다.

ONLY

이 형용사는 단 하나임을 나타낸다.

1 피수식체는 방법, 사람, 좌석 등이고, only는 이들이 오직 하나임을 나타낸다.

[a] Is it really the only way to do it?
그것이 정말로 그 일을 하는 유일한 방법이니?

[b] Is this the only seat left?
이것이 남은 유일한 좌석인가요?

[c] You were the only student who passed the exam.
너는 그 시험에 통과한 유일한 학생이었다.

[d] She's their only child.
그녀는 그들의 외동딸이다.

2 피수식체는 전치사 for의 목적어에 대해서 유일하다.

[a] She's the only candidate for the position.
그녀는 그 직책에 대한 유일한 후보자이다.

[b] She's the only girl for him.
그녀는 그에게 단 하나뿐인 소녀이다.

[c] My only concern is for your safety.
나의 유일한 걱정은 너의 안전이다.

3 피수식체는 관계절이나 부정사가 수식하는 유일한 일이다.

[a] It was the only thing I could do under the circumstances.
그 상황에서 그것이 내가 할 수 있었던 유일한 것이었다.

[b] The only reason I came here is to see you.
내가 여기에 온 유일한 이유는 너를 보기 위해서이다.

[c] He is the only person to turn to for help.
그는 내가 도움을 얻기 위해서 갈 수 있는 유일한 사람이다.

[d] The train is the only way to go there.
기차가 그곳에 갈 수 있는 유일한 방법이다.

OPEN

이 형용사는 열린 상태를 나타낸다.

1 피수식체는 여닫치는 개체이고, open은 이들이 열려 있는 상태를 나타 낸다.

[a] She left the window open.
그녀는 창문을 열어 둔 채로 두었다.

[b] I can't keep my eyes open.
나는 눈을 뜨고 있을 수가 없다.

[c] The man is holding an open newspaper.
그 남자는 펼쳐진 신문을 들고 있다.

2 open은 서술적으로 쓰였다.

[a] The book is open.
그 책이 펼쳐져 있다.

[b] The door is open. Come in.
문이 열려 있다. 들어와라.

[c] The bottle is open.
그 병이 열려 있다.

[d] The flowers are open now.
그 꽃이 이제 활짝 펴 있다.

③ 피수식체는 책장, 난로, 차 등이고, open은 이들에 덮개가 없는 상태를 나타낸다.

[a] The books are kept in an open bookcase.
그 책들은 책장 문이 없는 책장에 보관되어 있다.

[b] We cooked over an open fire.
우리는 덮개 없는 화롯불 위에 요리를 했다.

[c] We drove in an open car.
우리는 무개차로 달렸다.

④ 피수식체는 옷이고, open은 이들이 열린 상태를 나타낸다.

[a] His shirt is open at the neck.
그의 셔츠는 목에 단추가 채워져 있지 않다.

[b] She has a purple coat which she always wears open.
그녀는 늘 단추를 채우지 않고 입는 보라색 코트가 있다.

⑤ 피수식체는 평면적이고, open은 이들이 주위에 막힘이 없는 상태를 나타낸다.

[a] He tried to escape across the open ground.
그는 확 트인 운동장을 지나 도망하려고 시도했다.

[b] It is not a good idea to camp in the middle of an open field.
탁 트인 벌판 한가운데에서 야영을 하는 것은 좋은 생각이 아니다.

[d] The survivors were adrift on the open sea.
그 생존자들은 확 트인 바다 위를 표류했다.

6 피수식체는 도로, 호수, 차선 등이고, open은 이들이 열려 있어서 출입할 수 있음을 나타낸다.

[a] The mountain road is open now.
산림도로는 지금 열려 있다.

[b] The lake is open.
호수가 개방되어 있다.

[c] Only one lane is open because of the accident.
사고 때문에 오직 한 차선만이 열려 있다.

7 피수식체는 수렵기간이나 도박장이고, open은 이들이 열린 상태를 나타낸다.

[a] Summer is an open season on deer.
여름은 사슴 사냥의 해금기이다.

[b] The new town is an open town in which gambling predominated.
그 새로운 도시는 도박이 주를 이루는 방임 도시이다.

8 피수식체는 비밀, 적의, 위반 등이고, open은 이들이 공공연한 상태를 나타낸다.

[a] It's an open secret that he's having an affair with the boss.
그가 사장과 관계를 가지는 것은 공공연한 비밀이다.

[b] Their relationship has deteriorated to the point of open hostility.
그들의 관계는 공공연한 적의의 지점에 이르도록 나빠졌다.

[c] The action is an open violation of the Vienna convention.
그 행동은 비엔나 협약의 공공연한 위반이다.

9 피수식체는 경기, 회의, 일자리 등이고, open은 이들이 전치사 to의 목적어에 열려 있음을 나타낸다.

[a] The competition is open to men and women of all ages.
그 경기는 모든 연령의 남자와 여자가 참가할 수 있다.

[b] The meeting is open to the public.
그 회의는 대중에 공개되어 있다.

[c] Which job is open to us?
어떤 일자리가 비어 있지?

10 피수식체는 전치사 about의 목적어에 대해서 숨김이 없다.

[a] He has been open about his drinking problem.
그는 그의 음주 문제에 관해서 숨김이 없었다.

[b] He is open about his affair with her.
그는 그녀와 관계를 숨기지 않는다.

11 피수식체는 전치사 to의 목적어에 영향을 받는다.

[a] He left himself open to blame.
그는 자신을 비난받게 내버려 두었다.

[b] The statement is open to misinterpretation.
그 진술은 오해의 여지가 있다.

[c] The system is open to abuse.
그 제도는 악용되기 쉽다.

[d] The new tax is open to two criticisms.
새 조세제도는 2가지 비판을 받을 수 있다.

12 피수식체는 전치사 to의 목적어를 받아들인다.

[a] I am open to suggestions.
나는 제안들을 받아들인다.

[b] He is open to your offers.
그는 당신의 제의를 받아들인다.

[c] Even at the age of 90, he is still open to new experiences.
90의 나이에도 불구하고, 그는 여전히 새로운 경험을 받아들인다.

[d] The police are keeping an open mind about the cause of her disappearance.
그 경찰은 그녀의 실종의 원인에 대해 열린 마음을 유지하고 있다.

13 피수식체는 전치사 with의 목적어와 숨김이 없는 솔직한 관계에 있다.

[a] Let's be open with each other.
서로에게 마음을 터놓자.

[b] I have been open with him.
나는 그에게 숨김이 없었다.

[c] He is open and fair in his dealings with others.
그는 남들을 대하는 데 솔직하고 공평하다.

[d] Everyone in the group is friendly and open with each other.
그 모임에 있는 각각의 모든 사람들은 서로에게 친밀하고 숨김이 없다.

14 피수식체는 줄, 천 등이고, open은 이들의 사이가 성김을 나타낸다.

[a] There are open ranks of soldiers.
병사들이 드문드문 늘어선 줄이 있다.

[b] We need a piece of cloth with an open texture.
우리는 짜임새가 성긴 한 조각 천이 필요하다.

15 피수식체는 의문, 토론, 제의 등이고, open은 이들이 끝나지 않은 상태를 나타낸다.

[a] The question is still open.
그 문제는 여전히 해결되지 않고 있다.

[b] The debate is still open.
그 토론은 여전히 진행 중이다.

[c] They kept the offer open for another week.
그들은 그 제의를 한 주 더 열어두었다.

[d] I want to keep my options open.
나는 내 선택권을 열어두고 싶다.

16 피수식체는 시간이고, open은 이 속에 계획된 일이 없음을 나타낸다.

[a] The hospital has an open hour for emergency cases.
그 병원은 위급 환자를 위해 한 시간을 비워 둔다.

[b] We keep Mondays open for a meeting.
우리는 모임을 위해 월요일을 비워둔다.

PERFECT

이 형용사는 빠짐이나 잘못이 없이 완전한 상태를 나타낸다.

① 피수식체는 철자, 사람, 영어 등이고, perfect는 이들에 틀림이나 빠짐이 없는 상태를 나타낸다.

[a] I made sure my spelling is perfect before turning my paper in.
나는 논문을 제출하기 전에 내 철자가 완전한지 확인했다.

[b] So I did the wrong thing. Don't worry. Nobody's perfect.
그래서 나는 그 일을 잘못했군요. 걱정 마세요. 아무도 완전하지 못해요.

[c] That's perfect. Just the way I want it to look.
그것은 완벽해요. 그것이 내가 보이길 원하는 모습이에요.

[d] Your English is perfect.
너의 영어는 완전하다.

② 피수식체는 무리나 집합체이고, perfect는 이 무리에 빠짐이 없음을 나타낸다.

[a] He got a perfect score on the test.
그는 시험에 만점을 받았다.

[b] She still has a perfect set of teeth.
그녀는 아직도 빠진 이가 없는 완전한 이를 가지고 있다.

[c] He has a perfect set of Hemingway's novels.
그는 헤밍웨이 소설의 완전한 전집을 가지고 있다.

3 피수식체는 선물, 상태, 닮음, 범죄 등이고, perfect는 이들이 갖추어야 할 조건을 다 충족시키는 상태에 있음을 그린다.

[a] It seemed like the perfect gift.
그것은 완전한 선물 같아 보였다.

[b] The equipment is in perfect condition.
그 장비는 완전한 상태에 있다.

[c] The photo is a perfect likeness of you.
그 사진은 너와 완전히 같다.

[d] There is no such a thing as a perfect crime.
완전 범죄와 같은 것은 없다.

4 피수식체는 바보, 신사, 아내, 낯선 사람 등이고, perfect는 이러한 역할 의 사람이 갖추어야 할 조건을 다 갖추고 있음을 나타낸다.

[a] He made a perfect fool of himself.
그는 자신을 완전한 바보로 만들었다.

[b] He behaved like the perfect gentleman all evening.
그는 저녁 내내 완전한 신사처럼 처신했다.

[c] She was the perfect wife.
그녀는 완전한 아내였다.

[d] A perfect stranger asked me for a dollar in the street.
전혀 낯선 사람이 나에게 1달러를 달라고 길거리에서 구걸했다.

5 피수식체는 전치사 for의 목적어에 완전히 적합하다.

[a] It is a perfect day for a picnic.
야유회하기에 완전한 날씨이다.

[b] The house is perfect for his family.
그 집은 그의 가족을 위해서 완전하다.

[c] This is a perfect place for our meeting.
이것은 우리 모임을 위한 완전한 장소이다.

[d] This is a perfect tool for the job.
이것은 그 일을 하는데 완전한 도구이다.

6 피수식체는 전치사 with의 목적어가 있어서 완전하다.

[a] A cup of coffee will be perfect with the dessert.
커피 1잔은 후식이 있으면 완전할 것이다.

[b] A Korean meal will be perfect only with kimchi.
한국 음식은 김치가 있어야 완전해질 것이다.

[c] Popcorn is perfect with a movie.
팝콘은 영화와 궁합이 잘 맞는다.

PLAIN

이 형용사는 바탕에 다른 것이 첨가되지 않은 상태를 나타낸다.

1 피수식체는 옷, 양탄자, 덮개, 넥타이 등이고, plain은 이들에 무늬가 없는 상태를 나타낸다.

[a] She always wears a plain dress.
그 여자는 항상 무늬가 없는 드레스를 입는다.

[b] He covered the floor with a plain carpet.
그는 마루를 무늬 없는 양탄자로 깔았다.

[c] covers in plain or printed cotton are available.
무지나 무늬가 있는 면 덮개들을 여기에서 살 수 있다.

[d] we sell a selection of plain and patterned ties.
우리는 무지나 무늬가 있는 넥타이의 정선된 상품들을 팝니다.

2 피수식체는 음식이고, plain은 이들에 조미료나 향료, 설탕 등이 없는 담백한 상태를 그린다.

[a] He likes her plain cooking.
그는 그녀의 담백한 요리를 좋아한다.

[b] we ordered a few plain dishes.
우리는 몇 개의 담백한 요리를 주문했다.

[c] She likes a plain hamburger.
그녀는 고기만 있는 햄버거를 좋아한다.

[d] He takes plain yogurt every day.
그는 당분이 안 든 요거트를 매일 먹는다.

3 피수식체는 화단, 벽면, 내부 등이고, plain은 이들에 장식이나 화려함
이 없는 상태를 그린다.

[a] The flower garden was fairly plain, with few plants.
그 화단은 식물이 거의 없어서 볼품이 없었다.

[b] The front of the building is richly decorated, but the
back is plain.
건물 앞면은 화려하게 장식되어 있으나 뒷면은 수수하다.

[c] The interior of the church was plain and simple.
그 교회의 내부는 꾸밈이 없고 간소했다.

[d] They had a plain wedding ceremony.
그들은 검소한 결혼식을 했다.

4 피수식체는 이기심, 멍청이, 상식, 지시 등이고, plain은 이들이 수식이
필요 없는 순전한 상태를 나타낸다.

[a] It was just plain selfishness on his part.
그것은 그 사람 쪽의 순전한 이기심이다.

[b] That is plain stupidity.
그것은 순전한 멍청이 짓이다.

[c] You don't need any special skills for this job - just plain
common sense.
너는 그 일을 하는 데 특별한 기술이 필요 없다 - 단지 순전한 상식만 필요하다.

[d] Make your instructions plain.
당신의 지시를 간단하게 하시오.

5 피수식체는 의미, 명제, 실망, 진실 등이고, plain은 이들을 인식하는
데 장애가 없어서 명백함을 나타낸다.

[a] He made his meaning plain.
그는 그의 뜻을 명백하게 했다.

[b] He made it plain that he would not change his mind.
그는 그의 마음을 바꾸지 않겠다는 것을 명백하게 했다.

[c] Her disappointment was plain to see.
그녀의 실망이 분명히 보였다.

[d] The plain truth is that he is a fool.
명백한 진실은 그가 바보라는 것이다.

6 it은 that-절의 명제를 가리키고, plain은 이것이 명백함을 나타낸다.
plain은 서술적으로 쓰였다.

[a] It is plain that we should leave.
우리가 떠나야 하는 것이 명백하다.

[b] It is quite plain that you haven't been paying attention.
네가 주의를 해오고 있지 않음이 아주 명백하다.

[c] It was plain that she didn't like him.
그녀가 그를 좋아하지 않음이 명백했다.

[d] It was plain to everyone that he was not happy.
그가 행복하지 않음이 모든 사람에게 분명하게 보였다.

7 피수식체는 전치사 with의 목적어에 솔직하다.

[a] To be perfectly plain with you, I don't think your work
is good enough.
너에게 완전히 솔직하게 말하자면, 나는 너의 작품이 충분히 좋다고 생각하지 않는다.

[b] I will be plain with you, and tell you the truth.
나는 너에게 솔직하게 그 진실을 말하겠다.

8 피수식체는 언어이고, plain은 이들에 전문용어가 안 쓰인 쉬운 것임을 나타낸다.

[a] The legal system was explained in plain Korean.
그 법체계는 간단한(전문용어가 안 쓰인) 한국어로 설명되었다.

[b] Please tell me this time in plain English.
이번에는 간단한 영어로 말해주세요.

9 피수식체는 생김새이고, plain은 이들에 아름다움이 없어 못생긴 상태를 나타낸다.

[a] I wear makeup because I think I have a plain face.
나는 얼굴이 못생겼다고 생각하기 때문에 화장을 한다.

[b] She felt plain next to her beautiful sister.
그녀는 그녀의 아름다운 누이 곁에서 못생겼다고 느꼈다.

10 피수식체는 사람이고, plain은 이들이 직함이 없는 평범한 사람임을 가리킨다.

[a] It's just plain Mr. Clinton now, no need to call me President.
저는 이제는 단지 평범한 Clinton입니다. 저를 대통령이라 부를 필요가 없어요.

[b] He is a plain citizen, you don't have to call him minister.
그는 평범한 시민입니다. 당신은 그를 장관님이라 부를 필요가 없어요.

PLEASANT

이 형용사는 기분을 좋게 하는 상태를 나타낸다.

1 피수식체는 날씨나 바람 등이고, pleasant는 이들이 상쾌함을 느끼게 함을 나타낸다.

[a] It's overcast, but pleasant.
흐리지만 유쾌한 날씨이다.

[b] This is a pleasant, sunny day.
유쾌하고 화창한 날이다.

[c] The weather was warm and dry, with a pleasant breeze blowing from the sea.
바다에서 불어오는 미풍과 함께 날씨는 따뜻하고 건조했다.

2 피수식체는 냄새, 음악, 맛 등이고, pleasant는 이들이 좋은 느낌을 줌을 나타낸다.

[a] The roses give off a pleasant smell.
그 장미들은 싱그러운 냄새를 풍긴다.

[b] He played some pleasant music during dinner.
그는 저녁식사 동안 어떤 유쾌한 음악을 연주했다.

[c] The ice cream has a pleasant taste.
그 아이스크림은 상쾌한 맛을 가지고 있다.

③ 피수식체는 성격, 얼굴, 태도 등이고, pleasant는 이들이 좋은 느낌을 줌을 나타낸다.

[a] She has a pleasant personality.
그녀는 붙임성 있는 성격을 가지고 있다.

[b] The woman has a pleasant face.
그 여자는 명랑한 얼굴을 가지고 있다.

[c] The girl has a pleasant manner.
그 소녀는 상냥한 태도를 가지고 있다.

④ it은 to-부정사의 과정을 가리키고, pleasant는 이들이 즐거움을 줌을 나타낸다.

[a] It's always pleasant to do what you're good at.
네가 잘하는 일을 하는 것은 언제나 즐겁다.

[b] It was pleasant to be alone again.
다시 혼자 있는 것이 즐거웠다.

[c] We had a pleasant chat about the old days.
우리는 옛 시절에 대해 즐거운 이야기를 했다.

⑤ 피수식체는 시간이나 장소 속에 있는 일들을 가리키고, pleasant는 이들이 즐거움을 주는 상태를 나타낸다.

[a] They spent a pleasant evening together.
그들은 함께 즐거운 저녁시간을 보냈다.

[b] Have a pleasant weekend!
즐거운 주말되세요!

[c] I've got a pleasant little apartment.
나는 쾌적하고 작은 아파트를 얻었다.

POLITE

이 형용사는 예의가 바른 상태를 나타낸다.

1 피수식체는 사람이고, polite는 이들이 예의 바른 상태를 나타낸다.

[a] **He wasn't very polite to her.**
그는 그 여자에게 별로 예의를 차리지 않았다.

[b] **He was too polite to point out my mistakes.**
그는 너무 예의 발라서 나의 잘못을 지적할 수 없었다.

2 피수식체는 말, 사람 등이고, polite는 이들이 예의를 차리기 위한 것임을 나타낸다.

[a] **They exchanged a few polite remarks about the weather.**
그들은 날씨에 관해 몇 마디의 예의상의 말을 나누었다.

[b] **Did she really like the flowers, or was she being polite?**
그 여자는 정말 그 꽃을 좋아했나요, 아니면 예의를 차린 것인가요?

3 피수식체는 전치사 to의 목적어에 예의 바르게 행동한다.

[a] **Be polite to elders.**
나이 많은 사람들에게 예의 바르게 행동해라.

[b] **Be polite to foreigners.**
외국인들에게 예의 바르게 행동하시오.

④ 피수식체는 대화, 사람들의 모임이고, polite는 이들이 점잖은 상태를 나타낸다.

[a] They had a polite conversation.
그들은 예의상의 대화를 나누었다.

[b] People should not tell dirty jokes in polite company.
사람들은 성적인 농담을 점잖은 사람들 속에서는 해서는 안 된다.

[c] You can't use words like that in polite society.
당신은 그와 같은 낱말을 예의 바른 사람들의 모임에서 사용할 수 없다.

⑤ it은 to-부정사의 과정을 가리키고, polite는 이들이 예의 바름을 나타낸다.

[a] It is polite to say "Yes, thank you".
"네. 감사합니다."를 말하는 것은 예의 바른 일이다.

[b] It is polite to bow to elders in korean society.
한국 사회에서 연장자에게 절하는 것은 예의 바른 일이다.

[c] It is polite to leave the door open for a person after you.
너의 뒤에 오는 사람을 위해 문을 열어 두는 것은 예의 바른 일이다.

⑥ polite는 행위자와 과정을 동시에 수식한다.

[a] It wasn't polite of you to keep interrupting me.
네가 나를 계속 방해하는 것은 예의 바르지 않았다.

[b] It was very polite of you to let me go first.
네가 나를 먼저 가게 하는 것은 매우 예의 바른 일이었다.

[c] It was polite of the boy to help the old lady across.
그 소년이 그 노인을(길을) 건너게 도와주는 것은 예의 바른 일이었다.

POOR

이 형용사는 부족한 상태를 나타낸다.

1 피수식체는 사람이고, poor는 이들이 가진 것이 없는 상태를 나타낸다.

[a] **The man is poor.**
그 남자는 가난하다.

[b] **The family is poor.**
그 가족은 가난하다.

[c] **The tax reform will leave us 5% poorer.**
조세 개혁은 우리를 5% 더 빈궁하게 할 것이다.

2 피수식체는 전치사 in의 목적어 영역에서 부족함이 있다.

[a] **The country is rather poor in natural resources.**
그 나라는 천연 자원에 있어 좀 빈약하다.

[b] **The book is poor in quality.**
그 책은 질이 형편없다.

[c] **He is poor in health.**
그는 건강이 나쁘다.

[d] **The water was poor in oxygen.**
그 물은 산소가 부족했다.

3 피수식체는 수, 양, 정도이고, poor는 이들이 부족한 점이 있음을 나타낸다.

[a] The quality of the photograph is rather poor.
사진의 품질이 상당히 떨어진다.

[b] The pay was poor.
보수가 너무 낮았다.

[c] Attendance at the meetings has been poor.
회의의 출석률은 저조했다.

4 poor는 한정적으로 쓰였다.

[a] He was worried about the poor attendance at school.
그는 학교의 저조한 출석률에 대해 걱정했다.

[b] The building is in a poor state of repair.
그 건물은 보수 상태가 나쁘다.

[c] He let his eyes adjust to the poor light.
그는 그의 눈을 약한 빛에 적응시켰다.

[d] He has a poor memory.
그는 기억력이 나쁘다.

5 피수식체는 장소이고, poor는 이들이 가난한 사람들이 사는 곳임을 나타낸다.

[a] He was born in a poor district of Seoul.
그는 서울의 가난한 지역에서 태어났다.

[b] The child lives in a poor neighborhood.
그 아이는 가난한 동네에서 산다.

6 피수식체는 배우, 연기자, 연설가 등이고, poor는 이들의 능력이 모자람을 나타낸다.

[a] He is a poor actor.
그는 서투른 배우이다.

[b] He is a poor performer.
그는 서투른 연기자이다.

[c] He is a poor public speaker.
그는 서툰 대중 연설가이다.

7 피수식체는 전치사 at의 목적어에 서툴다.

[a] He is poor at math.
그는 수학을 못한다.

[b] He is poor at collecting.
그는 수집에 서투르다.

8 피수식체는 일, 잠수 등이고, poor는 이들이 서투름을 나타낸다.

[a] He made a poor job of it.
그는 그 일을 서툴게 했다.

[b] He made a poor dive.
그는 서투른 잠수를 했다.

[c] He is poor at speaking in public.
그는 사람들 앞에서 말하는 데 서투르다.

9 poor는 피수식체를 가련하게 볼 때 쓰이는 표현이다.

[a] The poor child has lost his parents. I feel sorry for the poor little child.

그 불쌍한 아이는 부모를 잃었다. 나는 그 불쌍한 어린 아이가 딱하다.

[b] The baby died in its sleep, poor little soul.

그 아기는 잠잘 때 죽었어. 어린 불쌍한 영혼이여, 가엾기도 하지.

[c] She got a lot of worries, poor Maria.

그녀는 걱정이 많았다. 가엾은 Maria.

[d] You're hurting my poor arm.

너는 내 불쌍한 팔을 아프게 하고 있어.

POSSIBLE

이 형용사는 과정이 실현될 가능성이 있거나 명제가 사실로 판명될 가능성이 있음을 나타낸다.

① it은 to-부정사의 과정을 가리키고, possible은 이것이 실현 가능함을 나타낸다.

[a] **Is it possible for Korea to win?**
한국이 이기는 것이 실현 가능한가?

[b] **It should be possible for most people to work from home.**
대부분의 사람들이 집에서 일하는 것이 가능할 것이다.

[c] **Is it possible to predict what will happen in Iraq?**
이라크에 무슨 일이 일어날지 예측이 가능합니까?

② it is가 생략될 수 있다.

[a] **I send a donation whenever (it is) possible.**
나는 가능할 때 언제나 기부금을 보낸다.

[b] **Buy fresh produce as often as (it is) possible.**
가능한 자주 신선한 채소를 사라.

[c] **Please make your decision as soon as (it is) possible.**
가능한 빨리 결정을 하세요.

3 possible은 형용사 최상급과 쓰여서 이것이 얻을 수 있는 최상의 정도임을 강조한다.

[a] Buyers want to get the house at the lowest possible price.
구매자들은 가능한 한 최저 가격에 그 집을 사기를 원한다.

[b] He scored the highest possible score on the test.
그는 시험에서 있을 수 있는 최고 점수를 받았다.

[c] It was the best possible surprise anyone could have given me.
그것은 어떤 사람이 나에게 줄 수 있었던 있을 수 있는 최고의 가능한 놀라움이었다.

4 possible은 한정적으로 쓰였다.

[a] Department officials have warned possible attacks.
부서 관리들은 있을 수 있는 공격에 대해 경고해왔다.

[b] The possible side effect of the drug is very serious.
그 약의 있을 수 있는 부작용은 대단히 심각하다.

[c] There are several possible solutions to the problem.
그 문제에 대한 가능한 몇 가지 해결책이 있다.

5 피수식체는 서리나 눈 폭풍우 등이고, possible은 이들이 일어날 가능성이 있음을 나타낸다.

[a] Frost is possible at this time of year.
서리는 1년 중 이 시기에 일어날 가능성이 있다.

[b] Sudden snowstorms are always possible at this time of year.
갑작스런 눈 폭풍우는 1년 중 이 시기에 언제나 일어날 가능성이 있다.

6 it은 that-절의 명제를 가리키고, possible은 이들이 사실일 수 있음을 나타낸다.

[a] It is possible that he might turn up tonight?
그가 오늘 밤에 나타날 것이라는 주장은 사실일 수 있다.

[b] It is possible that humans might live on other planets one day.
인간이 어느 날 다른 행성에서 살 수 있을지 모른다는 주장은 사실일 수 있다.

[c] It is possible that she might have got lost on her way home.
그녀가 집에 오는 길에 길을 잃어버렸을 지도 모른다는 주장은 사실일 수 있다.

[d] It is possible that she has already gone.
그녀가 이미 가버렸다는 생각은 사실일 수 있다.

7 피수식체는 전치사 of의 목적어가 가능하다.

[a] The hope is possible of realization.
그 희망은 실현이 가능하다.

[b] The problem is possible of solution.
그 문제는 해결이 가능하다.

PROUD

이 형용사는 당당한 모습을 그린다.

1 피수식체는 큰 저택, 해바라기, 첨탑 등이고, proud는 이들의 모습이 당당함을 나타낸다.

[a] There are many proud mansions of the rich in the area.
그 지역에는 부자들의 위풍당당한 맨션들이 있었다.

[b] The sunflowers stretched tall and proud to the sun.
그 해바라기는 태양을 향해 높이 위풍당당하게 뻗어 있었다.

[c] We saw the proud cathedral spire.
우리는 우뚝 솟은 대성당 첨탑을 보았다.

2 피수식체는 to-부정사의 과정을 하게 되어 자부심을 느낀다.

[a] I am very proud to have been chosen to represent the department.
나는 그 부서를 대표하게 선택된 것에 대해 큰 자부심을 느낀다.

[b] I am very proud to say that our team has won.
나는 우리 팀이 이겼음을 매우 자랑스럽게 말한다.

[c] I was proud to be invited.
나는 초대된 것에 자부심을 느꼈다.

[d] She is proud to accept the prize.
그녀는 그 상을 받은 것에 자부심을 느낀다.

3 피수식체는 전치사 of의 목적어를 자랑스럽게 여긴다.

[a] He was proud of himself for not giving up.
그는 포기하지 않았기 때문에 자기 자신을 자랑스럽게 여겼다.

[b] She is very proud of the hard work that she did.
그녀는 그녀가 했던 힘든 일을 매우 자랑스러워한다.

[c] We are so proud of her for telling the truth.
우리는 그녀가 진실을 말했기 때문에 그녀를 자랑스러워한다.

4 피수식체는 전치사 about의 목적어에 대해서 자랑스러워한다.

[a] He is proud about his son's success.
그는 아들의 성공에 대해서 자랑스러워한다.

[b] She is proud about her achievement.
그녀는 자신의 업적에 대해서 자랑스러워한다.

5 자부심의 원인이 that-절로 표현되어 있다.

[a] She is proud that she is Korean.
그녀는 그녀가 한국인임을 자랑스럽게 여긴다.

[b] She is very proud that her son has so much talent.
그녀는 그녀의 아들이 많은 재능을 가졌음을 매우 자랑스럽게 여긴다.

[c] We are proud that the society chose our school for the conference.
우리는 그 학회가 그 회의를 위해 우리 학교를 선택한 것을 자랑스럽게 여긴다.

(6) 피수식체는 성취, 순간, 기록, 소유물 등이고, proud는 이들이 자랑스러움을 자아내거나 줌을 나타낸다.

[a] Finishing college was a proud accomplishment for John.
대학을 마친 것은 존에게 자랑스러운 성취였다.

[b] The athlete's proudest moment was when he received the gold medal.
그 운동선수의 가장 자랑스러운 순간은 그가 금메달을 받았을 때였다.

[c] The country has a proud record of sporting achievements.
그 나라는 스포츠 업적의 자랑스러운 기록을 갖고 있다.

[d] The guitar has been his proudest possession.
그 기타는 그의 가장 자랑스러운 소유물이었다.

(7) proud는 자랑이 지나치면 자만심이 된다.

[a] He's too proud to be a good friend to anyone.
그는 자만심이 너무 강해서 누구에게도 좋은 친구가 될 수 없다.

[b] He's too proud to be seen with his old friends.
그는 너무 자만심이 강해서 옛 친구와 같이 있는 것을 보여주기 싫어한다.

[c] He is too proud to admit that he was wrong.
그는 너무 자만심이 강해서 자신이 잘못했음을 인정하지 않는다.

[d] He was a proud man who refused to admit his mistakes.
그는 자신의 잘못을 인정하기를 거부하는 자만심 강한 사람이었다.

PURE

이 형용사는 다른 것이 전혀 섞이지 않은 상태를 나타낸다.

1 피수식체는 초콜릿, 면, 양털, 올리브기름 등이고, pure는 이들에 첨가물이 들어 있지 않은 상태를 나타낸다.

[a] The recipe calls for pure chocolate.
그 요리법은 순한 초콜릿을 필요로 한다.

[b] These shirts are 100% pure cotton.
이 셔츠들은 100% 순면이다.

[c] This sweater is made of pure wool.
이 스웨터는 순모로 만들어졌다.

[d] Pure olive oil is light gold in color.
순한 올리브기름은 색깔이 옅은 황금색이다.

2 피수식체는 색깔이고, pure는 어느 한 색깔에 다른 색이 섞여 있지 않은 상태를 나타낸다.

[a] Her eyes are pure green.
그녀의 눈은 순한 녹색이다.

[b] These flowers come in pure white.
이 꽃들은 순백색이 된다.

3 피수식체는 개와 같은 생명체의 종이고, pure는 이들이 다른 종의 피를 갖고 있지 않은 순종임을 나타낸다.

[a] The dog is a pure German shepherd.
그 개는 순종 독일 셰퍼드이다.

[b] These dogs are one of the purest breeds in korea.
이 개들은 한국에서 가장 순종인 것 중의 한 종류이다.

4 피수식체는 사람이고, pure는 성적으로나 도덕적으로 더러움이 없는 순결한 상태를 나타낸다.

[a] He led a pure life.
그는 순결한 삶을 살았다.

[b] Bob and kate remained pure until their wedding night.
Bob과 Kate는 결혼할 때까지 순결하게 있었다.

[c] He is pure in body and mind.
그는 몸과 마음이 정결했다.

[d] She was baptized and she was pure and clean of sin.
그녀는 세례를 받고 죄가 없이 순결하고 깨끗했다.

5 피수식체는 우연, 능력, 기쁨 등이고, pure는 이들에 다른 것이 섞여 있지 않은 순전하거나 완전한 상태를 나타낸다.

[a] It was pure coincidence that we met.
우리가 만난 것은 순전히 우연의 일치였다.

[b] In terms of pure natural ability, Ron's the best athlete on the team.
순수한 자연 능력 면에서 보면 Ron은 그 팀에서 최고의 운동선수이다.

[c] She laughed with pure joy.
그녀는 완전한 기쁨으로 웃었다.

6 pure는 서술적으로 쓰였다.

[a] It's laziness, pure and simple.
그것은 게으름이다. 다른 것이 섞이지 않은 게으름 자체이다.

[b] His motives were pure.
그의 동기는 순수했다.

[c] The air by the sea is pure and healthy.
바닷가의 공기는 맑고 건강하다.

[d] The air was sweet and pure.
공기는 달콤하고 맑았다.

7 피수식체는 전문 영역이고, pure는 이들이 순수 영역임을 가리킨다.

[a] classical dance in its purest form requires symmetry and balance.
최고의 순수한 형태의 고전 무용은 조화와 균형을 요구한다.

[b] Technology is opposed to pure science.
기술은 순수과학과 대립된다.

[c] They did not approach their subjects as a matter of pure theory.
그들은 그들의 주제를 순수 이론의 문제로 접근하지 않았다.

QUICK

이 형용사는 과정이 짧은 시간 안에 일어나는 빠른 상태를 가리킨다.

1 피수식체는 사람이고, quick은 이들의 움직임이 빠름을 나타낸다.

[a] The secretary is a quick typist.
그 비서는 속도가 빠른 타자수이다.

[b] You've been very quick getting here.
너는 여기에 정말 빨리 왔다.

[c] He's surprisingly quick for such a big man.
그는 그렇게 덩치 큰 사람치고는 놀라울 정도로 재빠르다.

2 피수식체는 보기, 회복, 결정 등이고, quick은 이들이 짧은 시간 안에
일어남을 가리킨다.

[a] He took one last quick look about the room.
그는 그 방 이곳저곳을 한번 마지막으로 휙 둘러보았다.

[b] I had a quick glance at him.
나는 그를 힐끔 한번 보았다.

[c] She made a quick recovery.
그녀는 빠른 회복을 했다.

[d] That must be my quickest decision I've ever made.
내가 만든 결정 중에 가장 빠른 결정임에 틀림없다.

3 피수식체는 생각, 재치, 청취력 등이고, quick은 이들이 재빠름을 나타낸다.

[a] He has a quick mind.
그는 생각이 빠르다.

[b] His quick thinking averted what could have been a disaster.
그의 빠른 생각이 재난이 되었을지도 모르는 사태를 막았다.

[c] His quick wits got him out of an awkward situation.
그의 빠른 재치가 난처한 상황에서 벗어나게 해주었다.

[d] The quick ear of the conductor detected a wrong note.
지휘자의 재빠른 귀가 틀린 음을 잡아냈다.

4 피수식체는 전치사 at의 목적어를 재빠르게 이해한다.

[a] She was quick at understanding what we wanted.
그녀는 우리가 원하는 것을 알아차리는 데 빨랐다.

[b] He is quick at figures.
그는 숫자를 다루는 데 빠르다.

5 피수식체는 to-부정사에 빠르게 반응함을 나타낸다.

[a] She was quick to praise his talent.
그녀는 자신의 능력을 칭찬하는 데 잽싸다.

[b] He was quick to point out my faults.
그는 내 단점을 지적하는 데 잽싸다.

[c] The kids were quick to learn.
아이들은 학습하는 데 재빠르다.

[d] They were quick to express their sorrow.
그들은 그들의 슬픔을 표현하는 데 잽싸다.

6 피수식체는 전치사 of의 목적어를 이해하는 데 빠르다.

[a] He is quick of perception.
그는 빨리 지각한다.

[b] She is quick of understanding.
그녀는 빨리 이해한다.

7 quick은 한정적으로 쓰였다.

[a] He's a quick learner.
그는 빨리 배우는 사람이다.

[b] He's a quick student.
그는 머리가 빠른 학생이다.

8 피수식체는 연속상의 개체이고, quick은 이들 사이의 간격이 짧음을 나타낸다.

[a] He scored three goals in quick succession.
그는 재빨리 연속해서 3골을 넣어 득점했다.

[b] Three explosions were heard in quick succession.
3번의 폭발은 빠른 연속으로 들렸다.

[c] I could hear her quick light steps in the corridor.
나는 복도에서 그녀의 빠르고 가벼운 발걸음 소리를 들을 수 있었다.

QUIET

1 피수식체는 사람이고, quiet는 이들이 떠들거나 말을 하지 않은 상태를 나타낸다.

[a] **could you keep the kids quiet?**
그 아이들을 조용히 있게 해 주시겠어요?

[b] **I had nothing to add. So I remained quiet.**
나는 덧붙일 말이 없었다. 그래서 나는 말없이 있었다.

[c] **She is quiet and shy.**
그녀는 조용하고 수줍음이 많다.

2 피수식체는 전치사 about의 목적어에 침묵한다.

[a] **The press is quiet about the issue.**
신문들은 그 쟁점에 대해 침묵하고 있다.

[b] **keep quiet about my secret plan.**
내 비밀 계획에 대해서 계속 침묵해라.

3 피수식체는 주식시장, 장례식, 결혼식 등이고, quiet는 이들이 조용하게 진행됨을 나타낸다.

[a] **The stock market was quiet last week.**
지난주에 주식시장은 조용했다.

[b] The funeral was a quiet affair.
그 장례식은 조용하게 치러졌다.

[c] We had a very quiet wedding.
우리는 매우 조용한 결혼식을 올렸다.

④ 피수식체는 기계류이고, quiet는 이들이 소음이 없음을 나타낸다.

[a] Electric cars are quiet and pollution free.
전기 자동차는 조용하고 오염이 없다.

[b] The new washing machine is nice and quiet.
새 세탁기는 기분 좋게 조용하다.

⑤ 피수식체는 권위, 비난, 자신감 등이고, quiet는 이들이 은근함을 나타낸다.

[a] He had an air of quiet authority.
그는 은근한 권위의 외양을 가지고 있었다.

[b] He raised an eyebrow in quiet reproach.
그는 은근한 비난의 눈살을 치켜세웠다.

[c] He has a quiet confidence in him.
그는 자신에게 은근한 자신감을 가지고 있다.

⑥ 피수식체는 시간과 장소이고, quiet는 이 속에 활동이 없음을 나타낸다.

[a] I am looking forward to a quiet evening at home.
나는 집에서 조용한 저녁을 고대한다.

[b] I just want a quiet restful holiday.
나는 오로지 조용한 휴식을 취할 수 있는 휴일을 원한다.

[c] The malls are often quiet in the middle of the week.
그 상점가는 주중에는 종종 한산하다.

READY

이 형용사는 준비가 된 상태를 나타낸다.

1 피수식체는 사람이고, ready는 이들이 전치사 for의 목적어를 받아들일 준비가 되어 있음을 나타낸다.

[a] He's ready for this level of responsibility.
그는 이 수준의 책임을 받아들일 준비가 되어 있다.

[b] I'm not ready for the test.
나는 그 시험 준비가 되어 있지 않다.

[c] She says she's not ready for marriage.
그녀는 결혼을 할 준비가 되지 않았다고 말한다.

[d] The army is ready for action.
그 군대는 전투 준비가 되어 있다.

2 피수식체는 사람이고, ready는 이들이 신체적으로나 정신적으로 부정사가 가리키는 과정에 대한 준비가 되어 있음을 가리킨다.

[a] She was willing and ready to work hard.
그녀는 열심히 일할 의향과 준비가 되어 있었다.

[b] If you need me, I'm ready to help.
당신이 나를 필요로 한다면 나는 도울 준비가 되어 있다.

[c] The team is ready to play its best game ever.
그 팀은 최선의 경기를 할 준비가 되어 있다.

③ 피수식체는 일, 방, 자동차, 집 등이고, ready는 이들이 전치사 for의 목적어를 받아들일 준비가 되어 있음을 가리킨다.

[a] **Is everything** ready **for the play?**
연극을 위해 모든 것이 준비되었니?

[b] **The room is** ready **for the guest.**
그 방은 손님을 맞을 준비가 되어 있다.

[c] **The car is** ready **for you to pick up.**
그 차는 네가 가져올 수 있도록 준비가 되어 있다.

[d] **we must get the house** ready **for the new tenants.**
우리는 그 집을 그 세입자를 맞이할 준비를 해야 한다.

④ 피수식체는 자동차, 주문, 정찬 등이고, ready는 이들이 어떤 과정에 쓰일 준비가 되어 있음을 나타낸다.

[a] **The car is** ready **at the door.**
차가 문 앞에 준비되어 있다.

[b] **I'd got tea** ready **when they called.**
그들이 방문했을 때 나는 차를 준비해 두었다.

[c] **I can have your order** ready **by 11:00.**
나는 당신의 주문을 11시까지 준비해 놓을 수 있다.

[d] **Is dinner** ready**?**
저녁 준비되었어요?

⑤ 피수식체는 식물, 복숭아, 계약, 사람 등이고, ready는 이들이 to-부정사 과정을 겪게 될 상태에 있음을 나타낸다.

[a] **This plant is just** ready **to flower.**
이 식물은 꽃을 피울 준비가 되어 있다.

[b] The peaches are ripe and ready to eat.

그 복숭아는 익어서 먹을 준비가 되어 있다.

[c] The contract will be ready to sign in a week.

그 계약은 일주일 내에 서명될 준비가 되어 있다.

[d] By the end of that walk, we're ready to drop.

그 산책 후에 우리는 쓰러질 지경이었다.

6 ready는 한정적으로 쓰였다. 준비된 상태는 즉각적인 상태의 의미로 확대된다.

[a] He extended a ready hand to us.

그는 우리에게 즉각 손을 뻗쳤다.

[b] He gave us a ready answer.

그는 우리에게 즉각적인 대답을 주었다.

[c] The place serves a ready meal.

그 곳은 즉석 식사를 제공한다.

[d] He had a ready understanding of the problem.

그는 그 문제의 즉각적인 이해를 가졌다.

7 피수식체는 전치사 with의 목적어를 기꺼이 또는 쉽게 나눈다.

[a] She's ready with advice.

그녀는 충고를 해줄 준비가 되어 있다.

[b] She's always ready with criticisms of others.

그녀는 항상 다른 사람들의 비판을 쉽게 한다.

[c] She was always ready with a story to cheer us up.

그녀는 항상 우리들을 기분 좋게 해줄 이야기를 가지고 있었다.

REAL

1 피수식체는 질병, 꿈, 등장인물 등이고, real은 이들이 실재함을 나타낸다.

[a] She's much prettier in real life than she's in this picture.
그녀는 이 사진 속에 있는 그녀보다 실제 인물이 훨씬 더 예쁘다.

[b] She had many illnesses, real and imaginary.
그녀는 실재와 상상 속의 많은 병을 앓았다.

[c] It wasn't a dream. It was real.
그것은 꿈이 아니었다. 실재였다.

[d] Children believe that these characters are real.
어린이들은 등장인물들이 실재한다고 믿는다.

2 피수식체는 금, 총, 다이아몬드, 그림 등이고, real은 이들이 진짜임을 나타낸다.

[a] Her necklace is made of real gold.
그녀의 목걸이는 진짜 금으로 만들어졌다.

[b] Is that a toy gun, or the real thing?
저것은 장난감 총입니까, 아니면 진짜 총입니까?

[c] That can't be a real diamond.
그것은 진짜 다이아몬드일 수가 없다.

[d]   Is the painting real or a copy?

그 그림은 진짜냐, 복사품이냐?

③ 피수식체는 전투 장면, 등장인물의 삶, 그래픽 등이고, real은 실물과 비슷함을 나타낸다.

[a]   The battle scenes are frighteningly real.

그 전투 장면은 섬뜩하게도 현실적이다.

[b]   The character's life is becoming increasingly real to the reader.

그 등장인물의 삶이 독자들에게 점점 더 실제적이 되고 있다.

[c]   Modem computer graphics look so real.

모뎀 컴퓨터 그래픽은 매우 실물처럼 보인다.

④ 피수식체는 회의, 맥주, 친구, 엄마 등이고, real은 이들이 각 범주의 원형적임을 나타낸다.

[a]   The next day we had our first real meeting.

다음날 우리는 처음으로 회의다운 회의를 가졌다.

[b]   Why is low-alcohol beer more expensive than the real thing?

왜 알코올 도수가 낮은 맥주가 진짜 맥주보다 더 비싼가?

[c]   He had no real friends.

그는 친구다운 친구가 없었다.

[d]   She was never a real mother to me.

그녀는 나에게 엄마다운 엄마가 아니었다.

5 피수식체는 임금, 성장률, 용어 등이고, real은 이들이 실질적임을 나타낸다.

[a] Both prices and wages are rising, leaving real wages unchanged.
물가와 임금이 동반상승하여 실질임금에는 변함이 없게 한다.

[b] Real economic growth is measured at 4.5 percent.
실질 경제 성장률은 4.5%로 측정되었다.

[c] Spending was cut by 4 percent in real terms.
지출은 실질적으로 4% 깎였다.

RICH

1 피수식체는 사람이고, rich는 이들에게 무엇이 많이 있음을 나타낸다.

[a] The man is very rich.
그 남자는 아주 부자이다.

[b] He got rich.
그는 부자가 되었다.

[c] She found herself a rich husband.
그녀는 스스로 노력해서 돈 많은 남편을 찾았다.

[d] She is one of the richest women in the world.
그녀는 세계에서 가장 돈이 많은 여성 중 1명이다.

2 피수식체는 나라나 땅이고, rich는 이들이 무엇을 많이 가지고 있음을 나타낸다.

[a] Japan is a rich country.
일본은 부유한 나라이다.

[b] Cotton grows well in the rich soil.
목화는 양분이 많은 땅에서 잘 자란다.

[c] This is the richest arable land.
이곳은 가장 비옥한 경작지이다.

3 피수식체는 매장량, 광맥, 석탄층이고, rich는 이들이 해당 물질을 많이 가지고 있음을 나타낸다.

[a] The country has a rich deposit of minerals.
그 나라는 풍부한 광물 매장량을 가지고 있다.

[b] They struck the rich vein of copper.
그들은 풍부한 구리 광맥을 찾아냈다.

[c] The rich seams of coal made the company rich.
그 풍부한 석탄층은 그 회사를 부자로 만들었다.

4 피수식체는 전치사 in의 목적어의 영역에서 무엇을 많이 가지고 있다.

[a] The district is rich in social history.
그 구역은 사회적 역사를 많이 간직하고 있다.

[b] The seabed is rich in minerals.
그 해저는 광물질이 많다.

[c] The temple is rich in carvings.
그 사원에는 조각품들이 많다.

[d] The gallery is rich in Dutch paintings.
그 화랑은 네덜란드 회화가 많다.

5 피수식체는 케이크, 포도주, 소스 등이고, rich는 이들이 영양분을 많이 포함하고 있음을 나타낸다.

[a] You must be on diet, and try to avoid a rich fruit cake.
당신은 식이요법을 해야 하니 영양가 높은 프루트케이크는 피하십시오.

[b] He likes rich wine.
그는 진한 와인을 좋아한다.

[c] The sauce is very rich.
소스가 아주 진하다.

6 피수식체는 색깔이고, rich는 이들의 색도가 높음을 나타낸다.

[a] The background is rich blue.
그 배경은 짙은 푸른색이다.

[b] The lip stick gives a rich color.
그 립스틱은 짙고 선명한 색을 낸다.

[c] The curtains are of rich red velvet.
그 커튼은 짙은 붉은 색 벨벳으로 되어 있다.

7 피수식체는 소리이고, rich는 음량이 풍부함을 나타낸다.

[a] She produced a rich, deep tone from her clarinet.
그녀는 클라리넷으로 풍부하고 깊은 음색을 만들어냈다.

[b] He was thrilled by a rich tone of a cello.
그는 첼로의 풍부한 음색에 전율했다.

8 피수식체는 냄새이고, rich는 냄새가 진함을 나타낸다.

[a] He could smell the rich fragrance of bamboo.
그는 대나무의 강렬한 향을 맡을 수 있었다.

[b] The rich scent of the pine tree was heavy in the air.
소나무의 짙은 냄새가 공기 속에 무겁게 퍼져 있었다.

9 피수식체는 논평, 농담 등이고, rich는 이들이 웃기거나 얼토당토않음을 나타낸다.

[a] He said I was looking rather fat. That's a bit rich coming from him.
그는 나더러 꽤 뚱뚱하게 보인다고 했다. 그런 말이 그에게서 나오다니 조금 웃기는군.

[b] Me, lazy? That's rich, coming from you.
내가 게으르다고? 네가 그런 말을 하다니, 웃기네.

[c] That is a rich joke.
그것은 지나친 농담이다.

10 피수식체는 옷, 조각, 선물 등이고, rich는 이들이 값이 비쌈을 나타낸다.

[a] She was wearing a rich skirt.
그녀는 비싼 치마를 입고 있었다.

[b] The church is noted for its rich carvings.
그 교회는 값진 조각들로 유명하다.

[c] The new couple received rich gifts.
새 부부는 값비싼 선물을 받았다.

11 피수식체는 전치사 with의 목적어를 많이 가지고 있다.

[a] The city is rich with cultural heritage.
그 도시는 문화유산이 많다.

[b] The land is rich with oil, gas, coal, and diamonds.
그 땅은 석유, 가스, 석탄, 다이아몬드가 많다.

[c] The area is rich with wild life.
그 지역은 야생 동물이 많다.

RIGHT

이 형용사는 어떤 기준에 맞는 상태를 그린다.

1 피수식체는 대답, 모자, 온도 등이고, right는 이들이 기준이나 목적에 맞음을 나타낸다.

[a] Your answer is right.
당신의 답은 맞다.

[b] The hat looks just right on you.
그 모자가 너에게 딱 맞는 것 같다.

[c] Let me get this right.
이것을 똑바로 하자.

[d] The temperature of the swimming pool is just right.
그 수영장의 온도가 딱 알맞다.

2 피수식체는 시간, 거스름돈, 방향, 순서 등이고, right는 이들이 현실과 맞음을 나타낸다.

[a] Do you know what the right time is?
정확히 몇 시인지 알고 있니?

[b] Were you given the right change?
정확한 거스름돈을 받았습니까?

[c] Are you sure you are going in the right direction.
올바른 방향으로 가고 있는 거 확실합니까?

[d] You must do things in the right order.
당신은 올바른 순서로 일을 해야 합니다.

③ 피수식체는 to-부정사 과정을 하는 것이 옳다.

[a] You were right to do what you did.
당신이 했던 것을 하는 것은 옳았다.

[b] You were right to fire him.
당신이 그를 해고한 것은 옳았다.

[c] You are right to be cautious.
당신이 조심하는 것은 옳다.

④ 피수식체는 전치사 about의 목적어에 대해서 바른 생각을 갖는다.

[a] You are right about his intention.
그의 의도에 대한 너의 생각은 옳다.

[b] You were right about him. He is a troublemaker.
그에 대한 너의 생각은 옳다. 그는 말썽꾸러기이다.

[c] You were right about the party. It was terrible.
그 파티에 대한 너의 생각이 옳았어. 파티는 끔찍했어.

[d] She's right about one thing.
그녀는 한 가지에 관해서는 옳다.

⑤ it은 to-부정사의 과정을 가리키고, right는 이들이 도덕적 기준에 맞음
을 나타낸다.

[a] It can't be right lying to your parents all the time.
매번 부모님에게 거짓말하는 것이 올바를 리 없다.

[b] It's not right leaving him like that.
그를 그렇게 내버려 두는 것은 옳지 않다.

[c] It is not right to criticize someone behind his back.
등 뒤에서 누군가를 비난하는 것은 옳지 않다.

[d] It is right to give him thanks.
그에게 감사하는 것이 옳다.

6 right는 행위자와 행동을 동시에 수식한다.

[a] It wasn't right of her to take advantage of you.
그녀가 너를 이용한 것은 옳지 않았다.

[b] It wasn't right of them to treat young children like that.
그들이 어린아이들을 그렇게 다루는 것은 옳지 않았다.

7 피수식체는 사람, 엔진, 컴퓨터 등이고, right는 이들의 상태가 정상임을 나타낸다.

[a] After eating the seafood, I haven't felt quite right.
그 해산물을 먹은 뒤에 나는 몸이 정상적이지 않았다.

[b] A week's rest will make you right soon.
한 주 쉬면 당신은 곧 괜찮아질 겁니다.

[c] My engine is still not right.
내 엔진은 여전히 정상이 아니다.

[d] Something is gone wrong with the computer. Can you put it right?
컴퓨터에 무언가 잘못됐어. 바로 잡을 수 있겠어?

8 피수식체는 전치사 for의 목적어에 적합하다.

[a] He is the right person for the job.
그는 그 일의 적임자이다.

[b] This is the right decision for the company.
이것은 그 회사를 위한 적합한 결정이다.

9 피수식체는 사람, 모임, 장소, 시간 등이고, right는 이들이 어떤 목적에 알맞음을 나타낸다.

[a] She knows all the right people.
그녀는 모든 적절한 사람들을 알고 있다.

[b] He likes to be seen in the right clubs.
그는 적절한 모임에 나타나기를 즐긴다.

[c] The key to success is to be in the right place.
성공으로 가는 열쇠는 적절한 장소에 있는 것이다.

[d] I'm not sure this is the right time to take a vacation.
지금 이때가 내가 휴가를 갈 적절한 때인지 모르겠다.

10 right는 오른쪽을 나타낸다.

[a] Most people write with their right hand.
대부분의 사람들은 오른손으로 글을 쓴다.

[b] King's Avenue is the first right after crossing the bridge.
King's Avenue는 다리를 건너 첫 우회전이다.

[c] Raise your right hand.
오른손을 들어라.

[d] Make sure that you keep on the right side of the road.
길의 오른쪽으로 계속 가고 있는지 확인해라.

SAD

이 형용사는 슬픈 상태를 나타낸다.

1 피수식체는 전치사 at의 목적어 때문에 슬퍼한다.

[a] He is feeling sad after his wife's death.
그는 자기 아내의 사망 이후 슬퍼하고 있다.

[b] She is feeling sad at the loss of her invest money.
그녀는 투자금을 잃은 것 때문에 슬퍼하고 있다.

2 피수식체는 전치사 about의 목적어에 대해서 슬퍼한다.

[a] I am sad about the vacation being canceled.
나는 휴가가 취소된 것에 대해 슬프다.

[b] We felt sad about leaving him.
우리는 그를 두고 떠난 것에 대해 슬펐다.

3 that-절은 슬픔의 원인을 나타낸다.

[a] We are very sad that he is ill in bed, and couldn't come.
우리는 그가 아파 누워 있어서 참여할 수 없음에 매우 슬프다.

[b] I am sad that you can't come.
네가 올 수 없다니 슬프다.

4 to-부정사는 슬픔의 원인이다.

[a] I am sad to see so many accidents on TV.
나는 텔레비전으로 그렇게 많은 사고를 보니 슬프다.

[b] I was sad to see the children go hungry.
나는 그 아이들이 굶주리는 것을 보고 슬펐다.

5 피수식체는 노래, 소식, 영화, 반영 등이고, sad는 이들이 슬픔을 자아
냄을 그린다.

[a] He sang a very sad song.
그는 아주 애처로운 노래를 불렀다.

[b] He reported the sad news of his resignation.
그는 그의 사직에 대한 슬픈 소식을 보고했다.

[c] We saw a very sad film.
우리는 무척 슬픈 영화를 보았다.

[d] This is a sad reflection on our society.
이것은 우리 사회에 슬픈 반영이다.

6 it은 that-절의 명제를 가리키고, sad는 이들이 슬픔을 자아냄을 그린다.

[a] It is a sad fact that it has proved impossible.
그것이 불가능하다고 입증된 것은 슬픈 사실이다.

[b] It is sad that many of his writings have been lost.
그의 저작 중 다수가 소실되었다는 것은 슬프다.

[c] I think it is sad that children spend so much time on
computer games.
아이들이 컴퓨터 게임에 그렇게 많은 시간을 쓴다는 것은 슬픈 일이라고 나는 생각한다.

7 피수식체는 미소, 눈, 표정 등이고, sad는 이들이 슬픔을 나타냄을 그린다.

[a] She smiled a sad smile.
그녀는 슬픈 미소를 지었다.

[b] The beggars looked at us with sad eyes.
그 거지들은 슬픈 눈으로 우리를 바라보았다.

[c] He still remembers her sad expression in her eyes.
그는 그녀의 눈 속의 슬픈 표정을 아직도 기억한다.

[d] Why are you looking so sad?
너는 왜 그렇게 슬퍼 보이니?

8 피수식체는 사람이고, sad는 화자가 이들을 애처롭게 볼 때 쓰인다.

[a] He is a sad case.
그는 서글픈 처지이다.

[b] She is a sad character. I don't think she has any friend.
그녀는 딱한 사람이다. 나는 그녀가 친구가 한 명도 없으리라고 생각한다.

[c] Get a life, you sad bastard.
정신 좀 차려라, 이 애처로운 바보야.

9 피수식체는 시간이고, sad는 이들이 슬픔을 자아냄을 나타낸다.

[a] The losing of the mine was the saddest day in the history of the village.
광산을 잃은 것은 그 마을의 역사상 가장 슬픈 날이었다.

[b] It was a sad day when I lost my job.
내가 실직했을 때는 슬픈 날이었다.

SAFE

이 형용사는 위험에서 벗어나 있는 상태를 그린다.

1 피수식체는 배, 환자, 사람 등이고, safe는 이들이 안전함을 그린다.

[a] The ship is now safe in port.
그 배는 이제 안전하게 항구에 있다.

[b] The crisis is over now and the patient is safe.
이제 그 고비가 지나서 그 환자는 무사하다.

[c] Will she be safe in the house on her own?
그녀는 혼자 집에서 안전할까?

[d] As long as keep in the main road, we will be safe.
큰 도로를 계속 따라가는 한 우리는 안전할 것이다.

2 피수식체는 전치사 from의 목적어로부터 안전하다.

[a] We are safe from attack. The enemy planes have gone.
우리는 공격에서 벗어나 안전하다. 그 적기가 사라지고 없다.

[b] We were safe from attack in the shelter.
우리는 대피소에서 공격으로부터 안전했다.

[c] The eggs are safe from the marine predators.
그 알은 바다의 포식자들로부터 안전하다.

[d] She was safe and sound from the ordeal.
그녀는 그 시련으로부터 안전하고 온전했다.

③ 피수식체는 돈, 비밀 등이고, 이들은 전치사 with의 목적어와 함께 있으면 안전하다.

[a] **Your money will be** safe **with us.**
당신의 돈은 우리에게 맡기면 안전합니다.

[b] **Your money will be** safe **with our bank.**
당신의 돈은 우리 은행에 맡기면 안전할 것입니다.

④ 피수식체는 만, 항구, 장소, 이웃동네 등이고, safe는 이들이 안전함을 제공해주는 뜻이다.

[a] **The bay affords** safe **anchorage.**
그 만은 안전한 정박지를 제공한다.

[b] **Put your boat in a** safe **harbor.**
당신의 배를 안전한 항구에 대십시오.

[c] **The tower was the** safest **place for the resistants.**
그 탑은 저항자들에게 안전한 장소였다.

[d] **Parents want nothing more than a** safe **neighborhood for their children to grow in.**
부모들은 아이들이 자라나갈 안전한 동네 말고는 아무것도 더 바라지 않는다.

⑤ 피수식체는 다리, 비행기, 사다리, 원자력 등이고, safe는 위험이 되지 않는 안전한 상태를 가리킨다.

[a] **The bridge is not** safe **for the heavy traffic.**
그 다리는 무거운 차량에는 안전하지 않다.

[b] **All the planes have been tested and found to be** safe **to fly.**
모든 비행기는 검사를 받았고, 비행하는 데 안전하다고 판명되었다.

[c] **Look out. The ladder isn't** safe**. It is going to fall down.**
조심해. 그 사다리는 안전하지 않다. 그것이 곧 넘어질 것이다.

[d] **Is nuclear power** safe**?**
원자력은 안전합니까?

6 피수식체는 중의적으로 풀이된다.

[a] **The dog is** safe **in the kennel.**
그 개는 개집에 있어서 안전하다.

[b] **The ex-convict is** safe **in jail.**
그 전과자는 감옥 안에 있어서 안전하다.

7 피수식체는 거리(간격)이고, safe는 이들이 위험하지 않는 곳에 있음을 나타낸다.

[a] **When I was a** safe **distance, I looked around and saw the building go up in flames.**
내가 안전한 거리에 이르러 주위를 둘러 보았을 때 나는 그 건물이 불길 속에 치솟는 것을 보았다.

[b] **The accident happened because he was not driving at a** safe **distance from the car in front.**
그 사고는 그가 앞차에서 안전거리를 두고 운전하지 않았기 때문에 일어났다.

8 it은 to-부정사의 과정을 가리키고, safe는 이들이 안전함을 나타낸다.

[a] **It is not** safe **to skate on this ice.**
이 얼음 위에서 스케이트를 타는 것은 안전하지 않다.

[b] In this town, it is safe to be out at night.
이 읍내에서 밤에 밖에 나가 있는 것은 안전하지 않다.

[c] Is it safe to swim in here?
여기에서 수영해도 안전한가요?

[d] It is safe to come out now. The danger is over.
지금 나와도 안전하다. 그 위험은 지나갔다.

9 it은 to-부정사의 과정을 가리키고, safe는 이들이 오류가 없이 확실함을 나타낸다.

[a] It is safe to get warmer as the day goes by.
날이 갈수록 더 따뜻해지는 것이 확실하다.

[b] It is safe for John to get in.
John이 당선될 것이 확실하다.

[c] It is safe to assume that he is reliable.
그를 믿을 만하다고 가정하는 것은 안전하다.

[d] It is safe to say that we have won now.
이제 우리가 이겼다고 말해도 과언이 아니다.

10 피수식체는 운전사, 노동자, 외과의사 등이고, safe는 이들을 안심할수 있음을 나타낸다.

[a] Nick is a safe driver.
Nick은 안전 운전사이다.

[b] Ned is a safe worker.
Ned는 착실한 노동자이다.

[c] Ken is a safe surgeon.
Ken은 믿을 만한 외과의사이다.

⑪ 피수식체는 손이고, safe는 이들이 안심할 수 있음을 나타낸다.

[a] I have needed to know whether my children are in a
safe pair of hands.
나는 내 아이들이 믿을 만한 사람 손에 있는지 알아야 했다.

[b] Dr. Bracker is doing the operation, and your wife is in
safe hands.
Bracker 박사가 수술을 하고 있으니, 당신의 아내는 안전한 의사의 손에 있습니다.

[c] Don't worry. She is in safe hands at this hospital.
걱정하지 마세요. 그녀는 이 병원에서 안전한 의사 손에 있습니다.

⑫ 피수식체는 귀환, 도착, 배달, 의석 등이고, safe는 이들이 안전하거나
확실함을 나타낸다.

[a] They prayed for their father's safe return.
그들은 아버지의 무사 귀환을 빌었다.

[b] He wished us a safe arrival.
그들은 우리가 무사히 도착하기를 빌었다.

[c] We are relying on the safe delivery of essential
equipment.
우리는 필수 장비의 안전한 배달을 믿고 있다.

[d] Is this a safe seat for the Democrats?
이곳은 민주당에 확실한 의석입니까?

SEPARATE

이 형용사는 떨어져 있는 상태를 나타낸다.

1 피수식체는 전치사 from의 목적어에서 떨어져 있다.

[a] Keep the fish separate from other food.
생선을 다른 음식과 분리해서 보관해라.

[b] Smoking sections in restaurants must be kept separate from non-smoking sections.
식당 내의 흡연구역은 금연구역과는 떨어져 있어야 한다.

[c] The garage is separate from the house.
그 차고는 집에서 떨어져 있다.

[d] We keep the cleaning things separate from the food stuff.
우리는 그 세척제들을 식료품과 분리하여 보관한다.

2 피수식체는 입구, 쟁점, 냄비 등이고, separate는 이들이 별개임을 나타낸다.

[a] Each apartment has its own separate entrance.
각각의 아파트에는 별도의 입구가 있다.

[b] That's a separate issue.
그것은 별개의 쟁점이다.

[c] In a separate saucepan, heat the milk and cream.
별도의 스튜냄비에 우유와 크림을 데우시오.

3 피수식체는 복수이고, separate는 이들이 따로따로임을 나타낸다.

[a] After school, we went our separate ways.
방과 후 우리는 각자의 길을 갔다.

[b] He and his wife sleep in separate beds.
그와 그의 아내는 별개의 침대에서 잔다.

[c] She cut the cake into 4 separate pieces.
그녀는 그 케이크를 4개의 분리된 조각들로 잘랐다.

[d] The school is housed in two separate buildings.
그 학교는 2개의 독립된 건물들로 이루어져 있다.

4 separate는 서술적으로 쓰였다.

[a] I try to keep my public life and my private life separate.
나는 나의 공적생활과 사생활을 분리하려고 노력한다.

[b] The cost of making the product and the cost of selling it are separate.
그 제품의 생산비와 판매비는 별개이다.

[c] The two problems are separate.
그 두 문제는 별개이다.

SHARP

이 형용사는 날카로운 상태를 가리킨다.

1 피수식체는 연필, 산봉우리, 면도날 등이고, sharp는 이들의 끝이나 면
이 날카로움을 나타낸다.

[a] His pencil is very sharp.
그의 연필은 매우 뾰족하다.

[b] The mountain peaks are very sharp.
그 산봉우리들은 매우 뾰족하다.

[c] The razor blades are very sharp.
그 면도날은 매우 날카롭다.

2 sharp는 한정적으로 쓰였다.

[a] Peel the potatoes with a sharp knife.
잘 드는 칼로 감자 껍질을 벗겨라.

[b] There are sharp stones on the beach.
바닷가에 모난 돌들이 있다.

[c] The wolf has sharp teeth.
그 늑대는 날카로운 이빨을 가지고 있다.

3 피수식체는 눈과 같은 감각기관이고, sharp는 이들이 날카로움을 나타낸다.

[a] Please keep a sharp eye on the baby.
아기를 빈틈없이 지켜봐 주세요.

[b] The agency keeps a sharp eye on arms sale abroad.
그 정보원은 해외 무기 판매를 예리하게 주시한다.

[c] He has a sharp sense of humor.
그는 예리한 유머 감각을 지녔다.

4 피수식체는 각, 모퉁이, 굽이 등이고, sharp는 이들이 급함을 나타낸다. 즉 예각을 나타낸다.

[a] An angle less than 90° is a sharp angle.
90° 이하의 각은 예각이다.

[b] The bus collided with a truck at a sharp corner.
그 버스는 급하게 꺾이는 모퉁이에서 화물차와 충돌했다.

[c] The accident took place at a sharp curve in the road.
그 사고는 도로의 급 굽이에서 일어났다.

5 피수식체는 소리, 맛, 아픔, 말 등이고, sharp는 이들이 날카로움을 나타낸다.

[a] The branch broke with a sharp crack.
그 가지가 날카로운 짝 소리를 내며 부러졌다.

[b] The mustard gives a sharp taste.
겨자는 톡 쏘는 맛을 준다.

[c] I felt a sharp pain in my back.
나는 등에 예리한 통증을 느꼈다.

[d] Sharp words were exchanged.
신랄한 말들이 오갔다.

6 피수식체는 전치사 with의 목적어에 쌀쌀한 태도를 취한다.

[a] The boss can be very sharp with people.
그 사장은 사람들에게 매우 매서울 때가 있다.

[b] He was rather sharp with me when I asked a raise.
그는 내가 승진을 요구했을 때 약간 쌀쌀맞게 대했다.

7 피수식체는 차이, 윤곽, 초점 등이고, sharp는 이들이 뚜렷함을 나타낸다.

[a] The distinction between them is sharp.
그들 사이의 차이는 뚜렷하다.

[b] The outlines of the trees were sharp and clear.
나무들의 윤곽은 선명하고 뚜렷했다.

[c] The image is in a sharp focus.
그 상은 초점이 또렷하게 잡혀 있다.

8 피수식체는 감소, 증가 등이고, sharp는 이들이 가파르게 이루어짐을 나타낸다.

[a] There will be a sharp drop in temperature tonight.
오늘 밤 기온이 크게 떨어질 것이다.

[b] Many companies experienced a sharp fall.
많은 회사들이 급락을 경험했다.

[c] Supermarkets report a sharp rise in organic produce.
슈퍼마켓들은 유기 농산물의 급증을 보고한다.

9 피수식체는 사람이고, sharp는 이들의 머리가 날카로운, 즉 총명함을 나타낸다.

[a] Our new manager is very sharp.
우리의 새 지배인은 매우 빈틈없다.

[b] The kids are very sharp when it comes to math.
그 아이들은 수학 문제를 풀 때는 매우 날카롭다.

[c] She is a sharp student.
그녀는 아주 영리한 학생이다.

10 sharp는 행위자와 행위를 동시에 수식한다.

[a] It was very sharp of you to see that.
그것을 이해하는 걸 보니 당신은 아주 예리하다.

[b] It is very sharp of the student to solve the math problem so quickly.
그 수학 문제를 그렇게 빨리 풀다니 그 학생은 머리가 매우 좋다.

11 피수식체는 시각이고, sharp는 이들이 정각임을 나타낸다.

[a] We are leaving at 6 o'clock sharp.
우리는 6시 정각에 떠날 것이다.

[b] We arrived at 11 o'clock sharp.
우리는 11시 정각에 도착했다.

SHORT

이 형용사는 길이가 짧은 상태를 나타낸다.

1 피수식체는 치마, 머리, 소설 등이고, short는 이들의 길이가 짧음을 나타낸다.

[a] **The skirt is too short.**
그 치마가 너무 짧다.

[b] **Her hair used to be short.**
그녀의 머리는 예전에는 짧았었다.

[c] **His novels are short.**
그의 소설은 짧다.

2 short는 한정적으로 쓰였다.

[a] **He has short and thick fingers.**
그는 짧고 굵은 손가락을 가지고 있다.

[b] **It is a short film.**
그것은 단편 영화이다.

[c] **The book has short chapters.**
그 책에는 짤막한 장들이 있다.

[d] **He made the shortest speech I've ever heard.**
그는 내가 들어 본 것 중 가장 짧은 연설을 했다.

3 피수식체는 사람이고, short는 이들의 키가 작음을 나타낸다.

[a] I'm short, but my brother is tall.
나는 키가 작지만 우리 형은 크다.

[b] He was short and stocky.
그는 키가 작고 땅딸막했다.

[c] He has too short to reach the cupboard.
그는 키가 너무 작아서 손이 그 찬장에 닿지 않는다.

4 피수식체는 거리나 길이고, short는 이들이 짧음을 나타낸다.

[a] The city center and shops are only a short distance away.
그 도시 중심부와 상점들은 아주 가까운 거리에 있다.

[b] She showed us the shortest way home.
그녀는 집으로 가는 가장 가까운 길을 우리에게 가르쳐 주었다.

5 피수식체는 도보, 비행 등이고, short는 이들의 거리가 짧음을 나타낸다.

[a] The station is a short walk from home.
그 역은 집에서 도보로 가까운 거리에 있다.

[b] The island is a short flight from Busan.
그 섬은 부산에서 비행기로 가까운 거리에 있다.

6 피수식체는 모임, 휴식, 휴가 등이고, short는 이들의 기간이 짧음을 나타낸다.

[a] We had a short meeting this morning.
우리는 오늘 아침 짧은 모임을 가졌다.

[b] There was a short break.
짧은 휴식이 있었다.

[c] The family went on a short vacation.
그 가족은 짧은 휴가를 갔다.

[d] They left for a short holiday in Korea.
그들은 한국에서 짧은 휴가를 보내기 위해 떠났다.

7 피수식체는 기간을 나타내고, short는 이들이 짧음을 나타낸다.

[a] Which is the shortest day of the year?
1년 중 가장 짧은 날이 언제이냐?

[b] He has grown a lot in a short time.
그는 짧은 시간 동안에 많이 자랐다.

8 피수식체는 주, 해(년) 등의 시간이고, short는 이들을 화자가 짧게 생각할 때 쓰인다.

[a] For a short few weeks there was peace.
짧은 몇 주 동안 평화가 있었다.

[b] Just two short years ago, he was the best player in the country.
겨우 2년 전만 해도 그는 그 나라에서 가장 뛰어난 선수였다.

9 피수식체는 전치사 on의 목적어와 관련하여 모자람이 있다.

[a] He is a little short on common sense.
그는 상식이 좀 모자란다.

[b] He is short on intelligence.
그는 지능이 모자란다.

(10) 피수식체는 전치사 of의 목적어에 미치지 않는다.

[a] Her time was 2 seconds short of the world record.
그녀의 기록은 세계 기록보다 2초 부족했다.

[b] Her recovery was nothing short of a miracle.
그녀의 회복은 기적에 못 미치는 것이 아니다. 즉 기적이다.

[c] He stopped ten meters short of his house.
그는 자기 집 10m 앞에서 멈추었다.

[d] She was just short of her 90th birthday when she died.
그녀가 죽었을 때 그녀는 90번째 생일을 바로 앞두고 있었다.

(11) 피수식체는 전치사 of의 목적어가 부족하다.

[a] We are short of coffee.
우리는 커피가 모자란다.

[b] We are a bit short of space.
우리는 공간이 좀 부족하다.

[c] The family is short of money.
그 가족은 돈이 부족하다.

[d] They are short of staff.
그들은 직원이 부족하다.

12 short는 서술적으로 쓰였다.

[a] Money was short in those days.
돈이 그 무렵에는 부족했다.

[b] Resources are short.
자원이 부족하다.

[c] Food was short.
식량이 부족했다.

[d] Time is getting short.
시간이 부족해지고 있다.

13 short는 한정적으로 쓰였다.

[a] We had a short supply of towels.
우리는 수건의 공급이 부족했다.

[b] The army suffered a short food supply.
그 군대는 불충분한 식량 공급을 겪었다.

[c] The prisoners lived on a short allowance of food.
그 죄수들은 적은 정량의 음식으로 살았다.

14 피수식체는 전치사 with의 목적어에게 매몰스럽게 대한다.

[a] I'm sorry if I was a bit short with you on the phone.
전화로 너에게 좀 매몰스럽게 대했다면 미안해.

[b] She is short-tempered and at times he can be short with us.
그녀는 성질이 급해서 때로 우리를 매몰스럽게 대한다.

SICK

이 형용사는 병이 든 상태를 나타낸다.

1 피수식체는 몸을 가리키고, sick은 이들이 병든 상태에 있음을 나타낸다.

[a] He lay sick in bed.
그는 몸져누웠다.

[b] I can't afford to get sick.
나는 병들 여유가 없어.

[c] The animal is sick and injured.
그 동물은 병들고 상처 입고 있다.

2 피수식체는 뱃속이고, sick은 이들이 구역질나는 상태를 나타낸다.

[a] He was violently sick over the side of the boat.
그는 뱃전에서 심하게 구토를 했다.

[b] I think I am going to be sick.
나는 구역질이 날 것 같다고 생각한다.

[c] It makes me feel sick to my stomach when I remember the car accident.
그 차 사고를 떠올리면 나는 토할 것 같다.

3 피수식체는 사회 또는 기계류이고, sick은 이들이 병이 들어 있음을 나타낸다.

[a] We live in a sick society.
우리는 병든 사회에서 살고 있다.

[b] The old machine is lying sick.
그 낡은 기계는 고장 난 채로 있다.

4 피수식체는 농담, 익살 등이고, sick은 이들이 구역질을 자아내는 상태를 가리킨다.

[a] He told a sick joke about a man with one leg.
그는 다리가 하나인 사람에 대해 불쾌한 농담을 했다.

[b] He was not amused by the sick humor.
그는 불쾌한 익살 때문에 즐겁지 않았다.

5 피수식체는 사람이고, sick은 이들의 마음이 편하지 않음을 나타낸다.

[a] The cruelty made him sick.
그 잔인함이 그의 마음을 괴롭혔다.

[b] I felt sick when I heard the prisoners being beaten.
나는 죄수들이 구타당함을 들었을 때 마음이 아팠다.

6 피수식체는 전치사 of의 목적어를 역겨워 한다.

[a] He is sick of his job.
그는 그의 직업에 넌더리가 난다.

[b] I'm sick and tired of listening to your complaints.
나는 네 불평을 듣는 게 역겹고 지긋지긋하다.

[c] I am sick and tired of the way you behave.
난 네 행동 방식이 역겹고 질린다.

7 피수식체는 전치사 about의 목적어에 대해서 마음 아파한다.

[a] David was sick at heart about leaving his family behind.
David는 가족을 남겨두고 떠난다는 것에 대해 마음이 아팠다.

[b] I am sick about not getting the job.
나는 그 일자리를 구하지 못한 것에 대해 마음이 아프다.

[c] I was pretty sick about it.
나는 그것에 대해 상당히 마음이 괴로웠다.

8 피수식체는 전치사 with의 목적어 때문에 병이 나 있다.

[a] He is sick with worry.
그는 걱정으로 마음이 아프다.

[b] John is sick with envy.
John은 질투심으로 마음이 괴롭다.

9 피수식체는 사람이고, sick은 이들의 마음이 병든 상태를 가리킨다.

[a] These criminals are sick.
이런 범죄자들은 마음이 병들어 있다.

[b] They think I am sick for having a rat as a pet.
그들은 내가 애완용으로 쥐를 기르는 것을 보고 내 마음이 병들었다고 생각한다.

[c] She asked me whether he is sick.
그녀는 나에게 그가 마음이 병들었는지 물었다.

SILENT

이 형용사는 소리가 없는 상태를 나타낸다.

1 피수식체는 사람이고, silent는 이들이 말을 하지 않거나 못하는 상태를 나타낸다.

[a] Tom was silent for a moment as he thought about his decision.
Tom은 그의 결정에 대해 생각하느라 잠시 말이 없었다.

[b] The audience fell silent as the speaker began to speak.
그 청중들은 그 연설자가 연설을 시작하자 조용해졌다.

[c] He is silent from birth.
그는 태어나면서부터 말을 하지 못한다.

2 피수식체는 전치사 about의 목적어에 대해서 침묵한다.

[a] The company is silent about its new product.
그 회사는 신상품에 대해 침묵한다.

[b] Everyone was asked to keep silent about the new project.
모두가 그 새로운 계획에 대해 침묵을 지키라고 지시받았다.

3 피수식체는 문자이고, silent는 이들이 소리가 나지 않음을 나타낸다.

[a] The 'p' in pneumonia is silent.
pneumonia에서 'p'는 소리 나지 않는다.

[b] The 'w' in wrong is silent.
wrong에서 'w'는 묵음이다.

4 피수식체는 기도, 기쁨, 영화 등이고, silent는 이들에 소리가 없음을 나타낸다.

[a] He said a silent prayer.
그는 소리 없는 기도를 했다.

[b] She smiled in silent joy.
그녀는 소리 없는 기쁨으로 미소를 지었다.

[c] In the early 1940's there were only silent movies.
1940년대 초에는 무성영화만이 존재했다.

5 피수식체는 장소이고, 이것이 소리를 내지 않는 상태를 가리킨다.

[a] The forest was silent, even the birds were quiet.
그 숲은 고요했고, 심지어 새들까지도 조용했다.

[b] The house was silent except for the hum of the refrigerator.
그 집은 냉장고의 잡음을 제외하고는 조용했다.

[c] The streets were silent and deserted.
그 거리는 조용하고 인적이 없었다.

6 피수식체는 시간이고, silent는 이 시간에 활동이 없음을 나타낸다.

[a] The hours before the attack were silent.
그 공격 전의 몇 시간은 고요했다.

[b] The night was silent.
그 밤은 조용했다.

SLOW

이 형용사는 속도가 느린 상태를 나타낸다.

1 피수식체는 움직임이고, slow는 이들이 느림을 나타낸다.

[a] **Why are you so slow?**
너는 왜 그렇게 느리니?

[b] **Her pace is very slow.**
그녀의 걸음걸이는 매우 느리다.

[c] **Traffic is heavy and slow.**
교통량이 매우 많고 속도도 느리다.

[d] **Most large trucks are slow.**
대부분의 큰 화물차는 속도가 느리다.

2 피수식체는 시침이나 분침을 가리키고, slow는 이들이 느림을 나타낸다.

[a] **My watch is five minutes slow.**
내 시계는 5분 느리다.

[b] **The clock is half an hour slow.**
그 시계는 30분 늦게 간다.

3 피수식체는 경주자, 학습자, 수영선수, 운전자 등이고, slow는 이들의 움직임이 느린 상태를 나타낸다.

[a] He is a slow runner.
그는 속도가 느린 경주자이다.

[b] The slow swimmer was not chosen for the team.
그 느린 수영선수는 팀으로 뽑히지 않았다.

[c] He is a slow driver.
그는 느리게 운전하는 사람이다.

[d] You should be patient with slow learners.
당신은 느린 학습자에게 참을성이 있어야 한다.

4 피수식체는 차선, 길, 정구장, 당구대 등이고, slow는 이들 위에 차량이나 공이 느리게 움직이는 상태를 나타낸다.

[a] I drive in the slow lane of the highway.
나는 고속도로의 저속 차선에서 운전한다.

[b] Horses should be driven along the slow track.
말은 저속 선로를 따라 몰아져야 한다.

[c] This is a slow tennis court.
이것은 공이 잘 안 튀는 테니스 코트이다.

[d] He likes slow billiard tables.
그는 속도가 느린 당구대를 좋아한다.

5 피수식체는 식사, 연주, 산책, 진보 등이고, slow는 이들이 느리게 진행됨을 나타낸다.

[a] The old folks are enjoying a slow meal.
그 노인들은 느긋한 식사를 즐기고 있다.

[b] The band is playing a slow waltz.
그 밴드는 느린 왈츠를 연주하고 있다.

[c] It is a long slow walk to the top of the hill.
그 언덕의 꼭대기까지는 길고 천천히 가는 산책이다.

[d] We are making slow and steady progress.
우리는 느리지만 꾸준한 진보를 하고 있다.

6 피수식체는 영화, 파티 등이고, slow는 이들이 지루함을 나타낸다.

[a] The film was so slow that it sent me to sleep.
그 영화는 너무 지루해서 나를 잠들게 했다.

[b] The first part of the movie is very slow.
그 영화의 처음 부분은 아주 지루하다.

[c] We thought the party was rather slow.
우리는 그 파티가 좀 지루하다고 생각했다.

7 slow는 서술적으로 쓰였다.

[a] The service here is very slow.
이곳의 접대는 매우 느리다.

[b] Her movement is very slow.
그녀의 동작은 매우 느리다.

[c] Progress was slower than expected.
진행은 예상한 것보다 더 느렸다.

[d] The legal system can be painfully slow.
그 법 제도는 고통스럽게 느릴 수 있다.

8 피수식체는 경제 활동이고, slow는 이 활동이 느린, 즉 부진한 상태를 나타낸다.

[a] Business is slow during the summer.
영업은 여름 동안에는 부진하다.

[b] Sales are slow.
판매가 부진하다.

[c] A slow stock market continued during the summer.
침체한 증권시장은 여름 동안 계속되었다.

[d] It was a slow day at the shop.
그날은 그 상점이 한가한 날이었다.

9 피수식체는 상처, 시이고, slow는 이들이 느리게 to-부정사 과정을 겪음을 나타낸다.

[a] The wound is slow to heal.
그 상처가 좀처럼 낫지 않는다.

[b] His poetry is slow to be recognized.
그의 시는 인정을 받는데 시간이 걸렸다.

10 피수식체는 전치사 in의 영역에서 정신 활동이 느리다.

[a] I was slow in reacting to her news.
나는 그녀의 소식에 반응하는 데 느렸다.

[b] He may be a bit slow in picking up things.
그는 사물을 익히는 데 조금 느릴지도 모른다.

11 피수식체는 to-부정사 구문을 시작하는데 시간이 걸린다.

[a] The government is very slow to react to the problem.
정부는 그 문제에 반응하는 데 너무 느리다.

[b] He is slow to make up his mind.
그는 좀처럼 결정을 내리지 못한다.

[c] They were slow to accept our invitation.
그들은 우리의 초대를 받아들이는 데 주저했다.

12 피수식체는 전치사 at의 목적어에 능력이 모자란다.

[a] I was slow at most school subjects.
나는 대부분의 학교 과목에 부진했다.

[b] The boy is slow at math.
그 소년은 수학에 느리다.

13 slow는 한정적으로 쓰였다.

[a] She is very good with slow children.
그녀는 이해가 느린 아이들을 매우 잘 다룬다.

[b] He is the slowest child in the class.
그는 이 학급에서 가장 배우는 것이 더딘 아이이다.

[c] Teaching assistants are helping the slow pupils.
보조 교사들은 이해력이 느린 학생들을 돕고 있다.

14 피수식체는 전치사 of의 목적어를 느리게 한다.

[a] He is slow of speech.
그는 말이 느리다.

[b] She is slow of the tongue.
그녀는 말이 느리다.

15 피수식체는 오후, 주, 저녁 등과 같은 기간이고, slow는 이들 안에 활동이 활발하지 않음을 나타낸다.

[a] We enjoyed a slow afternoon in the countryside.
우리는 시골에서 느긋한 오후를 즐겼다.

[b] The weeks after christmas are usually slow in most stores.
성탄절 다음 주는 보통 대부분의 상점에서는 경기가 활발하지 못하다.

[c] The evening was slow to start with, but things livened up later.
그 저녁은 지루하게 시작했지만 나중에 활기를 띠었다.

SMALL

이 형용사는 작음이나 적음을 나타낸다.

① 피수식체는 자동차, 코끼리, 콜라 등이고, small은 이들이 입체적으로 작음을 나타낸다.

[a] Small cars with two seats are very popular in the crowded city.
두 개의 좌석을 가진 소형차들이 그 복잡한 도시에서는 매우 인기 있다.

[b] A small elephant is pretty big.
작은 코끼리도 꽤 크다.

[c] Do you want a large coke or a small one?
큰 콜라를 원하십니까, 작은 것을 원하십니까?

② small은 서술적으로 쓰였다.

[a] The jacket is too small for you.
그 재킷은 너한테 너무 작아.

[b] The vegetables should be cut up very small.
그 채소는 아주 작게 잘라져야 한다.

[c] These shoes are too small for me.
이 신발은 나한테 너무 작다.

③ 피수식체는 사람이고, small은 이들의 몸이 작음을 나타낸다.

[a] As a small boy, he spent most of his time with his grandparents.
어린 소년이었을 때 그는 대부분의 시간을 조부모님과 함께 보냈다.

[b] She's married with 3 small children.
그녀는 3명의 어린아이들을 데리고 결혼했다.

[c] Small people are at such a disadvantage.
몸집이 작은 사람들은 불리한 처지에 있다.

[d] He is a small man, only 5 feet tall.
그는 키가 겨우 5피트밖에 안 되는 작은 사람이다.

④ 피수식체는 영어 알파벳의 자모이고, small은 소문자를 나타낸다.

[a] Several examples of the small letters are a, b, c, and d.
소문자의 몇 가지 예들은 a, b, c, d 등이다.

[b] She is a socialist with a small s.
그녀는 소문자 s로 시작하는 사회주의자이기는 하나 사회당원은 아니다.

[c] We are democrats with a small d.
우리는 소문자 d로 시작하는 민주주의자이다. 즉 민주당원이 아니다.

⑤ 피수식체는 양과 관련이 있고, small은 이들이 적음을 나타낸다.

[a] Put a small amount of butter on the pan first.
먼저 팬에 소량의 버터를 넣으세요.

[b] They live on a small salary.
그들은 적은 봉급으로 산다.

[c] That dress must have cost a small fortune.
저 드레스는 자그마치 거금이 들었음에 틀림없겠네요.

[d] We have a small chance of catching the plane.
우리는 비행기를 탈 수 있는 기회가 적다.

6 피수식체는 이유, 범위, 사업, 호의 등이고, small은 이들의 규모가 적음을 나타낸다.

[a] He has a small cause for optimism.
그는 낙관론에 대해 적은 이유를 가지고 있다.

[b] She has a small printing business.
그녀는 소규모의 인쇄업을 한다.

[c] The government is planning to give more help to small businesses.
그 정부는 소기업들에게 더 많은 지원을 제공하려고 계획 중이다.

[d] Would you do me a small favor?
조그마한 호의를 베풀어 주시겠어요?

7 피수식체는 선물, 세부사항, 문제, 변화 등이고, small은 이들의 가치나 중요성이 적음을 나타낸다.

[a] Jane gave me a small gift for my birthday.
Jane은 내 생일에 나에게 보잘 것 없는 선물을 주었다.

[b] No detail is too small to escape her attention.
어떤 세부사항도 그녀의 관심을 벗어날 만큼 하찮은 것은 없다.

[c] We have a small problem.
우리에게는 사소한 문제가 있다.

[d] We have made a few small changes to our original plan.
우리는 원래의 계획에 몇 가지 작은 변화를 주었다.

8 피수식체는 사람이고, small은 이들이 초라함을 느끼는 뜻이다.

[a] She was always laughing at me, making me feel small.
그녀는 항상 나를 비웃는데 그것이 나를 초라하게 느끼게 한다.

[b] Her kind words made me feel small after my rash accusations.
그녀의 친절한 말들은 나의 성급한 비난 후에 나를 초라하게 했다.

[c] He is always trying to make me look small in front of the boss.
그는 항상 사장님 앞에서 나를 초라하게 보이게 하려고 애쓴다.

9 small은 행위자와 과정을 동시에 수식한다. 행위자는 전치사 of의 목적어로 과정은 to-부정사로 명시된다. small은 마음이 좁은 상태를 나타낸다.

[a] It would be small of you not to leave a tip.
봉사료를 놓아두지 않다니 당신은 옹졸하다.

[b] It is small of him to hate his girlfriend.
그가 여자 친구를 미워하다니 그는 옹졸하다.

SOFT

이 형용사는 거친 느낌을 주지 않는 상태를 나타낸다.

1 피수식체는 뺨, 가죽, 털 등이고, soft는 이들이 부드러움을 나타낸다.

[a] The baby has soft cheeks.
그 아기는 보들보들한 뺨을 가지고 있다.

[b] The shoes are made of soft leather.
그 신발은 부드러운 가죽으로 만들어졌다.

[c] The animal has soft fur.
그 동물은 부드러운 털이 있다.

2 피수식체는 진흙, 점토, 매트리스, 눈 등이고, soft는 이들이 저항이 없는 상태를 나타낸다.

[a] My feet sank into the soft mud.
내 발은 물렁물렁한 진흙 속으로 빠졌다.

[b] She worked the soft clay with a great skill.
그녀는 말랑말랑한 점토를 훌륭한 솜씨로 이겼다.

[c] They sleep in soft mattresses.
그들은 푹신한 매트리스에서 잔다.

[d] There was a line of footprints in the deep soft snow.
깊고 부드러운 눈에 한 줄의 발자국이 있었다.

3 soft는 서술적으로 쓰였다.

[a] She cooked the onions until they got soft.
그녀는 양파가 물러질 때까지 요리했다.

[b] The grass is soft and springy.
그 잔디는 폭신하고 탄력 있다.

[c] Her skin felt soft to his touch.
그녀의 살결은 그의 촉감에 부드럽게 느껴졌다.

[d] The clay is still soft.
그 점토는 아직 물렁물렁하다.

4 피수식체는 목소리나 소리 등이고, soft는 이들이 낮고 부드러움을 나타낸다.

[a] They are exchanging soft whispers.
그들은 다정한 속삭임을 주고받고 있다.

[b] His soft voice did not get a soft reply.
그의 부드러운 목소리는 부드러운 답변을 받지 못했다.

[c] The engine noise was no more than a soft hum.
그 엔진의 소음은 단지 낮은 윙윙거림 정도였다.

[d] Soft music is flowing out of the hall.
부드러운 음악이 홀에서 흘러나오고 있다.

5 피수식체는 빛, 색깔 등이고, soft는 이들이 부드러움을 나타낸다.

[a] The stain glassed window of the church made a soft glow.
그 교회의 색유리 창문이 부드러운 광채를 만들었다.

[b] The bedroom is decorated in soft shades of pink and blue.

그 침실은 분홍과 파랑의 부드러운 색조로 장식되어 있다.

[c] The effect of the light brown paneling is soft and warm.

그 연한 갈색 장식 판을 대는 효과는 부드럽고 따뜻하다.

[d] The painter used soft colors.

그 화가는 부드러운 색들을 사용했다.

6 피수식체는 바람이나 비이고, soft는 이들이 부드러움을 나타낸다.

[a] A soft breeze was blowing from the west.

부드러운 산들바람 한 줄기가 서쪽에서 불어오고 있었다.

[b] In the evening we had a soft rain.

저녁에 보슬비가 내렸다.

7 피수식체는 일자리, 선택사항 등이고, soft는 이들이 쉬움을 나타낸다.

[a] She found herself a soft job in a store.

그녀는 어느 가게에서 쉬운 일자리를 찾았다.

[b] She has a soft position at the bank.

그녀는 그 은행에서 편한 직책을 가지고 있다.

[c] The computer course is not a soft option.

그 컴퓨터 강좌는 쉬운 선택과목이 아니다.

[d] Taking the soft option won't help your career to develop.

쉬운 선택을 하는 것은 너의 경력을 계발하는 데 도움이 안 된다.

8 피수식체는 사람이고, soft는 이들의 몸이 약함을 나타낸다.

[a] Lack of exercise has made him soft.
운동 부족이 그를 약하게 만든다.

[b] She was soft after sitting in the couch all winter.
그녀는 겨울 내내 카우치에 앉아 있었기 때문에 약해졌다.

9 피수식체는 전치사 on의 목적어를 무르게 대한다.

[a] The government was too soft on the companies that broke the sanctions.
그 정부는 그 제재 규정들을 위반하는 회사들에게 너무 무르게 대했다.

[b] They went soft on drug smugglers.
그들은 마약 밀매자들에게 무르게 대했다.

10 피수식체는 전치사 with의 목적어를 부드럽게 대한다.

[a] If you are too soft with the kids, they will not respect you.
만약 당신이 그 아이들에게 너무 너그럽게 대하면 그들은 당신을 존경하지 않을 겁니다.

[b] She is soft with dogs.
그녀는 개들을 엄하게 다루지 않는다.

SORRY

이 형용사는 마음이 편하지 않은 상태를 나타낸다.

1 피수식체는 전치사 for의 목적어를 한 것 때문에 미안하게 생각한다.

[a] Bill said he was sorry for the pain he had caused her.
어젯밤 일에 대해 유감이다. 다 내 잘못이었어.
Bill은 그가 그녀에게 준 고통에 대해 미안하다고 말했다.

[b] He says he is really sorry for taking the car without asking.
그는 물어보지도 않고 그 차를 가져가서 정말 미안하다고 말한다.

[c] He was sorry for hitting the girl.
그는 그 소녀를 때린 것에 대해 미안했다.

[d] Sorry for causing so much confusion.
그처럼 많은 혼란을 야기시켜서 죄송합니다.

2 피수식체는 전치사 about의 목적어에 대해서 유감을 갖는다.

[a] I'm so sorry about last night. It was all my fault.
어젯밤 일에 대해 유감이다. 다 내 잘못이었어.

[b] I'm sorry about the misunderstanding.
내가 오해한 데 대해 유감이다.

[c] I am sorry about losing your job.
네가 실직한 데 대해 유감스럽다.

[d] Jane was sorry about being late.
Jane은 지각한 데 대해 유감스러워 했다.

3 피수식체는 that-절의 사실에 유감을 갖는다.

[a] I'm sorry that you had such a difficult journey.
당신이 힘든 여행을 했다니 유감입니다.

[b] I am sorry I forgot your birthday.
네 생일을 잊어버려서 미안해.

[c] Sorry I couldn't go to your lecture.
당신의 강의에 가지 못해서 미안합니다.

[d] I am sorry that I've lost contact with him.
나는 그와 연락이 끊겨서 유감스럽다.

4 피수식체는 to-부정사가 가리키는 일을 하게 되어 미안함을 느낀다.

[a] I'm sorry to hear that your mom is ill.
네 어머니가 편찮으시다는 소식을 들으니 유감이다.

[b] We were sorry to miss your concert.
우리들은 당신의 공연을 놓쳐서 미안했다.

[c] I'm sorry to have to tell you you've failed.
네가 떨어졌음을 너에게 알려주게 되어 미안하다.

[d] I'm sorry to say that he's broken his leg.
나는 그가 다리가 부러졌다고 얘기하게 되어 유감이다.

5 피수식체는 이야기, 모습, 상황 등이고, sorry는 이들이 마음을 아프게 하는 상태를 나타낸다.

[a] The whole sorry episode shows how bad things are now.
그 전반적인 안쓰러운 이야기는 지금 사정이 얼마나 나쁜지를 보여준다.

[b] He was shocked at a sorry sight of poor people without food.

그는 먹을 것이 없는 가난한 사람들의 애석한 모습을 보고 충격 받았다.

[b] The business is in a sorry state.

사업이 곤란한 상황에 처해 있다.

6 피수식체는 자신에 대해서 동정, 유감의 마음을 갖는 상태에 있다. 즉 후회한다.

[a] If you don't obey me, you'll be sorry.

나에게 복종하지 않으면 너는 후회할거야.

[b] You'll be sorry if your father catches you.

네 아버지가 너를 잡게 되면 너는 후회할거야.

[c] Stop feeling sorry for yourself and think about others for a change.

너 자신에 대해 후회하지 말고 바꾸어서 다른 사람들을 생각해봐.

7 sorry는 전달 내용이 상대방에게 좋지 않을 경우 사과할 때 쓰인다.

[a] Sorry, but that part is out of stock.

미안하지만 그 부품은 다 팔렸습니다.

[b] I'm sorry, but I have to cancel my appointment.

미안하지만 저는 약속을 취소해야겠습니다.

[c] I'm sorry, I can't make it tomorrow.

미안하지만 저는 내일은 안 되겠어요.

[d] I'm sorry, I didn't quite catch your name.

당신 이름을 제대로 듣지 못해 미안합니다.

SOUR

이 형용사는 신맛을 지닌 상태를 나타낸다.

1 피수식체는 사과, 레모네이드, 맛, 냄새 등이고, sour는 이들이 신 상태를 나타낸다.

[a] Take a lot of sour apples.
신 사과들을 많이 먹어라.

[b] She added some sugar to the sour lemonade.
그녀는 약간의 설탕을 신 레모네이드에 넣었다.

[c] He does not like sour flavors.
그는 신맛을 가진 음식을 싫어한다.

[d] The baby's clothes have a sour smell.
그 아기의 옷에서 쉰내가 난다.

2 sour는 서술적으로 쓰였다.

[a] The lemonade is still too sour.
그 레모네이드가 여전히 너무 시다.

[b] The milk turned sour.
그 우유가 시큼해졌다.

[c] The stewed apples are sour even with sugar.
그 졸인 사과들은 설탕을 넣어도 시다.

[d] The wine has gone sour.
그 포도주가 시어버렸다.

3 피수식체는 관계나 사정 등이고, sour는 이들이 나빠짐을 나타낸다. 이들도 음식이 상하듯 나빠진다.

[a] As time went by, their marriage turned sour.
시간이 갈수록 그들의 결혼 생활은 나빠졌다.

[b] Overnight their relationship turned sour.
하룻밤 사이에 그들의 관계는 나빠졌다.

[c] The company was doing well, and then things went sour and people left.
그 회사는 잘 되어 가다가, 상황이 나빠지고 사람들이 떠났다.

[d] Their investment began to go sour.
그들의 투자는 나빠지기 시작했다.

4 피수식체는 말, 태도 등이고, sour는 이들이 불쾌감을 자아내는 상태를 나타낸다. 즉 시큰둥한 상태를 나타낸다.

[a] They exchanged a few sour remarks.
그들은 시큰둥한 말 몇 마디를 주고받았다.

[b] She had a sour attitude that everything is wrong.
그녀는 모든 것이 잘못됐다는 시큰둥한 태도를 보였다.

[c] The boss is in a sour mood.
그 사장은 언짢은 기분 속에 있다.

[d] He always has a sour expression on his face.
그는 항상 얼굴에 불쾌한 표정을 보인다.

STEEP

이 형용사는 가파른 상태를 나타낸다.

1 피수식체는 길, 강둑, 언덕 등이고, steep은 이들이 가파름을 나타낸다.

[a] The path grew steeper as we climbed higher.
오솔길은 우리가 더 높이 올라갈수록 더 가팔라졌다.

[b] This bank is too steep to ride up on a bike.
이 강둑은 너무 가팔라서 자전거를 타고 올라 갈 수 없다.

[c] This hill is too steep for me.
이 언덕은 나한테는 경사가 너무 급하다.

2 steep은 한정적으로 쓰였다.

[a] They climbed the steeper side of the mountain.
그들은 그 산의 더 가파른 쪽으로 올라갔다.

[b] It is not easy for the old man to climb a steep flight of stairs.
그 노인이 그 가파른 층계를 올라가기가 쉽지 않다.

③ 피수식체는 대가, 청구액, 표 값, 회비 등이고, steep은 이들이 매우 높음을 나타낸다.

[a] He's asking $600 for his old car, which I think is too steep.

그는 그의 낡은 자동차에 대해 600달러를 요구하고 있지만, 내 생각에는 터무니없이 비싸다.

[b] We enjoyed our meal at the restaurant, but the bill was a bit steep.

우리는 그 식당에서 식사를 즐겼으나, 가격이 조금 비쌌다.

[c] These ticket prices are pretty steep.

이 표 값은 꽤 비싸다.

[d] The membership fee at the golf club is steep.

그 골프클럽의 회비는 비싸다.

④ 피수식체는 오름, 증가, 하락 등이고, steep은 이들의 변화가 가파름을 나타낸다.

[a] It was a steep climb out of the valley.

그것은 골짜기에서 빠져나오는 가파른 오름이었다.

[b] There is a steep increase in car theft in this area.

이 지역에서 차량도난의 가파른 증가가 있다.

[c] The country is trying to reverse the steep decline in the birth rate.

그 나라는 출산율의 가파른 하락을 되돌리려고 하고 있다.

[d] With the new government, we're undergoing a steep fall in living standards.

새 정부와 동시에 우리는 생활수준에서 가파른 하락을 겪고 있다.

STILL

이 형용사는 움직임이 없는 가만히 있는 상태를 나타낸다.

1 피수식체는 사람이나 동물이고, still은 이들이 가만히 있는 상태를 나타낸다.

[a] It is difficult to sit still.
가만히 앉아 있는 것은 어렵다.

[b] Keep still while I tie your shoes.
내가 네 신발 끈을 묶어줄 동안 가만히 있어라.

[c] She stood perfectly still while I took her photograph.
그녀는 내가 사진을 찍어주는 동안 완벽하게 가만히 서 있었다.

[d] The animal held still for several seconds.
그 동물은 몇 초 동안 꼼짝 않고 있었다.

2 피수식체는 공기, 물, 시간이고, still은 이들이 움직임이 없어 고요한 상태를 나타낸다.

[a] The air was so still that not even the leaves on the trees were moving.
그 공기가 너무 고요해서 심지어 나뭇잎들까지도 움직이지 않고 있었다.

[b] The night air is very still.
그 밤공기가 매우 고요하다.

[c] We stayed in a village where time stood still.
우리는 시간이 멈춰버린 마을에서 지냈다.

3 still은 한정적으로 쓰였다.

[a] We enjoyed the still air in the meadow.
우리들은 초원의 고요한 공기를 즐겼다.

[b] Still waters run deep.
고요한 강물이 깊이 흐른다.

4 피수식체는 사이다, 포도주, 탄산수 등이고, still은 이들이 거품이 일지 않는 상태를 나타낸다.

[a] She does not drink a still cider.
그녀는 거품이 일지 않는 사이다는 마시지 않는다.

[b] He likes still white Burgundy.
그는 거품이 일지 않는 흰색 버건디를 좋아한다.

[c] Would you like still or sparkling water?
당신은 탄산이 없는 물을 원하십니까 아니면 소다수를 원하십니까?

5 피수식체는 분위기나 장소 등이고, still은 여기에 움직임이 없는 고요한 상태를 나타낸다.

[a] It was so still I could hear a pin drop.
너무 조용해서 나는 핀이 떨어지는 소리도 들을 수 있었다.

[b] By 11:00 the streets were still.
11시가 되자 그 거리들은 조용했다.

[c] The empty house was still.
그 빈 집은 조용했다.

[d] The woods were still with no winds in the trees.
그 숲은 나무에 바람 한 점 없이 고요했다.

6 피수식체는 시간이고, still은 이 시간 속에 움직임이 없는 고요한 상태를 나타낸다.

[a] It was a hot still airless day.
덥고 고요하고 바람기가 없는 날이었다.

[b] They had to endure a still muggy evening.
그들은 공기의 흐름이 없는 무더운 저녁을 견뎌야 했다.

[c] It was one of these still days.
그 날은 이런 바람 한 점 없는 날들 중 하루였다.

[d] The night is still.
그 밤은 공기의 흐름이 없어 고요하다.

7 피수식체는 사진이고, still은 이들이 정물임을 나타낸다.

[a] He displayed a series of still photographs.
그는 일련의 정물사진들을 전시했다.

[b] The artist specialized in still photography.
그 예술가는 정물사진을 전문으로 했다.

[c] The museum sponsored an exhibition of still photographs of fruit.
그 박물관은 과일의 정물사진들의 전시회를 후원했다.

STRANGE

이 형용사는 낯선 관계를 나타낸다.

1 피수식체는 나라, 침대, 도시, 환경 등이고, strange는 이들이 낯설음을 나타낸다.

[a] He found himself in a strange country.
그는 이상한 나라에 자신이 있음을 알아차렸다.

[b] I don't sleep well in a strange bed.
나는 익숙하지 않은 침대에서 잠을 잘 못 잔다.

[c] He was all alone in a strange city.
그는 낯선 도시에서 완전히 혼자였다.

[d] She was faced with a new job in strange surroundings.
그녀는 낯선 환경에서 새로운 직업에 직면했다.

2 피수식체는 사람이고, 전치사 to의 목적어에 생소하다.

[a] I'm strange to his ways.
나는 그의 방식이 생소하다.

[b] I am strange to the work so I'll be very slow at first.
나는 그 일이 생소해서 처음에는 매우 느릴 것이다.

[c] She was strange to their customs and found everything confusing.
그녀는 그들의 관습에 생소해서 모든 것이 혼란스러움을 깨달았다.

[d] We're strange to the new ideas.
우리는 그 새로운 개념에 생소하다.

3 피수식체는 전치사 to의 목적어에게 낯설다.

[a] At first, the place was strange to me.
처음에, 그 장소는 나에게 생소했다.

[b] Does his behavior seem strange to you?
그의 행동이 네게는 생소하게 보이니?

[c] His accent is strange to me, where is he from?
그의 억양은 나에게 생소하다. 그는 어디 출신이니?

[d] Warm weather in February seems quite strange to me.
2월의 따뜻한 날씨는 나에게 꽤 낯설게 보인다.

4 피수식체는 물고기, 언어, 이야기, 소음 등이고, strange는 이들이 이상함을 나타낸다.

[a] He caught a strange fish of tropical waters.
그는 열대 바다에 사는 이상한 물고기를 낚았다.

[b] They are using a strange language.
그들은 이상한 언어를 사용하고 있다.

[c] He told me a strange story about the house.
그는 그 집에 관한 이상한 이야기를 나에게 들려주었다.

[d] She woke up when she heard a strange noise in the house.
그녀는 집에서 이상한 소음을 들었을 때 잠에서 깼다.

5 피수식체는 사람이고, strange는 이들의 성격이나 태도가 이상함을 나타낸다.

[a] He's a really strange guy.
그는 정말로 이상한 녀석이다.

[b] He has a strange character.
그는 이상한 성격을 가졌다.

6 피수식체는 우연의 일치, 행동 등이고, strange는 이들이 이상함을 나타낸다.

[a] By a strange coincidence, we were both at the same hotel in chicago.
이상한 우연의 일치로 우리 둘은 시카고의 같은 호텔에 있었다.

[b] The action of the mentally unbalanced man was strange.
정신적으로 불안정한 사람의 그 행동은 이상했다.

[c] They acted strange when we said "hello."
그들은 우리가 "안녕하세요."라고 말했을 때 이상하게 행동했다.

7 it은 that-절의 명제를 가리키고, strange는 이들이 이상함을 나타낸다.

[a] It's strange that the impressions lingers long.
그 인상이 오래도록 머무는 것이 이상하다.

[b] It's strange that he hasn't even called.
그가 전화조차 안 했다는 것은 이상하다.

[c] It's strange that I haven't heard from him yet.
내가 아직 그로부터 소식을 듣지 못한 것은 이상하다.

[d] It was strange that there was no one to meet us there.

거기에서 우리를 마중 나온 사람이 아무도 없었다는 것은 이상했다.

8 피수식체는 사람이고, strange는 이들의 몸이나 마음이 이상함을 나타 낸다.

[a] can you get me a glass of water? I feel strange.

나에게 물 한 잔 줄 수 있니? 나는 기분이 이상하다.

[b] I hope that fish was all right. My stomach feels a bit strange.

나는 저 생선이 괜찮았기를 희망한다. 내 배가 좀 이상하다.

[c] It was terribly hot and I started to feel strange.

끔찍하게 더워서 나는 이상하게 느끼기 시작했다.

[d] I always feel strange in a large group of people.

나는 항상 많은 사람들 속에서는 마음이 편치 않음을 느낀다.

STRONG

이 형용사는 힘이 센 상태를 나타낸다.

1 피수식체는 사람이고, strong은 이들이 튼튼함을 나타낸다.

[a] She's strong to undergo the operation.
그녀는 그 수술을 받을 만큼 튼튼하다.

[b] Are you feeling stronger after the rest?
너는 휴식 후에 더 기운이 나니?

[c] He wasn't strong enough to go to the wedding.
그는 그 결혼식에 갈 만큼 충분히 건강하지가 않았다.

2 피수식체는 신체부위이고, strong은 이들이 튼튼함을 나타낸다.

[a] He lifted the child in his strong arms.
그는 그 아이를 힘이 센 팔로 들어올렸다.

[b] He doesn't have a strong heart.
그는 강한 마음을 가지고 있지 않다.

[c] You need a strong stomach to work in the accident department.
당신은 재해부서에서 일하려면 비위가 셀 필요가 있다.

3 피수식체는 유리, 사슬, 체격 등이고, strong은 이들의 세기가 강함을 나타낸다.

[a] The window is made of strong glass.
그 창문은 강한 유리로 되어 있다.

[b] The mechanic used a strong chain to lift the heavy engine.
그 기계공은 그 무거운 엔진을 들어올리기 위해 강한 사슬을 사용했다.

[c] He has a strong constitution.
그는 튼튼한 체격의 소유자이다.

4 strong은 서술적으로 쓰였다.

[a] The equipment is light, but strong.
그 장비는 가볍지만 튼튼하다.

[b] The ladder is strong enough to support your weight.
사다리는 네 몸무게를 지탱할 만큼 충분히 튼튼하다.

5 피수식체는 색깔, 냄새, 말투 등이고, strong은 이들의 세기가 강함을 나타낸다.

[a] The room was decorated in strong colors.
그 방은 강한 색깔들로 장식되어 있었다.

[b] A strong smell of ginger overpowered the soup.
생강의 강한 냄새가 그 수프의 다른 맛을 압도했다.

[c] She has a strong Australian accent.
그녀는 강한 호주 말투를 쓴다.

6 피수식체는 느낌, 믿음, 의무감 등이고, strong은 이들이 강함을 나타 낸다.

[a] I have a strong feeling that he is not coming.
나는 그가 오지 않을 것이라는 강한 느낌을 받았다.

[b] She has a strong belief in God.
그녀는 신의 존재에 대한 강한 믿음을 가지고 있다.

[c] He has always a strong sense of duty.
그는 늘 강한 의무감을 가지고 있다.

7 피수식체는 우정, 유대, 인과관계, 결속감 등이고, strong은 이들이 튼 튼함을 나타낸다.

[a] A strong friendship was established.
강한 우정이 성립되었다.

[b] There is a strong link between exercise and a healthy heart.
운동과 건강한 심장 사이에 강한 인과관계가 있다.

[c] There is a very strong bond between the two of us.
우리 둘 사이에 매우 강한 결속감이 있다.

8 피수식체는 유사성이고, strong은 유사성이 많음을 나타낸다.

[a] He bears a strong resemblance to his father.
그는 그의 아버지와 닮은 점이 지니고 있다.

[b] What a strong likeness there is between the brothers!
그 형제들 사이는 아주 큰 유사성이 있구나!

[c] They share a strong similarity in their view of the situation.
그들은 그 상황에 대한 관점에 있어서 매우 유사한 점을 공유한다.

9 피수식체는 마음을 나타내고, strong은 이들이 튼튼함을 나타낸다.

[a] The boy is not strong enough to resist the temptation.
그 소년은 그 유혹을 물리칠 만큼 마음이 강하지 않다.

[b] She's strong enough to handle the news.
그녀는 그 소식을 감당할 만큼 마음이 강하다.

[c] You must be strong, and must not let their remarks bother you.
너는 정신이 튼튼해야 하고 그들의 말이 너를 괴롭게 해서는 안 된다.

10 피수식체는 전치사 on의 목적어에 강하다. 즉 잘한다.

[a] As a guitarist, he is strong on technique.
기타리스트로서 그는 기교에 강하다.

[b] I was strong on history.
나는 역사에 강했다.

[c] My family has always been strong on science.
나의 가족은 항상 과학에 강했다.

11 피수식체는 승산, 가능성, 개연성 등이고, strong은 이들이 큼을 나타낸다.

[a] The chances of success are strong.
성공의 승산은 강하다.

[b] There is a strong possibility that he will win in the next elextion.

그는 다음 선거에 이길 가능성이 크다.

[c] There is a strong probability that there will be oil under the sea.

바다 밑에 기름이 있을 개연성이 높다.

12 피수식체는 압력, 해류, 주먹질 등이고, strong은 이들이 강함을 나타낸다.

[a] He is under strong pressure.

그는 강한 압력 아래에 있다.

[b] We were caught in the strong grip of the current.

우리는 해류의 강한 힘에 붙잡혔다.

[c] He received a strong punch.

그는 강한 주먹질을 당했다.

13 피수식체는 수이고, strong과 함께 쓰이면 집합체의 수를 나타낸다.

[a] Our social club is currently about fifty strong.

우리의 사교 클럽은 현재 회원수가 약 50명 있다.

[b] Our team of volunteers are 60 strong, and still growing.

지원자들로 이루어진 우리 팀은 회원수가 60명이고, 여전히 증가하고 있다.

[c] The crowd at the rally was 10,000 strong.

그 집회에 모인 군중은 그 수가 10,000명이었다.

14 피수식체는 이목구비이고, strong은 이들이 뚜렷하게 보임을 나타낸다.

[a] She has strong features.
그녀는 눈에 띄는 이목구비를 갖고 있다.

[b] She has the same strong nose as her father.
그녀는 아버지와 똑같이 뚜렷한 코를 가지고 있다.

SUCH

이 형용사는 어떤 개체와 동류임을 나타낸다.

1 피수식체는 앞에서 언급된 것과 동류의 것임을 나타낸다.

[a] He'll probably say that his car broke down, or some such excuse.
그는 아마도 그의 차가 고장 났다고 할 것이다, 또는 그와 비슷한 변명을 할 것이다.

[b] He said "get out" or some such rude remark.
그는 "나가라"라거나 또는 그런 종류의 무례한 말을 했다.

[c] Some of the dialog was in Russian, or some such language.
그 대화의 일부는 러시아어나 또는 그와 비슷한 언어로 이루어졌다.

[d] This net keeps out flies, mosquitoes and all such insects.
이 망은 파리, 모기, 그리고 모든 그런 종류의 곤충들을 막아준다.

2 피수식체는 전치사 as의 목적어와 동류이다.

[a] There are no such things as ghosts.
유령과 같은 것들은 존재하지 않는다.

[b] There is no such person as Santa claus.
산타클로스와 같은 이러한 사람은 없다.

[c] There is no such thing as luck.
행운 따위는 없다.

[d] There is no such thing as a free lunch.
공짜 점심 따위는 없다.

3 피수식체는 such의 앞쪽에 와 있다.

[a] He enjoys team sports such as basketball, football, and volleyball.
그는 농구, 축구, 그리고 발리볼과 같은 이러한 팀으로 하는 운동을 즐긴다.

[b] Large and important projects such as this one often take years to develop.
이것과 같은 크고 중요한 계획들은 개발하는 데 종종 수년이 걸린다.

[c] Opportunities such as this did not come every day.
이와 같은 기회들은 매일 오지 않았다.

[d] The money is used to buy basic foods such as flour, rice, and pasta.
그 돈은 밀가루, 쌀, 그리고 파스타와 같은 기본적인 식품을 사는 데 쓰인다.

4 피수식체는 대화 중에 이미 언급되었거나 마음 속에 있는 것과 동류이다.

[a] He's such a kind man.
그는 그렇게도 친절한 사람이다.

[b] I'm looking for a device for removing staples, if such a thing exists.
나는 스테이플러를 제거하는 데 쓰이는 기구를 찾고 있어. 그런 것이 존재한다면 말이야.

[c] It isn't quite such a problem as I thought.
그것은 내가 생각했던 꼭 그런 문제가 아니다.

[d] Surrender? No one would have suggested such a thing.
항복하라고? 아무도 그런 것을 제안한 사람은 없었다.

5 전치사 as의 목적어는 to부정사 구문이다.

[a] She fell in such a way as to crush both ankles.
그녀는 두 발목이 으스러지는 것과 같은 방법으로 넘어졌다.

[b] Her treatment of the servants was such as to cause
great resentment.
그녀의 하인 다루기는 큰 분노를 일으키는 그런 것이었다.

[c] They are not such idiots as to think that.
그들은 그렇게 생각할 만큼 그런 바보들이 아니다.

6 such는 서술적으로 쓰였고, 그 정도가 that-절이 가리키는 만큼 대단
하다.

[a] Such was his reputation in the city that no one ever
questioned his integrity.
이 도시에서 그의 명성은 대단해서 아무도 그의 정직성을 의심하지 않았다.

[b] Such was the violence of the storm that boats were
sinking all around us.
폭풍의 사나움이 대단해서 우리 주위의 배들이 다 가라앉고 있었다.

[c] The damage was such that it would cost thousands to
repair.
그 피해는 대단했기 때문에 보수비가 수천 달러 들것이다.

[d] Their confidence was such that they spent a huge
amount of money on TV advertizing.
그들의 자신감은 대단해서 그들은 막대한 돈을 TV광고에 썼다.

SUDDEN

이 형용사는 갑작스러운 상태를 나타낸다.

1 피수식체는 습격, 폭발, 죽음, 변화 등이고, sudden은 이들이 갑작스럽게 일어남을 나타낸다.

[a] A sudden attack surprised the enemy.
급습이 그 적을 놀라게 했다.

[b] A sudden explosion destroyed the building.
갑작스런 폭발이 그 건물을 파괴시켰다.

[c] The family was deeply affected by the sudden death of the father.
그 가족은 아버지의 갑작스런 죽음에 깊은 충격을 받았다.

[d] The region has undergone a sudden change in temperature.
그 지역에서는 기온의 갑작스러운 변화가 있었다.

2 피수식체는 통증, 폭풍, 소음, 영감 등이고, sudden은 이들이 갑작스럽게 일어남을 나타낸다.

[a] She felt a sudden pain in the hip.
그녀는 엉덩이에 갑작스런 통증을 느꼈다.

[b] I was unprepared for the sudden storm.
나는 갑작스런 폭풍에 대해 준비가 되어 있지 않았다.

[c] We all jumped at the sudden loud noise.
우리 모두는 갑작스런 큰 소음을 듣고 소스라쳤다.

[d] A sudden inspiration has led him to the invention.
갑작스런 영감이 그를 그 발명으로 이끌었다.

3 sudden은 서술적으로 쓰였다.

[a] His death was sudden.
그의 죽음은 갑작스러웠다.

[b] His departure was very sudden and unexpected.
그의 출발은 너무 갑작스럽고 뜻밖이었다.

SURE

이 형용사는 화자의 확실한 믿음을 나타낸다.

1 피수식체는 about의 목적어에 대해서 확신감을 갖는다.

[a] I am not sure about him yet.
나는 아직 그에 대해서 확신하지 않는다.

[b] We are not sure about the meeting.
우리는 그 회담에 대해서 확신이 없다.

2 피수식체는 전치사 of의 목적어를 확신한다.

[a] I am sure of getting a good seat.
나는 좋은 자리를 얻을 거라고 확신한다.

[b] They are sure of winning the election.
그들은 선거에서 이길 거라고 확신한다.

[c] I am sure of his approval.
나는 그의 승인을 확신한다.

[d] They felt sure of success.
그들은 성공을 확실히 느꼈다.

3 피수식체는 that-절의 명제를 확신한다.

[a] Are you sure that these figures are right?
너는 이 계산이 정확하다고 확신하니?

[b] **I am** sure **that my answer is correct.**
나는 내 대답이 옳다는 것을 확신한다.

[c] **I am** sure **that you made the right decision.**
나는 네가 옳은 결정을 내렸다고 확신한다.

[d] **I was** sure **that he would come again.**
나는 그가 다시 올 거라고 확신했다.

4 피수식체는 의문사절 내용을 확신한다.

[a] **No one is** sure **why he resigned.**
아무도 왜 그가 사임했는지 확실히 모른다.

[b] **They are not** sure **where he wants to go.**
그들은 그가 어디로 가기를 원하는지 확실히 알지 못한다.

5 피수식체는 승리, 지식, 징후, 방법 등이고, sure는 이들이 확신감을 주는 상태를 나타낸다.

[a] **They predicted a** sure **victory.**
그들은 확실한 승리를 예측했다.

[b] **I have a** sure **knowledge of his promotion.**
나는 그의 승진에 대한 확실한 지식을 가지고 있다.

[c] **The high clouds are a** sure **sign of snow.**
높은 구름들은 눈이 올 확실한 징후이다.

[d] **The** surest **way to get there on time is taking the subway.**
거기에 제시간에 도착하는 가장 확실한 방법은 지하철을 타는 것이다.

6 sure는 서술적으로 쓰였다.

> [a] Before I walk on it, is this bridge sure?
> 내가 그 위로 걸어가기에 앞서. 이 다리가 믿을 만하니?
>
> [b] All the data in this report are absolutely sure.
> 이 보고서 안의 모든 자료는 확실히 믿을 만하다.

7 피수식체는 to−부정사 과정을 겪을 것이라고 화자가 확신한다.

> [a] He is sure to come.
> 그는 반드시 온다.
>
> [b] If you get drunk, you're sure to feel rotten tomorrow.
> 만약 네가 취하면. 너는 내일 반드시 기분이 엉망일 것이다.
>
> [c] It's sure to rain.
> 확실히 비가 온다.
>
> [d] The exhibition is sure to be popular.
> 그 전시회는 확실히 인기가 많을 것이다.

8 피수식체는 명령을 받는 사람이고, sure는 명령을 받는 이가 주어진 일을 반드시 하라는 뜻이다.

> [a] Be sure to fasten your seat belt.
> 안전벨트를 꼭 매어라.
>
> [b] Be sure to finish your homework by tomorrow.
> 너의 숙제를 내일까지 반드시 해라.

SWEET

1 피수식체는 사과, 차 등이고, sweet는 이들의 맛이 단것을 나타낸다.

[a] **She prefers** sweet **apple.**
그녀는 단 사과를 선호한다.

[b] **This tea is too** sweet.
이 차는 너무 달다.

2 피수식체는 냄새이고, sweet는 이들이 향기로움을 나타낸다.

[a] **The flowers has a** sweet **smell.**
그 꽃들은 좋은 향기가 난다.

[b] **The roses smell** sweet.
그 장미는 향이 좋다.

[c] **The air was** sweet **with incense.**
그 공기는 향기로웠다.

3 피수식체는 소리이고, sweet는 이들이 감미로움을 나타낸다.

[a] **A** sweet **violin solo was flowing out of the room.**
아름다운 바이올린 독주 소리가 그 방에서 흘러나오고 있었다.

[b] **She has a very** sweet **voice.**
그녀는 굉장히 감미로운 목소리를 가지고 있다.

[c] Every morning we wake up at the sweet song of a skylark.

매일 아침 우리는 종달새의 감미로운 노래 소리를 듣고 잠에서 깬다.

4 피수식체는 모습이고, sweet는 이들이 보기가 좋은 상태를 나타낸다.

[a] You look sweet in this photograph.

너는 이 사진 속에서 귀여워 보인다.

[b] Your little boy looks very sweet in his new coat.

네 어린 아들은 새 코트를 입으니 너무 귀여워 보인다.

5 피수식체는 전치사 to의 목적어에 상냥하거나 친절하다.

[a] My grandparents are sweet to me.

내 조부모님은 나에게 친절하시다.

[b] Kathy is really sweet to me.

Kathy는 나에게 정말 친절하다.

[c] The old lady was sweet to the homeless.

그 할머니는 노숙자에게 친절했다.

6 sweet는 과정과 사람을 동시에 수식한다.

[a] It's very sweet of you to help me.

저를 도와주다니 당신은 정말 친절하시군요.

[b] It was so sweet of you to do this.

이걸 하다니 너는 정말 마음이 곱구나.

TALL

이 형용사는 지면에서 위로 뻗힌 높이가 큼을 나타낸다.

① 피수식체는 탑, 나무, 사람 등이고, tall은 이들의 높이가 높음을 나타낸다.

[a] How tall is the Eiffel Tower?
에펠탑이 얼마나 높습니까?

[b] The trees can grow very tall in the right conditions.
그 나무들은 정상적인 조건에서 매우 크게 자랄 수 있다.

[c] Every one in the family is tall.
그 가족 모두가 키가 크다.

② tall은 한정적으로 쓰였다.

[a] Huge tall skyscrapers loomed out of the fog.
굉장히 높은 고층빌딩들이 안개 밖으로 어렴풋이 보였다.

[b] The tall chimneys are giving off volumes of black smoke.
그 높은 굴뚝들이 대량의 검은 연기를 뿜어내고 있다.

[c] The tall trees seem to touch the sky.
그 큰 나무들은 하늘에 닿는 듯하다.

[d] The tall tower commands a fine view.
그 높은 탑은 좋은 정경을 내려다본다.

3 tall은 높낮이에 관계없이 높이를 나타낸다.

[a] **This tree is 3 feet tall.**
이 나무는 높이가 3피트이다.

[b] **How tall are you?**
너는 키가 몇이니?

4 피수식체는 이야기이고, tall은 이들이 호언장담임을 나타낸다.

[a] **He is talking tall.**
그는 과장해서 이야기하고 있다.

[b] **Jane is full of tall stories about her trip to Asia.**
Jane은 그녀의 아시아 여행에 대해 거창한 얘기를 많이 하고 있다.

5 피수식체는 주문이고, tall은 감당하기 어려움을 나타낸다.

[a] **My boss wants this project finished a week early – that's a tall order.**
내 상사는 이 기획 사업이 일주일 일찍 끝나기를 바라지만 – 그건 벅찬 주문이다.

[b] **Reducing the deficit, that's a tall order.**
적자를 줄이는 것. 그것은 벅찬 주문이다.

THICK

이 형용사는 두꺼운 상태를 나타낸다.

1 피수식체는 먼지 층, 빵조각, 코트, 눈썹 등이고, thick은 이들의 두께가 두꺼움을 나타낸다.

[a] There is a thick layer of dust on the desk.
책상 위에 두꺼운 먼지 층이 있다.

[b] He ate a thick slice of bread.
그는 두터운 빵 한 조각을 먹었다.

[c] Take a thick coat with you.
두터운 코트를 입고 나가라.

[d] He has thick eyebrows.
그는 두터운 눈썹을 가졌다.

2 피수식체는 목소리나 발음이고, thick은 이들이 굵직하거나 투박함을 나타낸다.

[a] We hear his thick Scottish voice.
우리는 그의 굵직한 스코틀랜드 목소리를 듣는다.

[b] His voice was thick and gruff.
그의 목소리는 굵고 무뚝뚝했다.

[c] He speaks with a thick accent.
그는 강한 어투로 말한다.

[d] The Germans laughed because I spoke with a thick American accent.

그 독일인들은 내가 강한 미국식 투박한 어투로 말해서 웃었다.

3 thick은 얇고 두꺼움에 관계없이 두께를 나타낸다.

[a] The board is two inches thick.

그 판자는 두께가 2인치이다.

[b] The wall is three inches thick.

그 벽은 두께가 3인치이다.

[c] The slice of the bread is one inch thick.

그 빵조각은 두께가 1인치이다.

[d] The piece of wood is two meters long, 50 centimeters wide and 10 centimeters thick.

그 판자조각은 길이가 2m, 넓이 50cm 그리고 두께가 10cm이다.

4 피수식체는 매연, 안개, 구름 등이고, thick은 이들의 농도가 두텁고 짙은 상태를 나타낸다.

[a] The city was covered with thick smoke.

그 도시는 짙은 매연으로 덮여 있었다.

[b] The plane couldn't land in a thick fog.

그 비행기는 짙은 안개 속에서 착륙할 수 없었다.

[c] The thick cloud hid the summit from view.

그 두꺼운 구름은 그 정상을 시야에서 가렸다.

5 피수식체는 수프, 페인트, 소스, 시럽 등이고, thick은 이들의 농도가 짙음을 나타낸다.

[a] We had thick soup for dinner.
우리는 저녁으로 진한 수프를 먹었다.

[b] The bench still has thick paint on it.
그 벤치는 아직도 칠해진 페인트가 끈적끈적하다.

[c] You have to use a thick creamy sauce.
당신은 진한 크림이 많이 든 소스를 써야 한다.

[d] I smeared the thick syrup over my pancake.
나는 내 팬케이크 위에 진한 시럽을 발랐다.

6 피수식체는 전치사 with의 목적어로 가득 차 있다.

[a] The road was thick with mud.
그 도로는 진흙으로 가득했다.

[b] The air was thick with acrid smoke.
그 공기는 매운 연기로 자욱했다.

[c] The streets are thick with people.
그 거리들은 사람들로 혼잡했다.

[d] The staircase is thick with dust.
그 계단은 먼지로 덮여 있다.

7 피수식체는 전치사 in의 목적어에 빽빽이 많다.

[a] The cod were so thick in the water that they caught thousands very quickly.
그 대구 떼가 물속에서 아주 빽빽해서 그들은 수천 마리를 빠른 시간 안에 잡았다.

[b] Butterflies are thick in the garden.
그 정원에 나비들이 매우 많다.

[c] Exhaust fumes are thick in the air.
매연가스가 공기 중에 자욱하다.

[d] Police officers are thick in the airport.
경찰관들이 공항에 빽빽이 깔려 있다.

8 thick은 한정적으로 쓰였다.

[a] It's difficult to move through a thick forest of trees.
나무가 빽빽이 들어선 숲을 지나가기는 어렵다.

[b] She ran her fingers through her thick hair.
그녀는 그녀의 숱 많은 머리카락 사이로 손가락을 움직여서 빗질했다.

[c] It is difficult to move through the thick crowd.
빽빽한 군중 속을 지나가기는 어렵다.

9 피수식체는 사람이고, thick은 이들의 머리가 꽉 막힌 상태를 나타낸다.

[a] I am not that thick.
나는 그렇게 둔하지 않다.

[b] I told you not to touch that. Are you deaf or just thick?
내가 그것을 만지지 말라고 말했는데. 귀가 먹었니? 아니면 그냥 미련한 거니?

[c] There's no point asking Henry. He's thick.
Henry에게 물어봤자 별 의미가 없다. 그는 정말 꽉 막혔다.

[d] Sometimes he can be a little thick.
때때로 그는 좀 둔할 수 있다.

10 피수식체는 전치사 with의 목적어와 두터운 관계에 있다.

[a] Her parents are thick with mine.
그녀의 부모님은 우리 부모님과 친하다.

[b] My brother is thick with John.
내 동생은 John과 두터운 사이이다.

11 피수식체는 말이고, thick은 이들이 과장임을 나타낸다.

[a] That's rather thick.
그건 좀 지나친 편이다.

[b] This is a bit too thick.
이것은 좀 너무 지나치다.

12 피수식체는 전치사 of의 목적어를 잘 이해하지 못한다.

[a] He is thick of hearing.
그는 잘 듣지 못한다.

[b] He is thick of perceiving colors.
그는 색을 식별하지 못한다.

TIRED

이 형용사는 몸이나 마음이 지친 상태를 나타낸다.

1 피수식체는 사람이고, tired는 이들의 몸이 지친 상태를 나타낸다.

[a] You must be tired after the long journey.
너는 긴 여행 후에 지쳐 있음에 틀림없다.

[b] He felt too tired to drive home.
그는 너무 피곤해서 집까지 운전할 수 없다고 느꼈다.

[c] I don't want to go for a walk. I'm too tired.
나는 산책하기 싫어. 너무 피곤하거든.

[d] She is tired after working all day.
그녀는 하루 종일 일하느라 지쳐 있다.

2 피수식체는 팔, 눈 등이고, tired는 이들이 지쳐 있음을 나타낸다.

[a] My arms are tired, and my back is tense.
내 팔들은 지치고 내 허리는 긴장되어 있다.

[b] My eyes are tired.
내 눈은 지쳐 있다.

3 tired는 한정적으로 쓰였다.

[a] "Please come and help me." she said in a tired voice.
"와서 나를 도와주세요."라고 그녀가 지친 목소리로 말했다.

[b] The tired children slept in the car on their way home.
지친 아이들은 집으로 오는 길에 차 안에서 잤다.

[c] The tired traveller went to bed early.
지친 여행객은 일찍 잠자리에 들었다.

[d] You should give tired leg muscles a chance to recover.
당신은 지친 다리 근육에 회복할 기회를 주어야 합니다.

4 피수식체는 전치사 of의 목적어에 마음이 지쳐 있다.

[a] I am sick and tired of all the arguments.
나는 그 논쟁에 구역질이 나고 싫증이 나 있다.

[b] I am tired of all the noise upstairs.
나는 위층의 모든 소음에 지쳐 있다.

[c] I am tired of all her negative remarks.
나는 그녀의 모든 부정적인 말들에 지쳐 있다.

[d] I am tired of my hair. I think I will have it cut.
나는 내 머리 모양이 지겨워. 나는 그 머리를 자르려고 생각한다.

5 피수식체는 농담, 얼굴 등이고, tired는 지겨움을 줌을 나타낸다.

[a] He always comes out with the same tired old jokes.
그는 항상 똑같은 지겨운 농담을 한다.

[b] I don't want to hear another of his tired jokes every day.
나는 그의 또 다른 지겨운 농담을 매일 듣고 싶지 않다.

[c] It's always the same tired old faces at the meetings.
똑같은 지겨운 얼굴들이 그 회의에 참석했다.

TRUE

1 피수식체는 문, 이음새, 깔개, 서랍장 등이고, true는 이들이 조합을 이루는 개체에 잘 들어맞음을 나타낸다.

[a] If the door is not true with the frame, it won't close.
문과 문틀이 맞지 않으면 닫히지 않을 것이다.

[b] The joint was not true, and was finally knocked loose.
그 이음새가 맞지 않아서 결국 느슨해졌다.

[c] The lid of your desk is not true.
네 책상의 깔개가 맞지 않다.

[d] None of the drawers were true.
서랍장이 하나도 맞지가 않았다.

2 피수식체는 포유류, 관심, 우애, 시험 등이고, true는 이들이 각 범주의 원형에 들어맞음을 나타낸다.

[a] Despite its appearance, the whale is a true mammal.
그의 생김새에도 불구하고 고래는 진정한 포유류이다.

[b] Our teacher has true interest in her students.
우리 선생님은 그녀의 학생들에게 진정한 관심을 가지고 계신다.

[c] She showed true brotherly love.
그녀는 진정한 우애를 보여주었다.

[d] The ability to work collaboratively is a true test of leadership.
협력해서 일할 수 있는 능력은 지도력의 진정한 시험 방법이다.

3 피수식체는 감정, 성격, 동기, 자아 등이고, true는 이들이 실제와 맞음을 나타낸다.

[a] He confessed his true feelings about his parents.
그는 부모님에 대한 그의 진실한 감정을 고백했다.

[b] He reveals his true character to very few people.
그는 그의 실제 성격을 극소수의 사람들에게만 드러낸다.

[c] Her true motives only emerged later.
그녀의 진정한 동기들은 나중에서야 드러났다.

[d] We hide our true selves from others.
우리는 우리의 진정한 자아를 다른 사람들에게 숨긴다.

4 피수식체는 묘사, 이야기, 반영 등이고, true는 이들이 사실과 맞음을 나타낸다.

[a] I suspect she gave a true picture.
나는 그녀가 실제 사실을 묘사했는지 의심스럽다.

[b] Reporters dig for true story, not a rumor.
기자들은 소문이 아닌 실제 이야기를 캐낸다.

[c] The movie is based on the true story of a girl.
그 영화는 한 소녀의 실제 이야기를 바탕으로 한다.

[d] The exam results are not a true reflection of your abilities.
그 시험 결과들이 네 능력의 실제 반영이 아니다.

5 피수식체는 전치사 to의 목적어에 일치한다.

[a] The movie is not true to the book.
그 영화는 책의 내용과 일치하지 않는다.

[b] The painting is true to life.
그 그림이 실제와 일치한다.

6 피수식체는 전치사 of의 목적어에도 들어맞는다.

[a] Alcohol should be consumed in moderation, and it is particularly true of pregnant women.
술은 적절히 마셔야 하고, 그것은 특히 임신부들에게 맞는 말이다.

[b] Babies need a lot of care, and this is particularly true of newborns.
아기들은 많은 보살핌을 필요로 하고, 이것은 특히 신생아들에게 적용된다.

[c] Expenditure on health has gone down in most of these countries, but the same is true of education.
건강에 대한 지출은 이들 대부분의 나라에서 줄었고 이것은 교육에 대해서도 마찬가지이다.

7 피수식체는 경고, 예측, 꿈, 소망 등이고, true는 이들이 실현됨을 나타낸다.

[a] All of his warnings came true.
모든 그의 경고가 현실로 나타났다.

[b] By 1975, the worst economic predictions had come true.
1975년에 이르러 최악의 경제 예측들이 사실로 나타났다.

[c] His dream of owning a car has come true.
차를 사겠다는 그의 꿈이 실현되었다.

[d] When he married, all his wishes came true.

그가 결혼했을 때 그의 모든 소망이 실현되었다.

8 it은 that-절의 명제를 가리키고, true는 이들이 사실임을 나타낸다.

[a] Would it be true to say that you never liked your father?

네가 결코 아버지를 좋아하지 않았다고 말한다면 그것이 사실일까?

[b] Is it true that you're leaving soon?

네가 곧 떠난다는 게 사실이야?

[c] It is only too true that people are judged by their accents.

사람들이 그들의 말투로 판단된다는 것은 너무나도 명백한 사실이다.

9 피수식체는 전치사 to의 목적어에 충실하다.

[a] He has always been true to the party.

그는 항상 파티에 충실해왔다.

[b] Through the years, he stayed true to the company.

여러 해 동안 그는 그 회사에 충실하게 남아 있었다.

[c] Throughout the whole ordeal, she remained true to her husband.

모든 시련을 거치는 동안 그녀는 남편에게 충실히 남아 있었다.

[d] He is true to his wife, and does not fool around.

그는 아내에게 충실하고 바람피우고 돌아다니지 않는다.

URGENT

이 형용사는 즉시 처리되어야 하는 상태를 나타낸다.

① 피수식체는 업무, 치료, 연락, 행동 등이고, urgent는 이들이 긴급함을 나타낸다.

[a] He has an urgent business to attend to.
그는 주의를 기울여야 하는 급한 일이 있다.

[b] He needs urgent medical attention.
그는 긴급한 병원 치료가 필요하다.

[c] He sent an urgent message to his lawyer.
그는 그의 변호사에게 긴급한 연락을 보냈다.

[d] The most urgent thing in a fire is to make sure everyone is out of the building.
화재 시 가장 긴급하게 해야 할 행동은 모든 사람들이 그 건물 밖으로 나오는 것을 확실하게 하는 것이다.

② 피수식체는 소리이고, urgent는 이것이 긴박함을 자아내는 상태를 나타낸다.

[a] His mother spoke in urgent undertones.
그의 어머니는 긴박한 저음으로 말했다.

[b] His voice is low and urgent.
그의 음성은 낮고 긴박했다.

[c] She spoke in low urgent voices.
그녀는 낮고 긴박한 목소리로 말했다.

③ 피수식체는 필요이고, urgent는 이들이 긴급함을 나타낸다.

[a] Many people are in urgent need of food and water.
많은 사람들이 음식과 물을 긴박하게 필요로 한다.

[b] We have an urgent need for help. We are running out of food.
우리는 절박한 도움을 절실히 필요로 한다. 우리는 식량이 떨어져 가고 있다.

④ 피수식체는 전치사 with의 목적어를 재촉한다.

[a] He was urgent with me for the return of the money.
그는 나에게 돈을 되돌려 달라고 재촉했다.

[b] The electricity company is becoming urgent with us for the payment of the bill.
그 전기회사는 전기료를 갚으라고 우리를 재촉하고 있다.

[c] The bank is urgent with me for the payment of the student loan.
그 은행은 나를 학자금 융자를 갚으라고 재촉한다.

[d] He is urgent with her for the repair of his car.
그는 그녀에게 그의 차를 수리해 달라고 재촉했다.

USEFUL

이 형용사는 쓸모 있는 상태를 나타낸다.

1 피수식체는 페인트, 코트, 지식, 충고 등이고, useful은 이들이 유용함을 나타낸다.

[a] Keep that paint! It might come in useful.
그 페인트를 남겨둬! 유용하게 쓰일지도 몰라.

[b] Take your coat. It will come in useful if it rains.
코트를 가져가라. 비가 오면 유용하게 쓰일 것이다.

[c] Your knowledge of Korean may come in useful.
한국에 대한 네 지식이 유용하게 쓰일지도 모른다.

[d] Your advice has been very useful.
네 충고가 매우 유용했다.

2 피수식체는 사람이고, useful은 이들이 쓸모 있는 상태를 나타낸다.

[a] Can I do anything to make myself useful?
쓸모 있는 일을 내가 할 수 있나요?

[b] Now you're here, you might as well make yourself useful.
There is a lot cleaning up to do.
네가 여기 있으니 너 자신을 쓸모 있게 하는 게 좋겠다. 청소할 것이 많다.

[c] She made herself useful tidying the kitchen.
그녀는 부엌을 정돈하면서 스스로를 쓸모 있게 했다.

[d] She's very useful to have her around.
그녀는 주위에 두기에 참 유용하다.

3 피수식체는 전치사 in의 목적어가 가리키는 영역에서 유용하다.

[a] His experience in the building trade proved useful in re-roofing the garage.
건축업에서의 그의 경험은 차고 지붕을 새로 덮는 일에 쓸모 있는 것으로 드러났다.

[b] Hypo-therapy is useful in helping you give up smoking.
저치료법은 네가 담배를 끊는 것을 도와주는 데 유용하다.

[c] Tools such as a hammer and a screw driver are useful in fixing something.
망치나 드라이버와 같은 연장들은 물건을 고치는 데 유용하다.

4 피수식체는 전치사 for의 목적어에 유용하다.

[a] The baskets are useful for picnics.
그 바구니는 소풍에 유용하게 쓰인다.

[b] The slow cooker is useful for those who go out all day.
저온 요리기가 하루 종일 밖에 나가 있는 사람들에게 유용하다.

[c] These yellow stickers are useful for leaving messages.
이 노란 스티커들이 메시지를 남기는 데 유용하다.

5 피수식체는 전치사 to의 목적어에 유용하다.

[a] He might be useful to us.
그는 우리에게 쓸모가 있을지도 모른다.

[b] The information may be useful to the enemy.
그 정보는 적군에게 유용할 수도 있다.

[c] The technology is useful to farmers.
그 기술은 농부들에게 유용하다.

6 useful은 한정적으로 쓰였다.

[a] The travel agent gave us a useful map.
그 여행사는 우리에게 유용한 지도를 제공했다.

[b] He's a very useful member of society.
그는 매우 쓸모 있는 사회구성원이다.

[c] Her language skills made her a useful addition to our team.
그녀의 언어 실력이 그녀를 우리 팀의 유용한 구성원으로 만들었다.

[d] His book is a useful contribution to our understanding of how Beethoven worked.
그의 책은 베토벤이 어떻게 작곡했는가를 우리가 이해하는 데 유용한 도움이 된다.

7 it은 to-부정사의 과정을 가리키고, useful은 이들이 유용함을 나타낸다.

[a] It's useful to know that.
그걸 아는 게 유용하다.

[b] It can be useful to write a short summary of your report.
네 보고서의 짧은 요약문을 쓰는 것이 유익할 수 있다.

[c] Would it useful for you to ask us some questions?
당신이 우리에게 몇 가지 질문을 하는 것이 유용할까요?

USUAL

이 형용사는 보통 있거나 일상적으로 일어나는 상태를 나타낸다.

1 피수식체는 행동, 솜씨, 정직함, 친근감 등이고, usual은 이들이 일상적임을 나타낸다.

[a] Arguing is not his usual behavior.
논쟁하는 것은 그의 일상적인 행동이 아니다.

[b] He accomplished the job with his usual skill.
그는 그 일을 평소 솜씨로 완수했다.

[c] She answered with her usual honesty.
그녀는 평소의 정직함으로 대답했다.

[d] She is smiling her usual friendly smile.
그녀가 평소의 친근한 미소를 짓고 있다.

2 피수식체는 기간, 옷, 샌드위치, 자리 등이고, usual은 이들이 평소에 쓰임을 나타낸다.

[a] He completed his exams in four months, instead of the usual six months.
그는 평소 6개월에 하는 것을 4개월 안에 시험을 마쳤다.

[b] He was wearing his usual T-shirt and blue jeans.
그는 평소에 입던 티셔츠와 청바지를 입고 있었다.

[c] John ordered his usual sandwich.
John은 평소에 먹는 샌드위치를 주문했다.

[d] Someone was sitting in my usual seat in the coffee house.

누군가가 그 커피숍에서 내가 평소에 앉는 자리에 앉아 있었다.

3 it은 to-부정사 과정을 가리키고, usual은 이들이 일상적임을 나타낸다.

[a] Is it usual for lectures to start early?

강의가 일찍 시작하는 게 일상적입니까?

[b] It's usual to ask permission before borrowing any equipment.

어떤 장비를 빌리기 전에 허가를 요청하는 것이 일상적이다.

[c] It is not usual for him to be so late.

그가 그렇게 늦는 것은 일상적이지 않다.

[d] It is usual to start a speech by thanking everyone for coming.

연설은 모든 사람들이 온 것에 감사하는 말로 시작하는 것이 일상적이다.

4 usual은 명사로서 전치사 as의 목적어로 쓰인다.

[a] As usual, they left the children with Susie.

평소와 같이 그들은 아이들을 Susie에게 맡겼다.

[b] He stood as usual, waiting for the bus to come.

그는 서서 평상시와 같이 버스가 오기를 기다렸다.

[c] John ordered eggs for breakfast as usual.

John은 평상시와 같이 아침으로 달걀을 주문했다.

[d] The day we had lunch at one o'clock as usual.

그 날 우리는 평소와 같이 1시에 점심을 먹었다.

VACANT

이 형용사는 비어 있는 상태를 가리킨다.

1 피수식체는 창고, 주차 공간, 방, 병상 등이고, vacant는 이들이 비어 있음을 나타낸다.

[a] They are looking for a vacant warehouse.
그들은 비어 있는 창고를 찾고 있다.

[b] He parked his car in the vacant lot.
그는 빈 주차 공간에 차를 대었다.

[c] None of the hotels had a vacant room.
그 호텔들 가운데 어느 것도 빈방이 없었다.

[d] The hospital has no vacant beds.
그 병원은 빈 병상이 하나도 없다.

2 vacant는 서술적으로 쓰였다.

[a] Is that seat vacant?
그 자리가 비어 있습니까?

[b] The house has been vacant since early spring.
그 집은 초봄부터 비어 있었다.

[c] The room on the second floor is vacant.
2층의 그 방이 비어 있다.

[d] The toilet is vacant now.
화장실이 지금 비어 있다.

3 피수식체는 미소, 시선, 표정, 응시 등이고, vacant는 이들에 의미가 없음을 나타낸다.

[a] She gave us a vacant smile.
그녀는 우리에게 무표정한 미소를 지었다.

[b] He gazed me with vacant eyes.
그는 나를 멍한 눈으로 바라보았다.

[c] He looked from his book with a vacant expression on his face.
그는 책에서 눈을 떼고 얼굴에 멍한 표정을 지으면서 보았다.

[d] The stranger's vacant stare made me nervous.
낯선 사람의 공허한 응시가 나를 신경 쓰게 만들었다.

4 피수식체는 시간이고, vacant는 이 속에 계획된 일이 없음을 나타낸다.

[a] He dozed the vacant hours away.
그는 한가한 시간을 졸면서 보냈다.

[b] He had an hour vacant of business.
그는 일이 없는 한 시간을 가졌다.

[c] He left the week vacant.
그는 그 한 주를 비워두었다.

5 피수식체는 전치사 of의 목적어가 없다.

[a] The passage is vacant of meaning.
그 글귀는 의미가 없다.

[b] I had an week vacant of work.
나는 일이 없는 한 주를 보냈다.

WARM

이 형용사는 따뜻한 상태를 나타낸다.

1 피수식체는 사람이고, warm은 이들의 체온이 따뜻함을 나타낸다.

[a] **Are you warm enough?**
너는 충분히 따뜻하니?

[b] **He is warm from a fever.**
그는 열로 인해 몸이 따뜻하다.

[c] **I ran fast to keep warm.**
나는 체온을 따뜻하게 유지하기 위해 빨리 뛰었다.

[d] **Make sure you keep warm.**
네 몸을 따뜻하게 하도록 해라.

2 피수식체는 날씨이고, warm은 이들이 따뜻한 느낌을 줌을 나타낸다.

[a] **It was warm enough for us to sit outside.**
날씨가 우리가 밖에 나가 앉을 수 있을 정도로 충분히 따뜻했다.

[b] **Yesterday was lovely and warm.**
어제는 날씨가 좋고 따뜻했다.

[c] **These plants grow well in warmer climates.**
이 식물들은 좀 더 따뜻한 기후에서 잘 자란다.

[d] **Today we had a warm sunset.**
오늘 우리는 따뜻한 일몰을 가졌다.

3 피수식체는 침낭, 피부, 미소, 축하 등이고, warm은 이들이 따뜻한 느낌을 줌을 나타낸다.

[a] The sleeping bag is very warm.
그 침낭은 매우 따뜻하다.

[b] His skin was warm to the touch.
그의 피부는 만지니까 따뜻했다.

[c] His smile is warm and friendly.
그의 미소는 따뜻하고 친절하다.

[d] Please send her my warmest congratulations.
그녀에게 나의 가장 열렬한 축하를 보내주세요.

4 피수식체는 마음, 어머니, 가족, 친구 등이고, warm은 이들이 다정함을 나타낸다.

[a] She has a warm heart.
그녀는 따뜻한 마음씨를 가지고 있다.

[b] She was a warm and loving mother.
그녀는 따뜻하고 애정이 깊은 어머니였다.

[c] They are a very warm family.
그들은 매우 다정한 가족이다.

[d] He is a warm friend.
그는 다정한 친구이다.

5 피수식체는 대답, 추측 등이고, warm은 이들이 정답에 가까이 있음을 나타낸다.

[a] Keep guessing. You're getting warmer.
계속 추측해봐. 너는 점점 정답에 가까워지고 있어.

[b] Your guesses are getting very warm.
너의 추측들은 매우 정답에 가까워지고 있다.

6 warm은 too와 같이 쓰여서 불쾌하거나 불편한 상태를 나타낸다.

[a] The gossip made her too warm for her.
그 험담은 그녀를 불쾌하게 만들었다.

[b] He is making things too warm for me.
그는 모든 일들을 나에게 불편하게 만들고 있다.

7 피수식체는 토론, 논쟁 등이고, 이들이 활기가 있음을 나타낸다.

[a] We had a warm debate.
우리는 활발한 토론을 벌였다.

[b] They are having a warm argument.
그들은 활발한 논쟁을 하고 있다.

WEAK

이 형용사는 약한 상태를 나타낸다.

1 피수식체는 몸 전체나 부분이고, weak는 이들이 힘이 없음을 나타낸다.

[a] He's weak from hunger.
그는 배가 고파서 힘이 없다.

[b] The illness had left him too weak to stand up.
그 병은 그를 너무 약하게 해서 일어서 있을 수 없게 했다.

[c] weak stomach muscles lead to back problems.
약한 배 근육들이 척추병으로 이어진다.

[d] His weak ankles left him with a limp.
그의 약한 발목이 그를 절룩거리게 했다.

2 피수식체는 의자 다리, 벽, 다리 등이고, weak는 이들이 약함을 나타낸다.

[a] The legs of the chair are weak.
그 의자의 다리들은 약하다.

[b] The walls are too weak to support the house.
벽들이 너무 약해서 그 집을 지탱할 수가 없다.

[c] The weak bridge swayed under the weight of the trucks.
그 약한 다리가 트럭들의 무게를 받고 흔들렸다.

3 피수식체에는 커피, 차, 술, 빛 등이고, weak는 이들의 강도가 약함을 나타낸다.

[a] I can't stand weak coffee.
나는 연한 커피는 못 마신다.

[b] She makes the tea too weak.
그녀는 차를 너무 연하게 만든다.

[c] The drink was too weak.
그 술이 너무 약했다.

[d] The light was too weak to read by.
불이 너무 약해서 그 빛으로 책을 읽을 수가 없다.

4 피수식체는 인격이나 마음이고, weak는 이들이 유약함을 나타낸다.

[a] He had a weak character, but not an evil one.
그는 유약하나 나쁜 성격은 아니다.

[b] She has a weak mind.
그녀는 나약한 마음의 소유자이다.

5 피수식체는 지도자이고, weak는 이들이 약함을 나타낸다.

[a] He is a weak leader.
그는 약한 지도자이다.

[b] He was a weak president.
그는 유약한 대통령이었다.

6 피수식체는 변명, 대책, 논거, 증거 등이고, weak는 이들의 설득력이 약함을 나타낸다.

[a] He gave a very weak excuse for being late.
그는 지각한 데 대해 매우 설득력이 약한 변명을 했다.

[b] The government employed weak measures to quell the disturbance.
그 정부는 소란을 억누르기 위해 설득력이 약한 대책들을 썼다.

[c] The lawyer gave a weak argument.
그 변호사는 설득력이 약한 논거를 제시했다.

[d] The evidence that is supposed to support the hypothesis is weak.
그 가설을 지지한다고 예상되는 증거가 설득력이 약하다.

7 피수식체는 전치사 at의 목적어에 능력이 약하다.

[a] He was weak at languages.
그는 언어에 약하다.

[b] Mary is weak at science.
Mary는 과학에 약하다.

8 피수식체는 전치사 in의 영역에 약하다.

[a] John is weak in sports.
John은 운동 분야에 약하다.

[b] He is weak in public speaking.
그는 대중연설하는 분야에서 약하다.

WELL

이 형용사는 만족스럽고 바람직한 상태를 나타낸다.

1 피수식체는 사람이고, well은 이들이 건강함을 나타낸다.

[a] **Get well soon.**
곧 건강해지세요.

[b] **I don't feel well today.**
나는 오늘 몸이 별로 좋지 않다.

[c] **Is she well enough to travel?**
그녀는 여행할 만큼 건강합니까?

[d] **You're looking well. The vacation obviously did you good.**
너 좋아 보인다. 휴가가 틀림없이 너에게 좋았구나.

2 피수식체 all은 사정이나 상황을 가리키고, well은 이들이 만족스러움을 나타낸다.

[a] **All's well that ends well.**
끝이 좋으면 다 좋은 것이다.

[b] **It seems that all is not well at home.**
국내에서는 사정이 좋지 않은 것처럼 보인다.

[c] **They said Mary should go to bed and rest. That's all well and good, but who's going to take care of the children.**
그들은 Mary가 잠자리에 들어 휴식을 취해야 한다고 말했다. 그것은 모두 만족스럽고 좋다, 그러나 누가 아이들을 돌볼 것인가?

3 it은 to-부정사의 과정을 가리키고 well은 이들이 만족스러움을 나타낸다.

[a] It would be just as well to call and say we might be late.
전화해서 우리가 늦을 거라고 말하는 편이 좋겠다.

[b] It's all very well for you to criticize, but could you have done it any better yourself?
당신이 비판하는 것 모두 당연하지만 그것을 당신인들 더 잘 할 수 있겠습니까?

[c] It's all very well for you to say it doesn't matter, but I have put a lot of work into this.
당신이 그것을 문제없다고 하는 것은 당연하지만 나는 그 일에 많은 노력을 기울였다.

4 it은 that-절의 명제를 가리키고, well은 이들이 타당함을 나타낸다.

[a] It is well that you didn't go.
네가 가지 않은 것은 바람직하다.

[b] It's just as well that I couldn't go to his party.
내가 그 파티에 갈 수 없었던 것은 당연한 일이다.

WET

이 형용사는 물기가 있는, 젖은 상태를 나타낸다.

1 피수식체는 바닥, 땅, 얼굴 등이고, wet는 이들이 젖어 있음을 나타낸다.

[a] Be careful. The floor is still wet.
조심해. 바닥이 아직 젖어 있거든.

[b] The ground is wet from today's rain.
오늘 비가 와서 땅이 젖어 있다.

[c] His face is wet with perspiration.
그의 얼굴이 땀으로 젖어 있다.

2 피수식체는 사람이고, wet은 이들이 오줌이나 물로 젖은 상태를 나타낸다.

[a] change the baby when he is wet.
아기가 오줌을 쌌으면 기저귀를 갈아줘라.

[b] we were all soaking wet.
우리는 모두 흠뻑 젖었다.

[c] You'd better come in, or you'll get wet.
들어오는 게 더 낫겠다. 그렇지 않으면 너는 젖을 거야.

3 피수식체는 날씨이고, wet은 이들이 비가 오는 상태에 있음을 나타낸다.

[a] It's been a wet day.
비가 내렸다.

[b] The wet weather is unusual for the time of year.
비오는 날씨는 이맘때 쯤에 흔하지 않다.

[c] This is the first wet day for two months.
이번이 두 달 만에 처음으로 비오는 날이다.

4 피수식체는 미국의 주, 읍내, 구역이고, wet은 이곳에서 술을 구할 수 있음을 나타낸다.

[a] Wet states sell liquor every day except Sunday.
술을 파는 주에서는 일요일을 제외하고 매일 술을 판다.

[b] This is not a wet town.
이곳은 술을 파는 읍내가 아니다.

[c] The wet precinct contains most of the city's bars.
술을 파는 구역은 그 도시의 술집들 대부분을 포함한다.

5 피수식체는 사람이고, wet은 이들이 어정쩡함을 나타낸다.

[a] Don't be so wet, tell him you don't like it.
그렇게 어정쩡하지 말고, 그에게 너는 그것을 싫어한다고 말해.

[b] Don't be so wet, just tell him you don't want to go.
그렇게 어정쩡하지 말고, 그들에게 그저 가기 싫다고 말해.

WHOLE

이 형용사는 빠짐이 없이 온전한 상태를 가리킨다.

1 피수식체는 달걀, 파이, 병, 빵 덩이 등이고, whole은 이들의 전체를 가리킨다.

[a] Add two whole eggs, plus two additional yolks.
달걀 두 개를 통째로 넣고, 추가로 노른자 두 개를 더하세요.

[b] He ate the whole pie.
그는 통째로 그 파이를 먹었다.

[c] We drank a whole bottle each.
우리는 한 병씩 통째로 술을 마셨다.

[d] She sat down and ate a whole loaf of bread.
그녀는 앉은 자리에서 빵 한 덩이를 통째로 먹었다.

2 whole은 서술적으로 쓰였다.

[a] Some of the cups were broken, but others were whole.
몇몇 컵들은 깨졌지만 다른 것들은 온전했다.

[b] Thankfully, the vase arrived whole.
고맙게도 그 꽃병이 온전하게 도착했다.

[c] I struck the glass with my fist with all might, yet it remained whole.
내가 온 힘을 다해서 주먹으로 유리잔을 쳤지만, 아직도 그대로 있다.

[d] You have to swallow these pills whole.

너는 이 알약들을 통째로 삼켜야 한다.

3 피수식체는 집합체이고, whole은 이들의 구성원이 빠짐이 없음을 나타낸다.

[a] A whole bunch of kids were waiting to get the singer's autographs.

아이들의 무리 전체가 가수의 사인을 받으려고 기다리고 있었다.

[b] She gave us a whole set of dishes.

그녀는 우리에게 완전한 접시 한 벌을 주었다.

[c] My whole family came to watch me playing in the concert.

나의 온 가족이 내가 음악회에서 연주하는 것을 보기 위해 왔다.

[d] The whole country mourned his death.

온 국민이 그의 죽음을 애도했다.

4 피수식체는 거리나 시간이고, whole은 이들이 빠짐이 없는 전체를 가리킨다.

[a] He ran the whole distance.

그는 전체 거리를 뛰었다.

[b] I've never been so insulted in my whole life.

나는 내 인생 전체에서 그렇게 모욕당한 적은 결코 없었다.

[c] The building took a whole year to complete.

그 건물이 완성되는 데 꼬박 1년이 걸렸다.

[d] We spent the whole summer in Korea.

우리는 한국에서 몽땅 여름을 보냈다.

⑤ 피수식체는 진실, 목적, 측면, 이유 등이고, whole은 이들에 다른 요소가 섞이지 않은 상태를 나타낸다.

[a] You have to promise to tell the whole truth and nothing but the truth.
너는 있는 그대로의 사실만을 말할 것을 맹세해야 한다. 그리고 오로지 진실만을.

[b] The whole point of this meeting was to discuss finances.
이 회의의 진짜 목적은 재정을 논의하는 것이었다.

[c] It was like seeing a whole different side of somebody.
그것은 마치 누군가의 완전히 다른 측면을 보는 것과 같았다.

[d] The whole reason for coming to Korea was to see the birds.
한국으로 온 진짜 이유는 새들을 보기 위해서였다.

WIDE

이 형용사는 폭이 넓음을 나타낸다.

1 피수식체는 강이나 길이고, wide는 이들의 폭이 넓음을 나타낸다.

[a] They crossed a wide river by raft.
그들은 넓은 강을 뗏목으로 건넜다.

[b] The avenues are very wide.
그 도로들이 매우 넓다.

[c] The roads are barely wide enough for cars.
그 길은 폭이 차들이 겨우 지나갈 정도이다.

2 피수식체는 지역, 세계 등이고, wide는 이들이 매우 넓음을 나타낸다.

[a] An earthquake shook a wide area of central Japan.
지진이 일본 중앙부의 넓은 지역을 뒤흔들었다.

[b] He is my best friend in the whole wide world.
그는 광활한 전 세계에서 나의 제일 친한 친구이다.

[c] The festival attracts people from a wide area.
그 축제는 넓은 지역으로부터 사람들을 끌어들인다.

[d] Cattle roam the great wide lands of the prairie.
소떼들이 대초원의 매우 크고 넓은 땅을 돌아다닌다.

③ 피수식체는 평판, 지지, 취재 등이고, wide는 이들의 폭이 넓음을 나타
낸다.

[a] Her lecture tour received wide publicity.
그녀의 순회강연이 폭넓은 평판을 얻었다.

[b] His proposal gained wide support.
그녀의 제안이 폭넓은 지지를 얻었다.

[c] The incident received wide coverage in the press.
그 사건은 신문에서 폭넓은 취재를 받았다.

④ 피수식체는 여러 개체로 이루어진 집합체이고, wide는 이들의 구성원
이 많음을 나타낸다.

[a] The store stock a wide selection of CDs.
그 가게는 CDs의 광범위한 정선품들을 갖추고 있다.

[b] Our restaurant offers a wide choice of local dishes.
우리 식당은 지방 음식의 폭넓은 선택력을 제공한다.

[c] Workers must carry out a wide range of tasks.
노동자들은 넓은 범위의 과업을 수행해야 한다.

⑤ 피수식체는 눈이고, wide는 이들이 벌어진 상태를 나타낸다.

[a] He stared at the teacher with wide eyes.
그는 큰 눈으로 선생님을 빤히 쳐다보았다.

[b] The boys' eyes were wide with excitement.
소년들의 눈은 흥분으로 인해 컸다.

[c] The girl looked at the stranger, with her eyes wide
with fear.
그 소녀는 낯선 이를 보았다. 겁에 질려 눈을 크게 뜨고.

6   wide는 넓고 좁음의 관계없이 너비를 나타낸다.

[a]   The stream ahead is 4 meters wide.
앞에 놓인 그 개울은 너비가 4m이다.

[b]   The doorway was only four feet wide.
현관은 폭이 겨우 4피트이다.

[c]   The rectangle is 8cm long, and 3cm wide.
그 직사각형은 가로 8cm, 세로 3cm이다.

7   피수식체는 차이, 간극, 불일치 등이고, wide는 이들의 차이가 큼을 나타낸다.

[a]   She won the election by a wide margin.
그녀는 큰 득표차로 선거에서 이겼다.

[b]   The gap between the rich and the poor gets wider.
부자와 가난한 자들 사이의 간극이 더 넓어지고 있다.

[c]   There are wide discrepancies.
폭넓은 불일치들이 있다.

8   피수식체는 전치사 of의 목적어에서 멀리 떨어져 있다.

[a]   Her shot was wide of the target.
그녀가 쓴 실탄은 표적을 빗나갔다.

[b]   His arrow was wide of the mark.
그의 화살은 과녁을 빗나갔다.

[c]   That remark is wide of the truth.
그 말은 진실과 동떨어져 있다.

WILD

이 형용사는 사람의 손이 닿지 않은 야생 상태를 가리킨다.

① 피수식체는 식물, 동물, 장소이고, wild는 이들이 자연 그대로임을 나타낸다.

[a] The plants grow wild along the banks of rivers.
그 식물들은 강둑을 따라 야생으로 자랐다.

[b] The garden was left wild.
그 정원은 손질이 되지 않은 채로 있었다.

[c] There are lots of wild beasts.
많은 야생 맹수들이 있다.

[d] The island is a wild and lonely place.
그 섬은 자연 그대로이고 외딴 곳이다.

② 피수식체는 행동이고, wild는 이들이 통제되지 않음을 나타낸다.

[a] The wild flight of frightened birds frightened the deer.
놀란 새들의 격렬한 비행은 사슴들을 놀라게 했다.

[b] We heard wild applause from the hall.
우리는 홀에서 들리는 열렬한 박수 소리를 들었다.

3 피수식체는 사람이고, wild는 이들의 행동이나 태도가 통제되지 않음을 나타낸다.

[a] He gets wild if he is interrupted.
그는 방해를 받으면 난폭해진다.

[b] It makes me wild.
그것이 나를 난폭하게 만든다.

[c] The crowd went wild.
그 군중은 난폭해졌다.

[d] The movie star drove the young wild.
그 영화배우는 젊은이들을 이성을 잃게 했다.

4 wild는 한정적으로 쓰였다.

[a] The wild northmen raided the coasts of England.
난폭한 바이킹들이 영국의 해안들을 습격했다.

[b] A wild fury seized her.
격렬한 분노가 그녀를 사로잡았다.

5 피수식체는 전치사 about의 목적어에 대해서 열광적이다.

[a] She's wild about her new job.
그녀는 그녀의 새로운 일에 대해 열광적이다.

[b] I'm not wild about the new car.
나는 그 새 차에 대해서 열광적이지 않다.

[c] The audience was wild about the new singer.
그 청중은 새 가수에 대해 매우 열광적이었다.

6 피수식체는 표정, 바다, 폭풍우, 들고양이 등이고, wild는 이들이 사나움을 나타낸다.

[a] A wild look in his eyes frightened us.
사나운 그의 눈길이 우리를 놀라게 했다.

[b] The sea was wild.
바다가 사나웠다.

[c] A wild storm hit the area.
거친 폭풍우가 그 지역을 강타했다.

[d] The wild cat is very wild.
들고양이는 매우 사납다.

7 피수식체는 비난, 약속, 추측, 이야기 등이고, wild는 이들이 터무니없음을 나타낸다.

[a] She made wild accusations against him.
그녀는 그에 대해 터무니없는 비난을 했다.

[b] They make all sorts of wild promises, but nobody believes him.
그들은 온갖 종류의 터무니없는 약속들을 하지만, 아무도 그의 말을 믿지 않는다.

[c] He made a wild guess at the answer.
그는 답을 찾는 데 터무니없는 추측을 했다.

[d] The wild story appealed to no one.
그 터무니없는 이야기는 누구의 흥미도 끌지 못했다.

WISE

이 형용사는 여러 개의 개체나 정도 가운데 임의로 어느 하나를 선택하는 뜻이다.

1 피수식체는 사람이고, wise는 이들이 무엇을 알게 되는 상태를 나타낸다.

[a] I've read the instruction twice, but I'm not the wiser.
나는 그 지침서를 2번 읽었지만 읽은 만큼 더 아는 것이 없다.

[b] I am older and wiser after 10 years in the business.
나는 그 사업에 10년 동안 종사하면서 연륜도 쌓이고 지식도 쌓였다.

[c] Sam was wise in the ways of company politics.
Sam은 회사 정치면에서 아는 것이 많다.

2 피수식체는 전치사 to의 목적어를 알아차린다.

[a] Experienced teachers are wise to all the methods of cheating by students.
경험 많은 교사들은 학생들의 부정행위의 모든 방법을 알고 있다.

[b] He thought he could fool me, but I got wise to him.
그는 그가 나를 속일 수 있다고 생각했지만, 나는 그의 의도를 파악했다.

[c] I've got wise to his little trick now.
나는 지금 그의 잔꾀를 알아차리고 있었다.

3 피수식체는 사람이고, wise는 이들이 많이 알아서 현명함을 나타낸다.

[a] The wise judge was fair and impartial.
그 현명한 판사는 공정하고 공평했다.

[b] The villagers took the matter to the wise old man of the village.
그 마을 사람들은 그 일을 그 마을의 현명한 장로에게 가져갔다.

[c] She is a wise old woman, so others seek her advice.
그녀는 현명한 노인이라서 다른 사람들이 그녀의 충고를 구한다.

4 it은 to-부정사의 과정을 가리키고 wise는 이들이 현명함을 나타낸다.

[a] I do think it is wise to teach your children at home.
나는 네가 아이들을 집에서 가르치는 것이 현명하다고 생각한다.

[b] It's wise to start saving money now for your retirement.
퇴직을 대비해서 지금 저축을 시작하는 것이 현명하다.

[c] It is wise to see help and counsel as soon as possible.
가능한 한 빨리 도움과 상담을 구하는 것이 현명하다.

5 wise는 행위자와 과정을 동시에 수식한다.

[a] It was wise of you to keep out of debt.
빚을 지지 않다니 네가 현명했다.

[b] It was wise of him to wait.
그가 기다리는 것은 현명했다.

[c] It was wise of her to sell the house last year.
그녀가 지난해 그 집을 판 것은 현명했다.

6 피수식체는 동명사로 나타난 과정이고, wise는 이들이 현명함을 나타낸다.

[a] Buying those shares was a wise move.
그 주식들을 사는 것이 현명한 조치였다.

[b] Taking care of your health is a wise thing to do.
건강을 돌보는 것이 해야 할 현명한 일이다.

7 피수식체는 to-부정사의 과정을 보아서 현명한 것으로 판단된다.

[a] You'd be wise to pay more attention.
너는 좀 더 주의를 기울이면 현명할 것이다.

[b] You were wise to refuse.
너는 현명해서 거절했다.

[c] You must be wise not to smoke.
당신은 담배를 피우지 않는 것을 보니 현명함에 틀림없다.

8 피수식체는 충고, 행동방침 등이고, wise는 이들이 현명함을 나타낸다.

[a] I was grateful for his wise advice.
나는 그의 현명한 충고에 감사했다.

[b] The wise course of action is to say nothing.
현명한 행동방침은 아무것도 말하지 않는 것이다.

WRONG

이 형용사는 사실과 맞지 않은 상태를 나타낸다.

1 피수식체는 대답, 주소, 정보, 기차 등이고, wrong은 이들이 틀린 것임을 나타낸다.

[a] He has six wrong answers.
그는 6개의 틀린 대답을 했다.

[b] The letter was delivered to the wrong address.
그 편지는 틀린 주소로 배달되었다.

[c] He has given us wrong information.
그는 우리에게 틀린 정보를 주었다.

[d] We got into the wrong train.
우리는 틀린 열차를 탔다.

2 wrong은 서술적으로 쓰였다.

[a] The reports are wrong.
그 보고서는 맞지 않다.

[b] The theory was wrong.
그 이론은 틀렸다.

③ 피수식체는 전치사 for의 목적에 적합하지 않다.

[a] They are wrong for the job.
그들은 일자리에 맞지 않다.

[b] It is the wrong climate for growing grapes.
그 기후는 포도를 재배하는 데 맞지 않다.

[c] He had the wrong accent for the role.
그는 그 역할에 맞지 않는 말투를 가졌다.

④ 피수식체는 전치사 with의 목적어에 고장이 났거나 잘못이 있다.

[a] There is nothing wrong with the engine.
그 엔진에는 아무런 고장이 없다.

[b] There is something wrong with my digestion.
나의 소화에 뭔가 문제가 있다.

[c] Is anything wrong with you?
뭐가 잘못되었니?

[d] What's wrong with the electric pot?
전기냄비에 무슨 문제가 있나요?

⑤ it은 to-부정사의 과정을 가리키고, wrong은 이들이 나쁨을 나타낸다.

[a] It is wrong to steal.
훔치는 것은 잘못된 것이다.

[b] It is wrong to take the car without my permission.
내 허락 없이 그 차를 타는 것은 잘못된 것이다.

6 피수식체는 동명사로 표현된 과정이고, wrong은 이들이 나쁨을 나타낸다.

[a] There is nothing wrong drinking as long as one knows went to stop.
언제 멈출지 아는 한 음주는 아무 문제없다.

[b] Stealing is wrong.
훔치는 것은 잘못된 것이다.

7 it은 that-절의 명제를 가리키고, wrong은 이들이 사회적으로나 도덕적 규범에 맞지 않음을 나타낸다.

[a] It is wrong that people urinate in public.
사람들이 공공장소에서 방뇨하는 것은 나쁘다.

[b] It is wrong that people should sleep on the streets.
사람들이 길에서 자는 것은 나쁘다.

YOUNG

이 형용사는 주기의 첫 부분을 가리킨다.

1 피수식체는 생명체이고, young은 생명주기의 첫 부분에 있음을 나타낸다.

[a] She earns her living by taking care of young babies.
그녀는 어린 아기들을 돌보면서 생활비를 번다.

[b] She's married with two young children.
그녀는 두 어린아이들을 데리고 결혼했다.

[c] He looks young for his age.
그는 나이에 비해 어려 보인다.

[d] I feel young again.
나는 다시 젊어지는 게 느껴진다.

2 피수식체는 집합체이고, young은 이들의 구성원이 어림을 나타낸다.

[a] A young audience filled the concert hall.
나이 어린 청중이 콘서트 장을 채웠다.

[b] They have a young family.
그들은 어린 자녀들이 있다.

3 피수식체는 얼굴, 손, 옷 등이고, young은 이들이 어리게 보임을 나타 낸다.

[a] She has a young face for her age.
그녀는 나이에 비해 어려 보이는 얼굴을 가졌다.

[b] She has very young hands.
그녀는 어리게 보이는 손을 가지고 있다.

[c] The clothes she wears are much too young for her.
그녀가 입는 옷들이 그녀에게는 훨씬 더 어리게 보인다.

[d] The dress is a little young for you.
그 드레스는 너에게 좀 어리게 보인다.

4 피수식체는 학문, 조직체, 나라 등이고, young은 이들이 생겨난 지 얼 마 되지 않음을 나타낸다.

[a] At that time, linguistics was a young science.
그 당시에 언어학은 새로 시작 단계의 과학이었다.

[b] It's still a young organization.
그것은 여전히 신생 조직이다.

[c] Zambia is a young country.
잠비아는 신생 국가이다.

5 피수식체는 사람이고, young은 이들이 상대적으로 어린 상태에 있음 을 나타낸다.

[a] Angela is two years younger than Veronica.
Angela는 Veronica보다 두 살 어리다.

[b] He is the youngest of four brothers.
그는 네 형제들 중에 가장 어리다.

6 피수식체는 인생의 한 기간이고, young은 이들이 초기와 후기를 나눌 때 초기에 있음을 나타낸다.

[a] I was a lot fitter in my younger days.
나는 젊었을 때 훨씬 더 날씬했었다.

[b] He remembered his young years with nostalgia.
그는 그의 젊은 날을 향수로 기억했다.

[c] He was idealistic in his younger days.
그는 더 젊은 날에는 이상주의적이었다.

7 피수식체는 저녁이나 밤이고, young은 이들이 초입에 있음을 나타낸다.

[a] The night is still young.
밤은 아직 초입에 있다.

[b] The evening is young.
저녁이 초입에 있다.

참고문헌

Bolinger, Dwight(1977). *Meaning and form.* London : Longman.

Brugman, Claudia(1981). *Story of over.* MA thesis. University of California, Berkeley.

Dirven, Rene(1989). *Auser's grammar of English: word, sentence, text, interaction.* Frankfurt: Peter Lang.

Dirven, Rene(1995). *The construal of cause: the case of cause prepositions.*

Dixon, R. M. W(1992). *A new approach to English grammar.* Oxford: Oxford University Press.

Givon, Talmy(1993). *English grammar: a function-based introduction.* Amsterdam : John Benjamins.

Jespersen, Otto(1940). *A modern English grammar on historical principles.* Part V. London: George and Unwin, Ltd.

Lakoff, George(1980). *Metaphors we live by.* Chicago: University of Chicago Press.

Lakoff, George(1987). *Women, fire and dangerous things.* Chicago: University of Chicago Press.

Langacker, Ronald W(1990). *Concept, image and symbol: the cognitive basis of grammar.* Berlin: Mouton de Gruyter.

Osmond, Meredith(1997). *The prepositions we use in the construal of emotion: why don't we say fed up with but sick and tired of.* Manuscript.

Quirk, Randolph; Georffrey Leech; and Jan Svartvik(1972). *A grammar of contemporary English.* New York: Seminar Press.

Schibsbye, Knud. 1970. *A modern English grammar.* (2nd edition). Oxford: Oxford University Press.

Silva, Georetta, and Sandra A. Thompson(1977). *On the syntax and semantics of adjectives with 'it' subjects and infinitival complements in English.* Studies in language 1: 109−126.

Wierzbicka, Anna(1988). *The semantics of grammar.* Amsterdam: John Benjamins. nov−17−95.

저자 소개

이기동

서울대학교 사범대학(영어교수법 학사)
University of Hawaii 대학원(영어교수법 석사)
University of Hawaii 대학원(언어학 박사)
건국대학교 문과대학 부교수 역임
연세대학교 문과대학 교수 역임
연세대학교 명예교수

저서

A Korean Grammar on sementic and pragmatic Principles
A Kusaiean Reference Grammer
A Kusaiean English Dictionary
영어형용사와 전치사
영어 동사의 의미 上·下
인지문법에서 본 영어동사
인지문법에서 본 동사사전
영어동사의 문법
영어전치사 연구

역서

문법 이해론
말의 여러 모습
언어와 심리(공역)
인지언어학(공역)
말(공역)
현대 언어학(공역)
언어학개론(공역)

그 외 수편의 번역서와 100여 편의 논문 및 고등학교 교과서를 저술한 바 있음

이기동의
영어 형용사 연구
BASIC

2015년 6월 12일 초판 발행
2024년 4월 5일 초판 5쇄 발행

지은이 이기동
펴낸이 류원식
펴낸곳 교문사
편집팀장 성혜진
책임진행 김소영
디자인 김재은
본문편집 김남권

주소 (10881) 경기도 파주시 문발로 116
전화 031-955-6111
팩스 031-955-0955
홈페이지 www.gyomoon.com
이메일 genie@gyomoon.com
등록번호 1960.10.28. 제406-2006-000035호
ISBN 978-89-363-1470-5(03740)
값 20,000원